LINKA NEUMANN

Aus dem Norwegischen von Andrea Hauss-Honkanen

Einfach nordisch stricken Kids

Warme Wilderness Sweater für Kinder

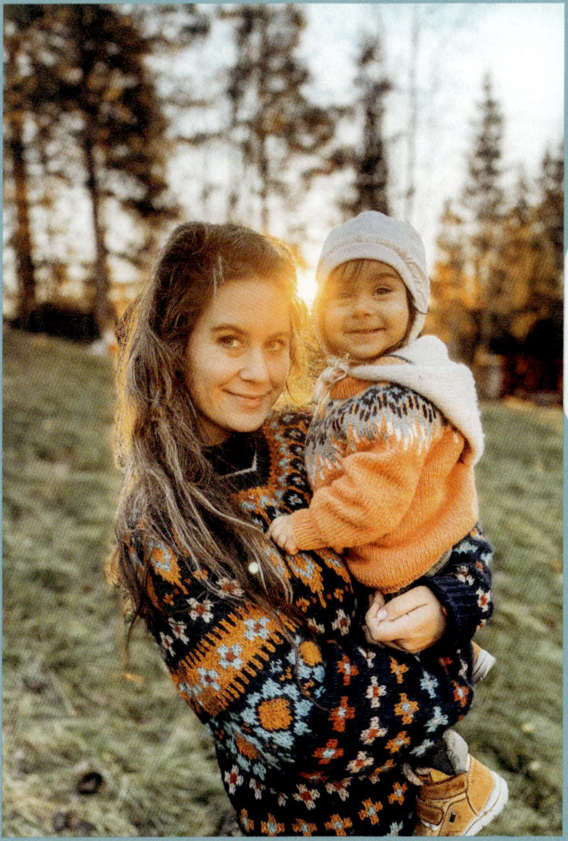

Für Ranja

südwest

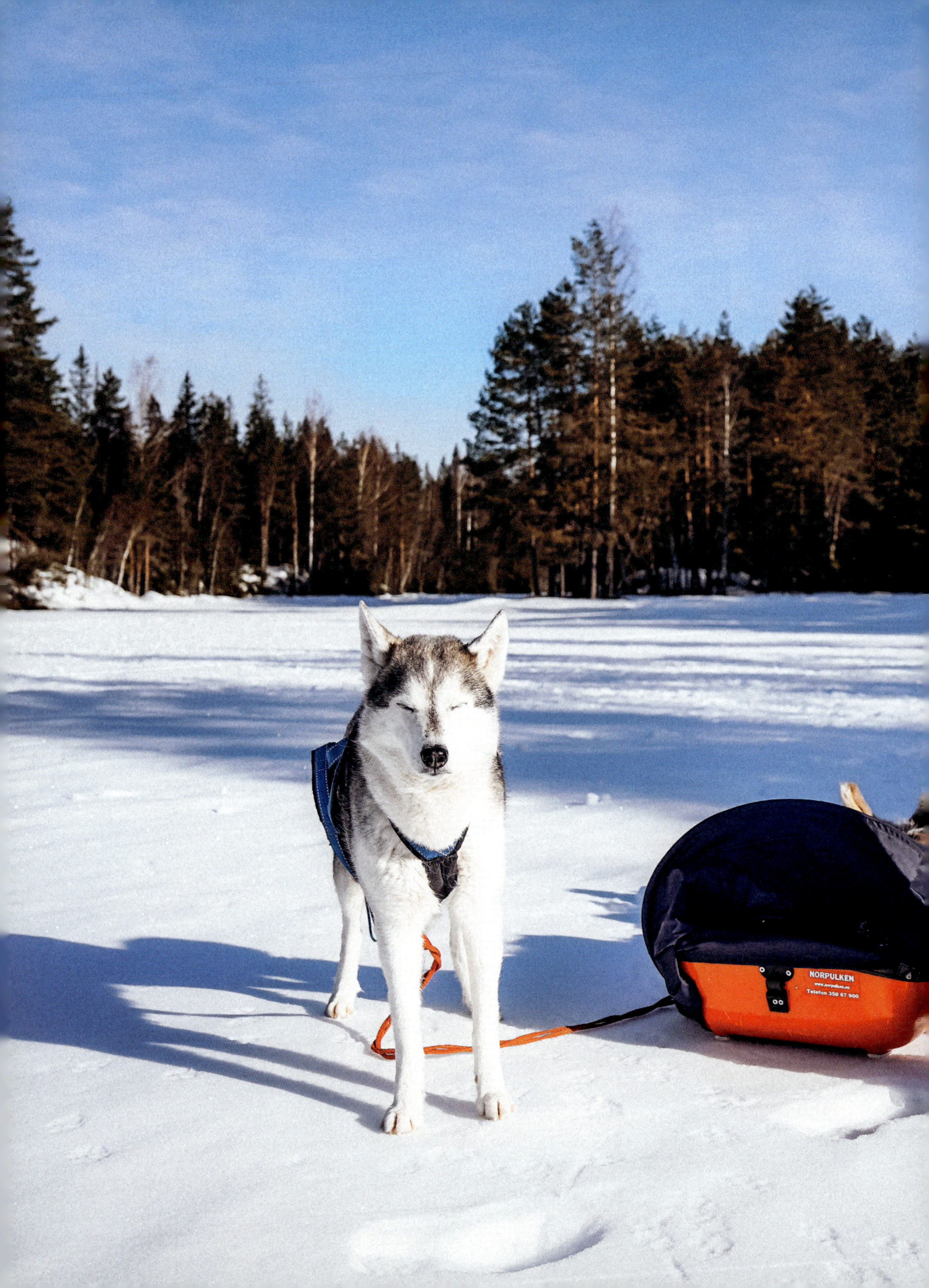
NORPULKEN
Telefon 350 67 900

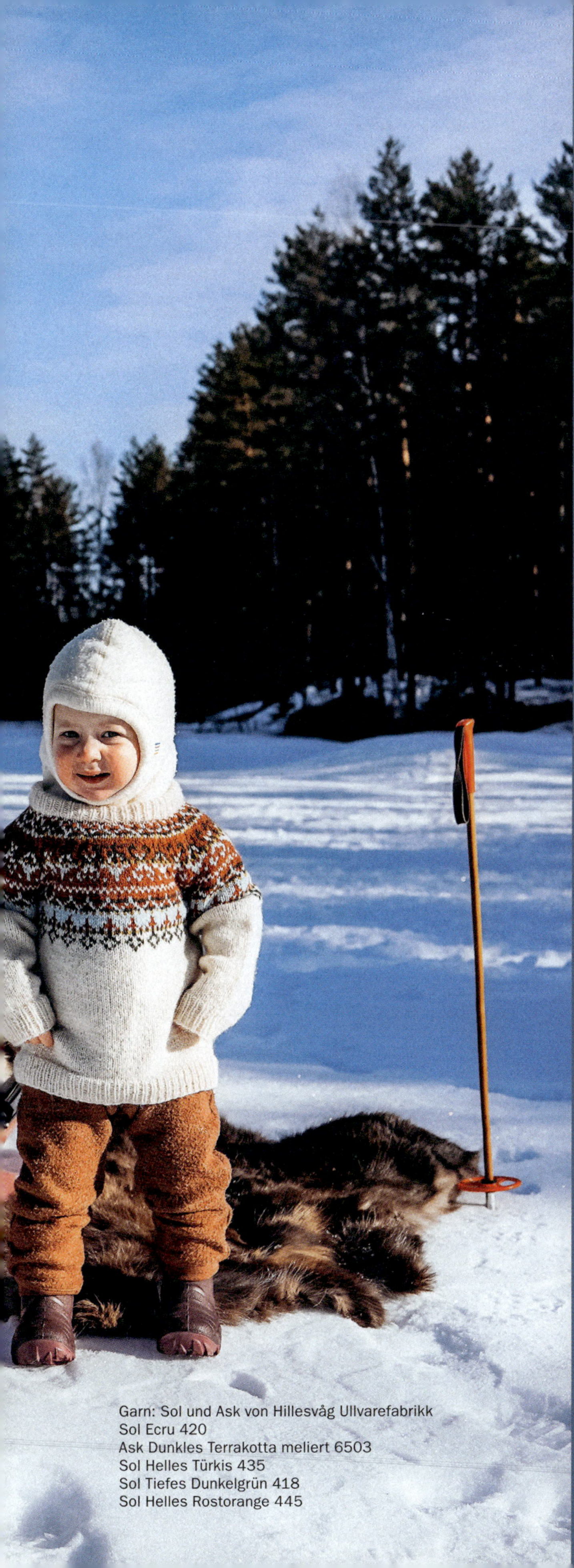

Garn: Sol und Ask von Hillesvåg Ullvarefabrikk
Sol Ecru 420
Ask Dunkles Terrakotta meliert 6503
Sol Helles Türkis 435
Sol Tiefes Dunkelgrün 418
Sol Helles Rostorange 445

Inhalt

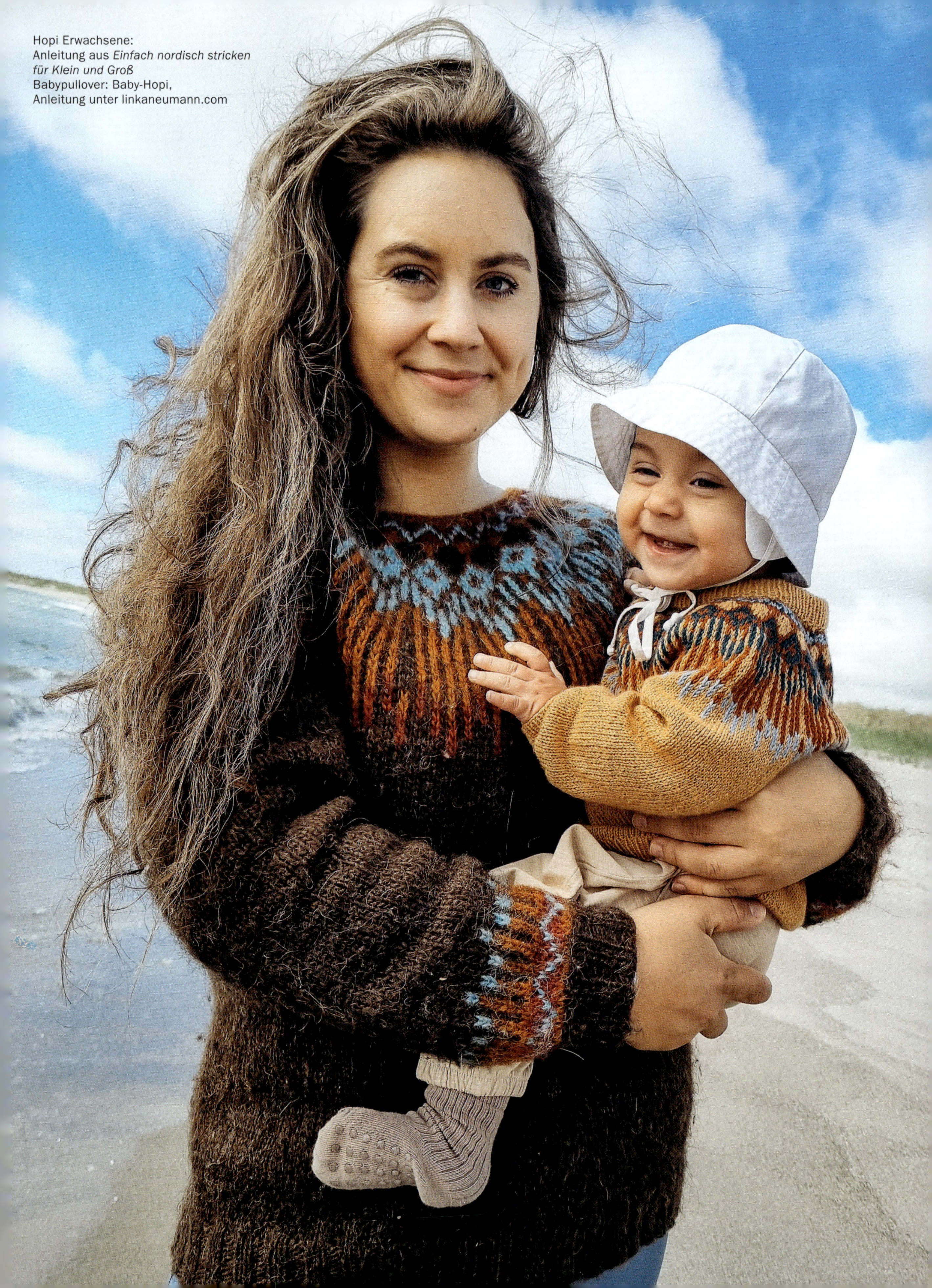

Hopi Erwachsene:
Anleitung aus *Einfach nordisch stricken für Klein und Groß*
Babypullover: Baby-Hopi,
Anleitung unter linkaneumann.com

Vorwort

Als ich an meinem dritten Buch *Einfach nordisch stricken – Decken, Kissen & Co.* arbeitete, erfuhr ich, dass ich schwanger war. Ich hätte es nicht für möglich gehalten, dass das kleine Baby in meinem Bauch mir so viel Freude und Glück bereiten und mir das Gefühl geben würde, dass eine echte Familie aus uns wird. Ich hatte mich nie sonderlich für das Stricken von Kindersachen interessiert. Meiner Erfahrung nach waren das auf dünnen Nadeln und in eintönigen Farben gestrickte Pullover. Aber als Ranja geboren wurde, stellte ich fest, dass Stricken für Kinder überhaupt nicht langweilig sein muss. Ich wurde inspiriert, mit Farben, Designs und Ausdruck zu spielen. Neben neuen Modellen findest du hier auch beliebte Designs aus meinen bisherigen Büchern. Viele Handarbeitsbegeisterte haben schon auf die bekannten Klassiker in Kindergrößen gewartet.

Die gute Nachricht ist, dass Kindersachen gar nicht unbedingt mit dünnem Garn und dünnen Nadeln gestrickt werden müssen. Ich weiß, dass es da draußen viele Tanten, Paten und Geschwister gibt, die gern für Kinder stricken würden, sich aber nicht wochenlang abmühen wollen. Für sie habe ich einige Modelle entworfen, die auf besonders dicken Nadeln schnell zu stricken sind!

Dieses Buch ist etwas Besonderes, da ich die meisten Fotos selbst gemacht habe. Ranja war nicht nur eine großartige Inspirationsquelle, es hat ihr und mir auch Spaß gemacht, die Kleidungsstücke in der Reihenfolge zu fotografieren, wie sie entstanden sind. Wie ein kleines Buch im Buch erfahren wir auch etwas von Ranja und ihren Abenteuern, inspiriert von Tieren, die mir viel bedeuten oder die wir dabei kennengelernt haben.

Ich habe natürlich nicht alle Fotos selbst gemacht. Charlotte Hansen aus der Region Bodø, Ylva Støre Myhre aus Verdal und Stine Cecilie Mikalsen aus Kautokeino haben mit ihren magischen Bildern zur ansprechenden Optik des Buches beigetragen. Ich bin ihnen sehr dankbar dafür.

Als Ranja in mein Leben trat, habe ich mir geschworen, dass meine Arbeit niemals wichtiger sein darf als mein Kind. Ich kann keine Nachtschichten mehr einlegen, was ich immer geliebt habe, und bin auf meine Teststrickerinnen angewiesen. Sie haben Modelle in verschiedenen Ausführungen, Größen und Farbkombinationen gestrickt und hundertprozentig abgeliefert! Gute Teststrickerinnen sind eben Gold wert.

Dieses Buch war von vorne bis hinten Teamarbeit. Zusätzlich zu den Fotograf*innen und Teststrickerinnen standen unsere Kindermodels bei Wind und Wetter draußen mit einem Lächeln im Gesicht, und eine Kohorte an Freunden und Bekannten ermöglichte Fotoshootings über mehrere Tage.

Ich hoffe, dass das Buch Inspiration und Freude am Stricken vermittelt und die Pullover deine oder andere Kinder bei kleinen und großen Abenteuern warm halten.

Linka

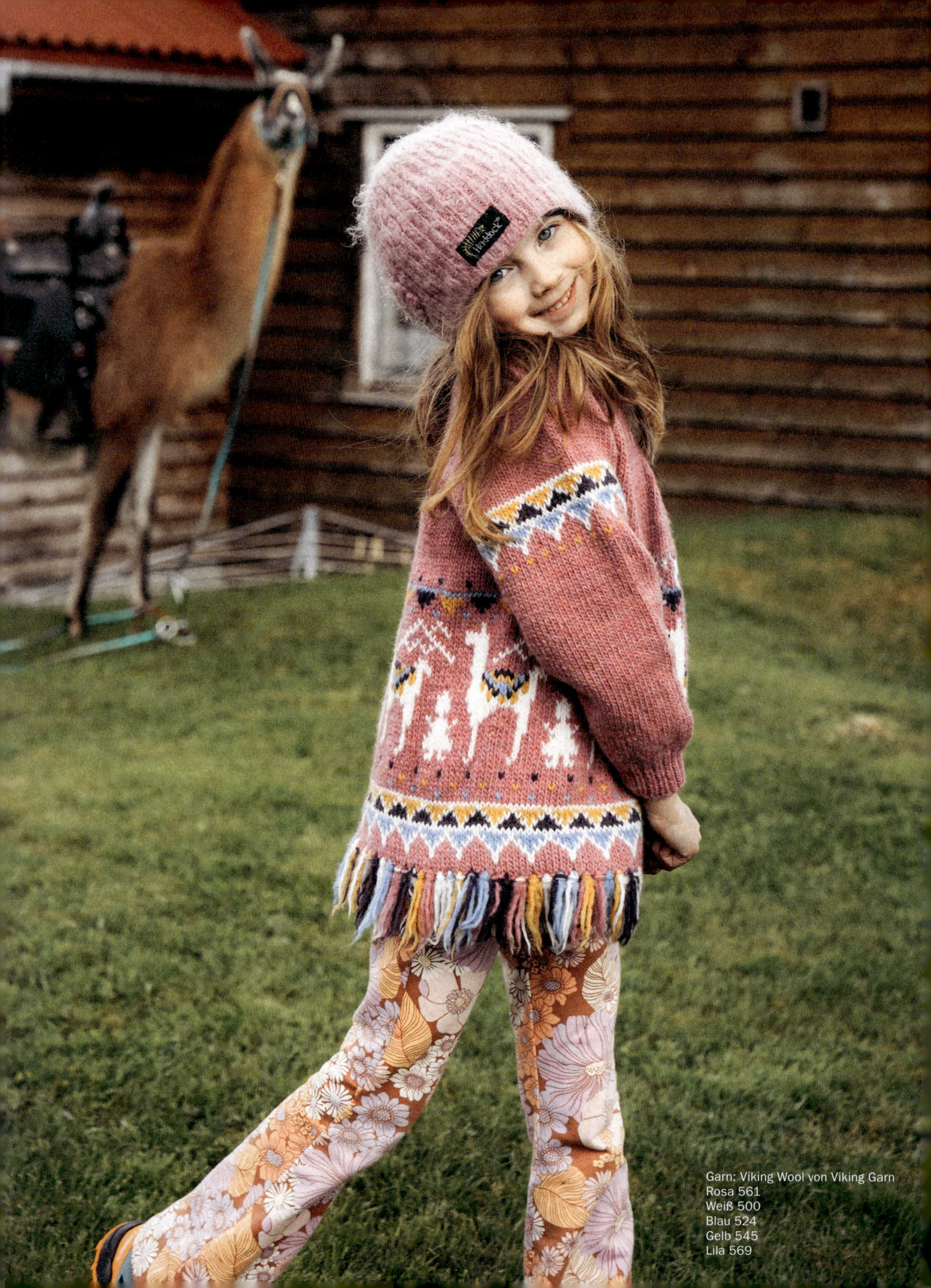

Garn: Viking Wool von Viking Garn
Rosa 561
Weiß 500
Blau 524
Gelb 545
Lila 569

Bevor du beginnst

- Suche das Hashtag zu den einzelnen Kleidungsstücken auf Instagram – dort findest du viele gute Ideen und Anregungen zur Farb- und Garnauswahl.
- Im Netz gibt es viele Anleitungsvideos zu unterschiedlichen Techniken und Vorgehensweisen.

MASS NEHMEN

Achte beim Maßnehmen darauf, dass du das Maßband nicht stramm ziehst.
Der Brustumfang wird über der breitesten Stelle der Brust gemessen.
Die Ärmellänge wird vom Ärmelloch bis zu der Stelle gemessen, wo der Ärmel enden soll.
Die Gesamtlänge wird von der Schulter bis zum Saumende des Pullovers gemessen.

Achtung: Da Kinder im Verhältnis zum Rumpf einen großen Kopf haben, den Halsausschnitt nicht zu eng arbeiten und das Halsbündchen auf der Innenseite locker annähen.

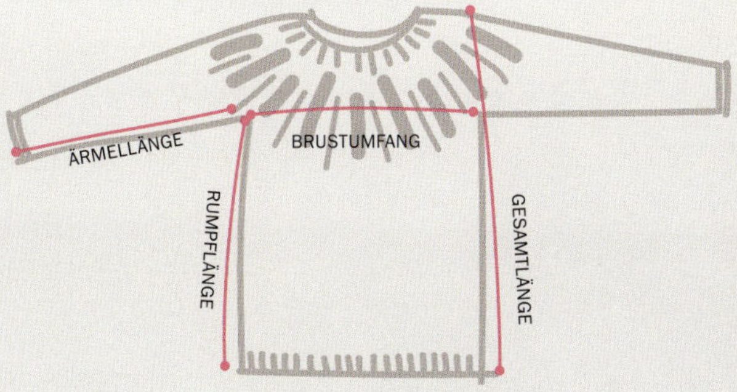

Orientiere dich an den Maßen eines Lieblingspullovers des Kindes, der perfekt passt. Miss daran Brustumfang, Ärmellänge und Gesamtlänge. Diese Maße helfen dir dabei, die richtige Größe für deinen Strickpullover auszuwählen.

GUT AUSGESTATTET

Gute Stricknadeln, Stecknadeln, Maßband, Maschenmarkierer, Stopfnadel und Schere sind nützliche Werkzeuge, die beim Stricken stets bereitliegen sollten.

MASCHENPROBE

Die angegebene Nadelstärke ist nur eine erste Empfehlung. Stricke immer eine Maschenprobe. Zähle die Anzahl der Maschen auf 10 cm. Hast du mehr Maschen als angegeben, wähle dickere Nadeln. Hast du weniger Maschen, wechsle zu dünneren Nadeln.

ABKÜRZUNGEN

abk abketten
Abn Abnahme(n)
abn abnehmen
M Masche(n)
MM Maschenmarkierer
R Reihe(n)
Rd Runde(n)
str stricken
Zun Zunahme(n)
zun zunehmen
zus-str zusammenstricken

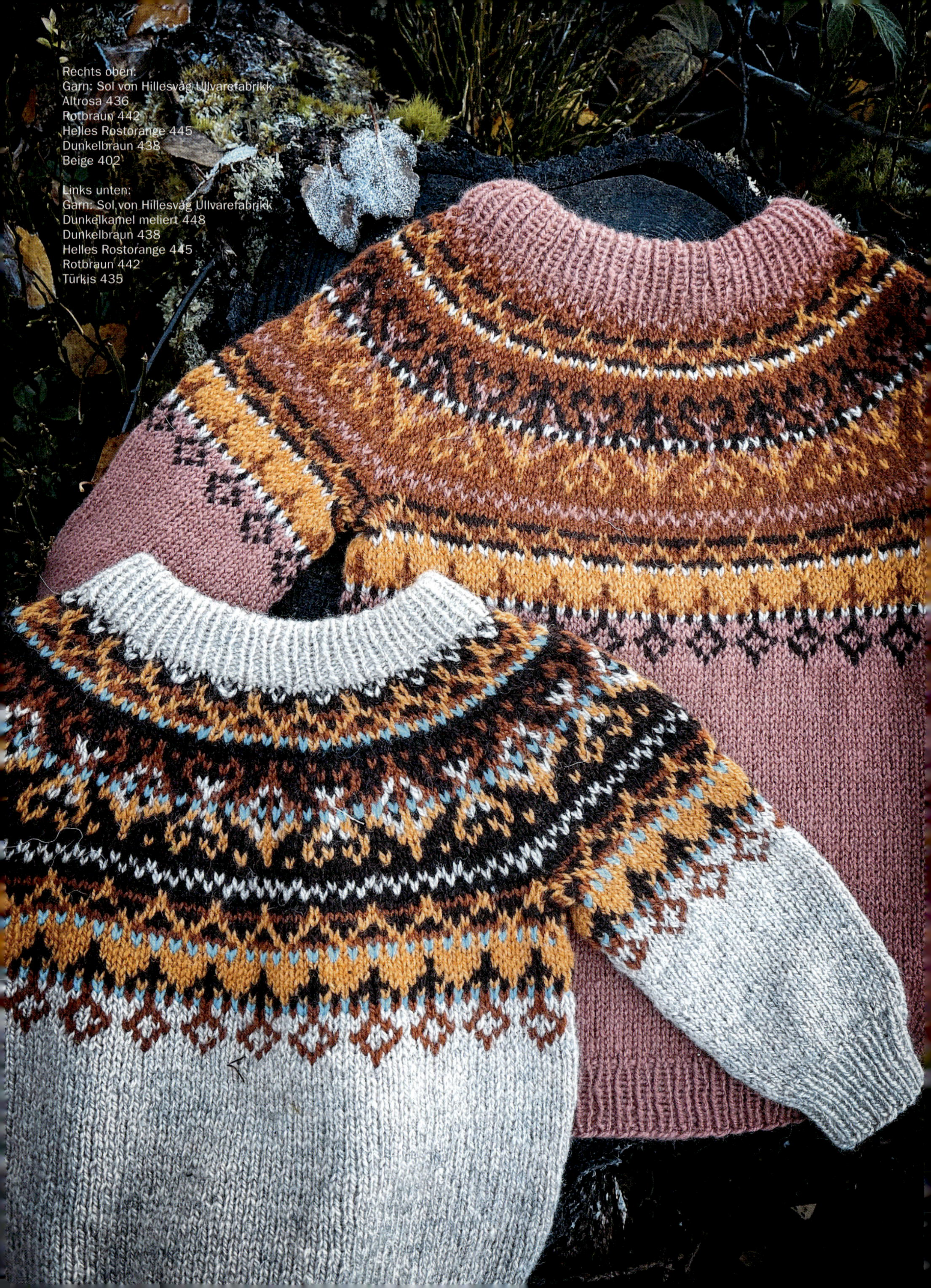

Rechts oben:
Garn: Sol von Hillesvåg Ullvarefabrikk
Altrosa 436
Rotbraun 442
Helles Rostorange 445
Dunkelbraun 438
Beige 402

Links unten:
Garn: Sol von Hillesvåg Ullvarefabrikk
Dunkelkamel meliert 448
Dunkelbraun 438
Helles Rostorange 445
Rotbraun 442
Türkis 435

Garnalternativen

In diesem Buch habe ich ziemlich viele verschiedene Garne verwendet. Unten findest du eine Übersicht, damit du leicht das Garn auswählen kannst, das am besten zu deinem Projekt passt. Stricke immer eine Maschenprobe, um die Strickfestigkeit zu überprüfen – am besten eine einfarbige und eine mehrfarbige, damit du sicher sein kannst, die jeweils richtige Nadelstärke zu verwenden.

FÜR MASCHENPROBEN MIT 21–23 MASCHEN AUF 10 CM

1. **Sol Lammwollgarn von Hillesvåg Ullvarefabrikk** (100 % norwegische Lammwolle, 100 g = ca. 290 m). Leichtes, weiches und luftiges, schmutzabweisendes Garn, das sich perfekt für draußen eignet. Dieses Garn ist zusammen mit Ask mein Lieblingsgarn für Outdoor-Kinderbekleidung.
2. **Ask Wollgarn von Hillesvåg Ullvarefabrikk** (100 % norwegische Wolle, 100 g = ca. 315 m). Ask ist ein ergiebiges Wollgarn für leichte Kleidungsstücke. Das Garn lässt sich gut mit Sol kombinieren, ist jedoch etwas gröber.
3. **Rauma 3-fädig** (100 % norwegische Wolle, 50 g = 108 m). Aus diesem Garn entsteht luftige, warme und sehr strapazierfähige Kleidung. Das perfekte Garn für aktive Kinder. Die Kleidungsstücke können weitervererbt werden und halten jahrelang.
4. **Donegal Merino von Lang Yarns** (100 % Merino, 50 g = ca. 190 m). Ich liebe Tweed und diese Farben sind einfach magisch. Das Garn ist extrem leicht, für einen Pullover benötigt man erstaunlich wenig Garn. Das Stricken kann etwas mühsam sein, aber es lohnt sich. Aus diesem Garn gestrickte Pullover sind weich und leicht und können direkt auf der Haut getragen werden.
5. **Eco Highland Wool von Viking Garn** (100 % peruanische Hochlandwolle, 50 g = ca. 110 m). Schönes Allround-Garn. Das Garn ist weich und gut und sorgt für warme und dichte Kleidungsstücke.
6. **Bamboo von Viking Garn** (50 % Bambus, 50 % Baumwolle, 50 g = 110 m). Für Kinder mit extrem empfindlicher Haut oder für Schurwollallergiker ist dies eine tolle Alternative. Bambus eignet sich auch für warme Sommerpullover.
7. **Double Sunday von Sandnes Garn** (100 % Merino, 50 g = ca. 108 m). Weiches Merinowollgarn, das direkt auf der Haut getragen werden kann. Ergibt dichte und weniger atmungsaktive Kleidungsstücke als aus Sol und Ask gestrickte.
8. **BC Garn Allino** (50 % Leinen, 50 % Baumwolle). Prima für Sommerkleidung.
9. **Pop Merino von HipKnitShop** (100 % Merino, 50 g = 115 m). Strapazierfähiges Garn, das sich weich auf der Haut anfühlt, perfekt für Babys und Kleinkinder geeignet. Das Garn ist in vielen tollen Farben erhältlich.

FÜR MASCHENPROBEN MIT 17–19 MASCHEN AUF 10 CM

1. **Léttlopi** (100 % isländische Wolle, 50 g = ca. 100 m). Léttlopi enthält sowohl Deckhaar als auch Unterwolle, was das Kleidungsstück wasserabweisend macht. Léttlopi ergibt gute, robuste Outdoorbekleidung.
2. **Luna Lammwollgarn von Hillesvåg Ullvarefabrikk** (100 % norwegische Lammwolle, 100 g = ca. 200 m). Aus Luna entstehen gute, weiche und luftige, aber dennoch langlebige Kleidungsstücke. Kann mit Vidde Lammwollgarn kombiniert werden.
3. **Vidde Lammwollgarn von Hillesvåg Ullvarefabrikk** (Lammwolle und Wolle von Pelzschafen, 100 g = 200 m). Aus diesem Garn lassen sich gute Kleidungsstücke herstellen. Es ist nicht so weich wie Luna, kann aber mit Luna kombiniert werden.
4. **Viking Wool von Viking Garn** (100 % Merino, 50 g = 50 m). Das Garn garantiert weiche Kleidungsstücke, die direkt auf der Haut getragen werden können.
5. **Lamauld von CaMaRose** (50 % Lama, 50 % peruanische Hochlandwolle, 50 g = 100 m). Das Garn hat nicht so viel Spannkraft wie reines Wollgarn, ist dafür aber sehr weich. Das Kleidungsstück kann sich beim Tragen etwas dehnen.
6. **Lamatweed von CaMaRose** (40 % Lama, 40 % Wolle, 20 % Viskose, 50 g = 100 m). Dieses weiche Garn kann gut mit Lamauld kombiniert werden.
7. **Fivel von Rauma** (100 % norwegische Wolle, 50 g = 100 m). Leichtes und luftiges Garn für gute Outdoorkleidungsstücke.

FÜR MASCHENPROBEN MIT 14–15 MASCHEN AUF 10 CM

1. **Vams von Rauma** (100 % norwegische Wolle, 50 g = 83 m). Strapazierfähiges, leichtes und luftiges Wollgarn, perfekt für Abenteuer an kalten Tagen.
2. **Puno von Rauma** (Achtung, es gibt auch andere Hersteller, die eine Serie mit dem Namen Puno führen.) (68 % Babyalpaka, 10 % Merino extrafein, 22 % Polyamid, 50 g = 110 m). Puno ergibt weiche und luftige Kleidungsstücke, die direkt auf der Haut getragen werden können. Nicht besonders strapazierfähig.
3. **Troll von Hillesvåg Ullvarefabrikk** (100 % norwegische Wolle, 50 g = 114 m). Troll ist dicker als Vams und ergibt dichtere Kleidungsstücke. Für einen warmen Winterpullover ist Troll eine gute Wahl.
4. **Blåne von Hillesvåg Ullvarefabrikk** (100 % norwegisches Pelzschaf, 100 g = 114 m). Gutes Garn mit vielen schönen melierten Farben. Das Garn hat einen feinen Glanz und lässt sich gut mit Troll kombinieren.
5. **Álafosslopi** (100 % isländische Wolle, 100 g = 100 m). Álafosslopi enthält sowohl Deckhaar als auch Unterwolle, was das Kleidungsstück wasserabweisend macht. Dieses Garn eignet sich nicht für Pullover, die drinnen getragen werden, sondern tatsächlich nur für robuste Outdoorkleidung. Álafosslopi ergibt eine Maschenprobe von 13 Maschen auf 10 cm. Bei festem Stricken entstehen noch dichtere Strickstücke. Wenn extrem warme Kleidung gewünscht wird, ist Álafosslopi das perfekte Garn.
6. **Hip Wool von HipKnitShop** (100 % peruanische Wolle, 50 g = 80 m). Weiches, gutes Garn in vielen tollen Farben. Die daraus gestrickten Kleidungsstücke sind weniger atmungsaktiv als aus den oben genannten Garnen.

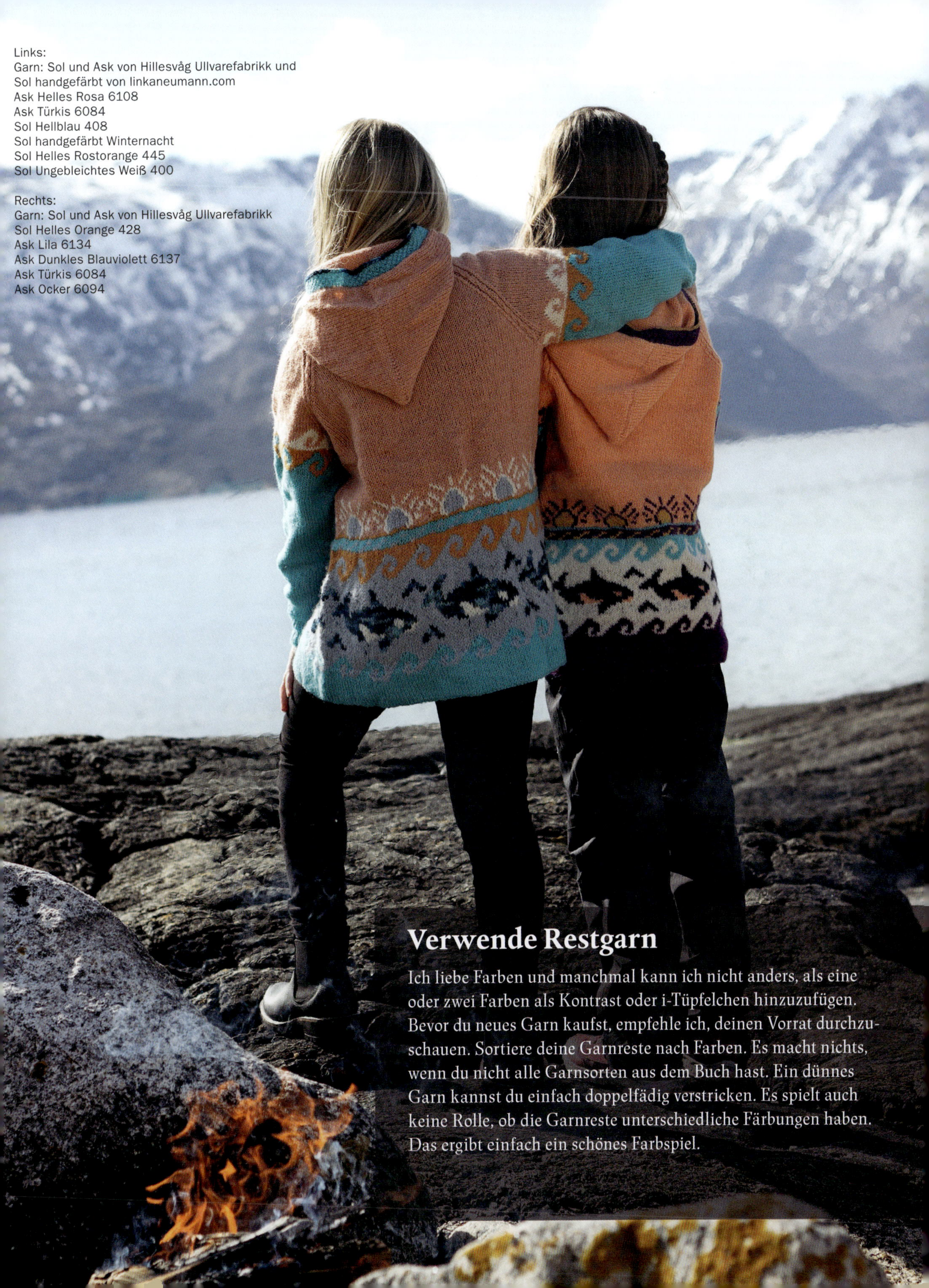

Links:
Garn: Sol und Ask von Hillesvåg Ullvarefabrikk und Sol handgefärbt von linkaneumann.com
Ask Helles Rosa 6108
Ask Türkis 6084
Sol Hellblau 408
Sol handgefärbt Winternacht
Sol Helles Rostorange 445
Sol Ungebleichtes Weiß 400

Rechts:
Garn: Sol und Ask von Hillesvåg Ullvarefabrikk
Sol Helles Orange 428
Ask Lila 6134
Ask Dunkles Blauviolett 6137
Ask Türkis 6084
Ask Ocker 6094

Verwende Restgarn

Ich liebe Farben und manchmal kann ich nicht anders, als eine oder zwei Farben als Kontrast oder i-Tüpfelchen hinzuzufügen. Bevor du neues Garn kaufst, empfehle ich, deinen Vorrat durchzuschauen. Sortiere deine Garnreste nach Farben. Es macht nichts, wenn du nicht alle Garnsorten aus dem Buch hast. Ein dünnes Garn kannst du einfach doppelfädig verstricken. Es spielt auch keine Rolle, ob die Garnreste unterschiedliche Färbungen haben. Das ergibt einfach ein schönes Farbspiel.

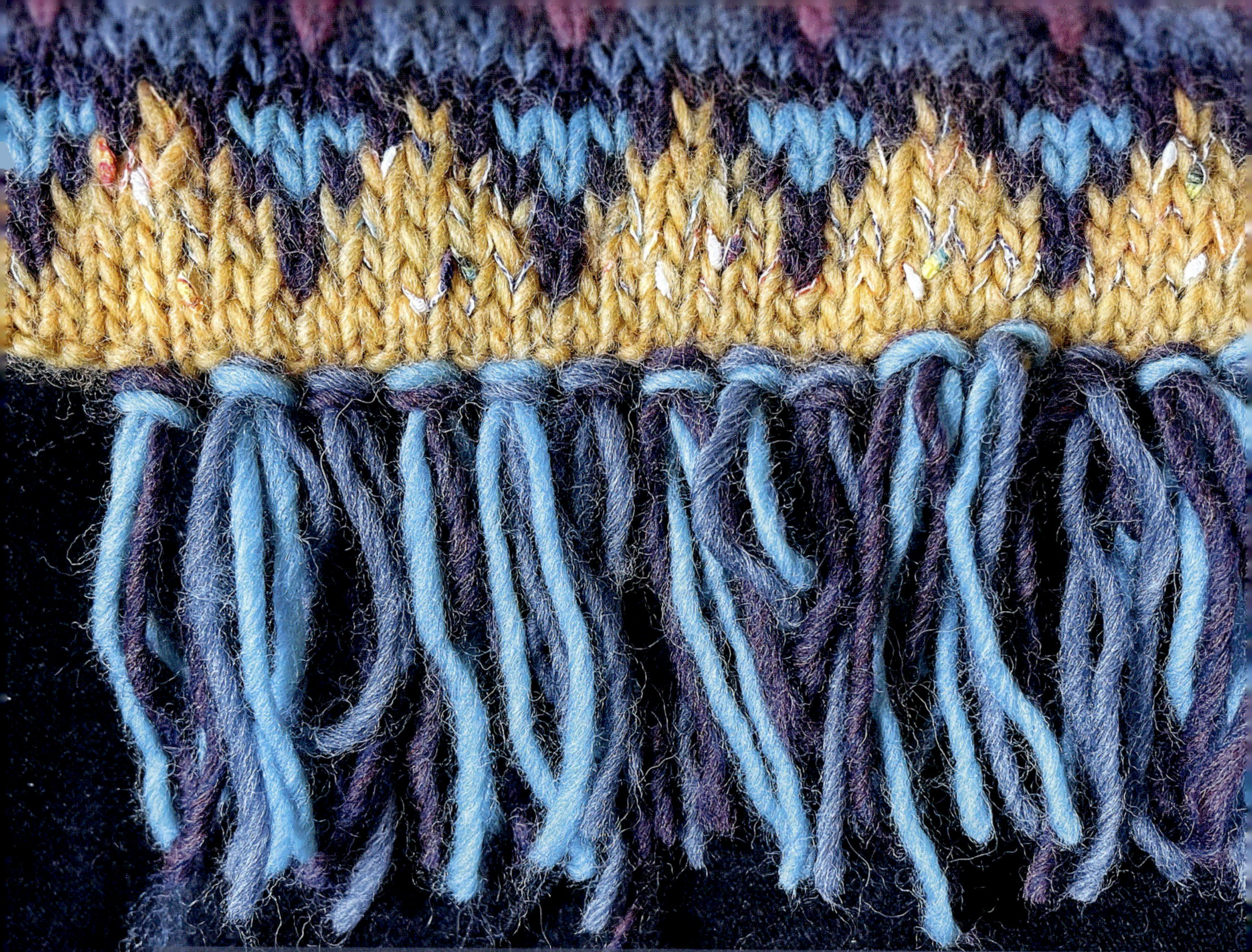

Fransen

Die Fäden wie in der Anleitung angegeben zurechtschneiden. Jeweils zwei Fäden doppelt legen, sodass jede Franse am Ende aus vier Fäden besteht. Mit einer Häkelnadel durch den Rand der Arbeit stechen und den doppelten Faden so weit durchziehen, dass eine große Schlaufe entsteht. Die Fadenenden durch diese Schlaufe holen und fest anziehen. Auf diese Weise in jede zweite Masche eine Franse knüpfen.

Schließlich die Fransen auf die gleiche Länge schneiden.

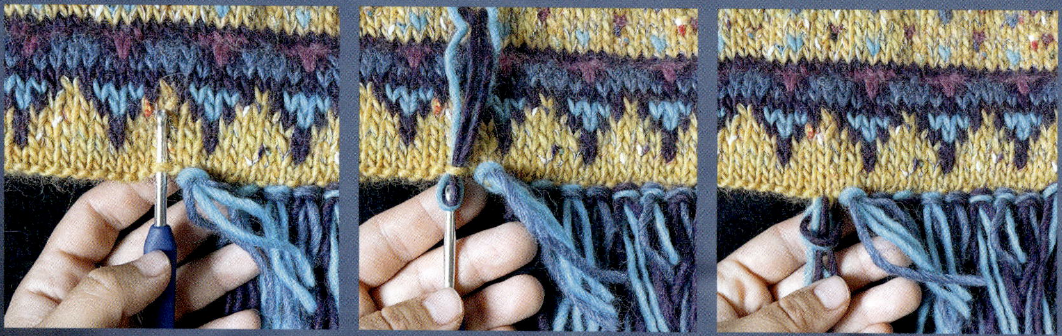

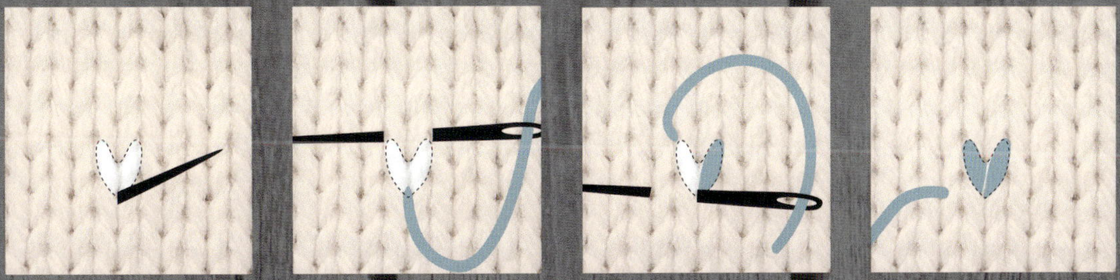

Maschenstich

Einige Kleidungsstücke in diesem Buch werden nach dem Stricken noch im Maschenstich verziert, wie zum Beispiel hier bei dem Pullover Abenteuerlama.

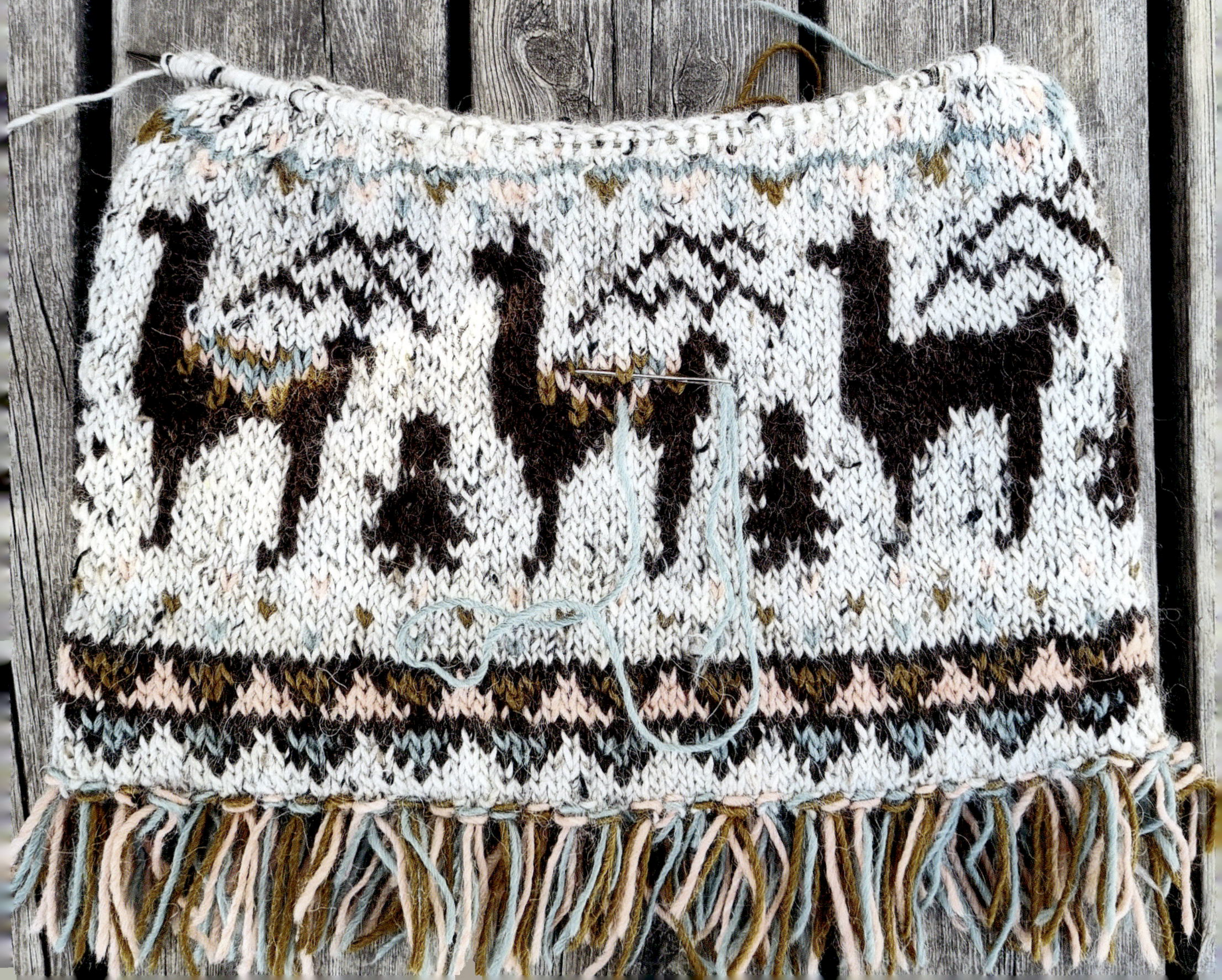

Links:
Garn: Sol und Ask von Hillesvåg Ullvarefabrikk
und Sol handgefärbt von linkaneumann.com
Ask Hellrosa 6108
Ask Türkis 6084
Sol Hellblau 408
Sol handgefärbt Winternacht
Sol Helles Rostorange 445
Sol Ungebleichtes Weiß 400

Rechts:
Garn: Sol und Ask von Hillesvåg Ullvarefabrikk
Sol Helles Orange 428
Ask Lila 6134
Ask Dunkles Blauviolett 6137
Ask Türkis 6084
Ask Ocker 6094

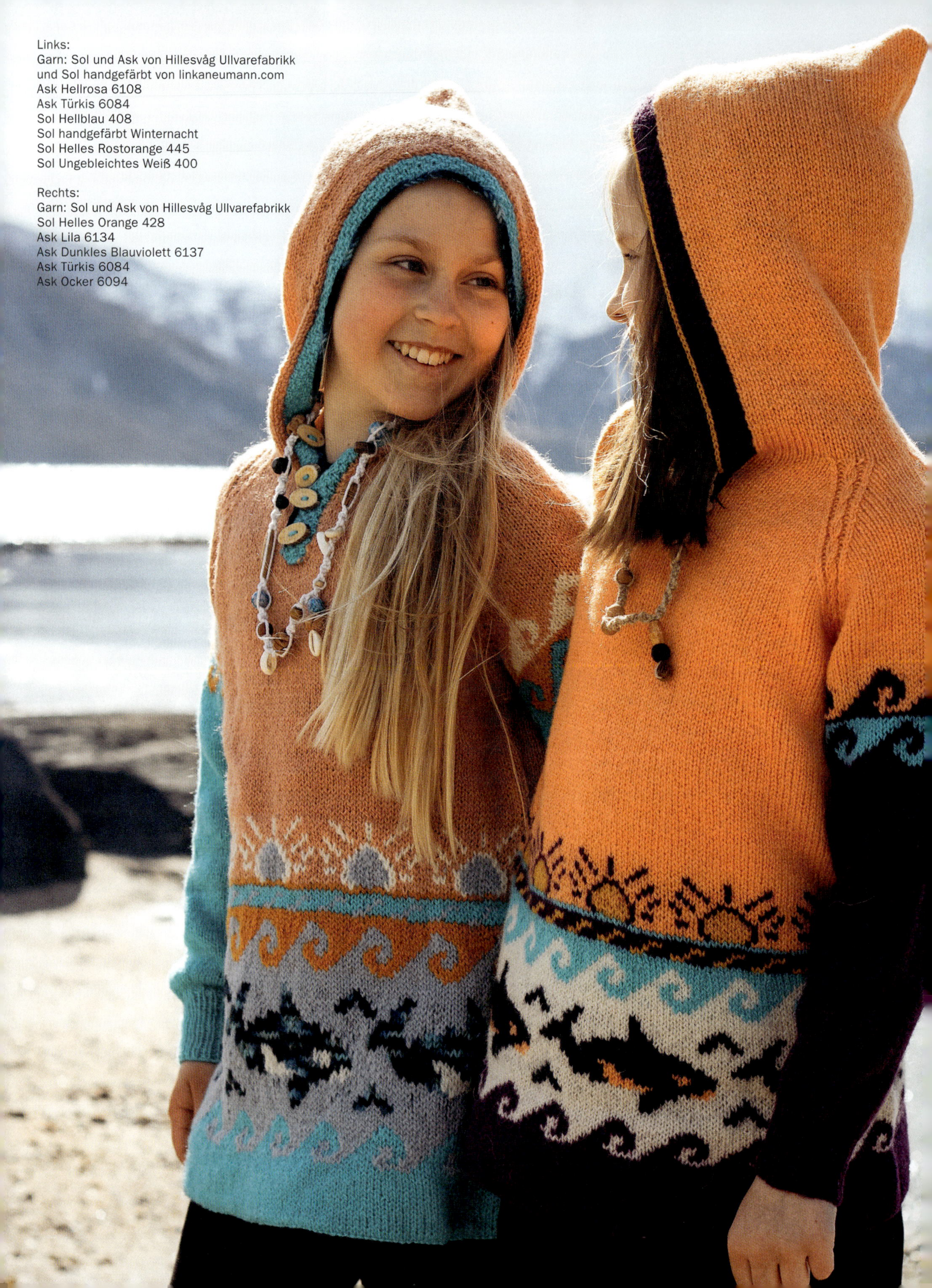

Kviljo

Kapuzenpullover

Dieser Kapuzenpullover ist vom Leben an der Küste inspiriert. Der Kviljostrand liegt direkt neben unserem Sommerhaus in Lista und viele Pullover aus diesem Buch wurden dort fotografiert. Da ich Schwertwale liebe, soll dieser Pullover auch eine freundliche Mahnung sein, diese wunderbaren Tiere zu schützen und unseren Kindern die Natur nahezubringen.

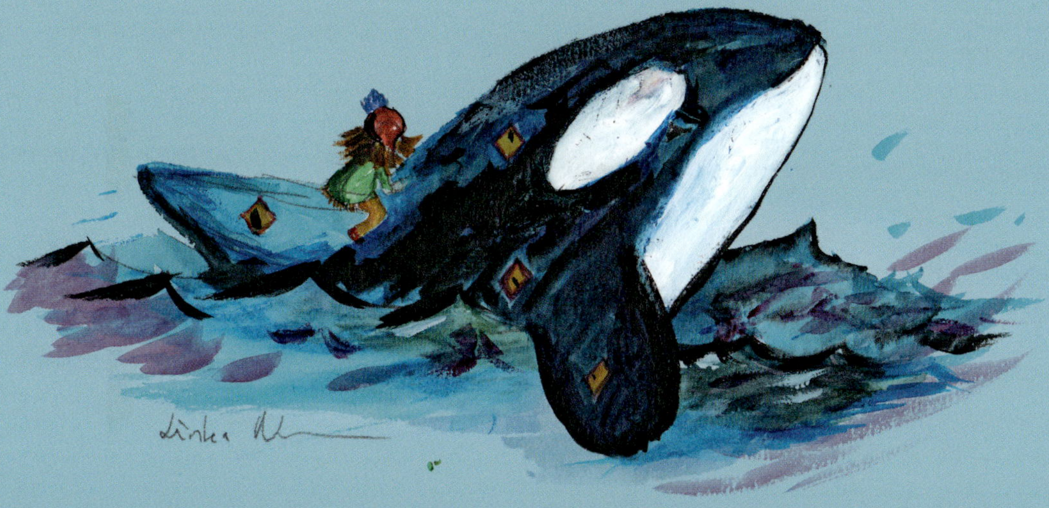

KVILJO Kapuzenpullover

Größen
1 (2) 4 (6) 8 (10) Jahre

Maschenprobe
Die Größe wird durch die Maschenprobe/Nadelstärke bestimmt.
10 cm einfarbig glatt rechts mit Nadel Nr. 3 (3,5) 4 (3) 3,5 (4) = 23 (22) 21 (23) 22 (23) M
10 cm mehrfarbig mit Nadel Nr. 3,5 (4) 4,5 (3,5) 4 (4,5) = 23 (22) 21 (23) 22 (23) M

Garn
Ask von Hillesvåg Ullvarefabrikk. Garnalternativen auf Seite 9.

Garnmenge

Verstricke für diesen Pullover gern Restgarn. Du kannst auch weniger Farben verwenden.

B Basisfarbe: 100 (100) 150 (150) 150 (150) g

1 Musterfarbe 1: 100 (100) 100 (100) 150 (150) g

2 Musterfarbe 2: 50 g

3 Musterfarbe 3: 50 g

4 Musterfarbe 4: 50 g

5 Musterfarbe 5: 50 g

6 Musterfarbe 6: 50 g

Stricknadeln
Nadelspiel Nr. 2,5 (3) 3 (2,5) 3 (3), Nr. 3 (3,5) 4 (3) 3,5 (4) und Nr. 3,5 (4) 4,5 (3,5) 4 (4,5)
Rundnadel 50 cm, 60 cm oder 80 cm lang in Nr. 2,5 (3) 3 (2,5) 3 (3), Nr. 3 (3,5) 4 (3) 3,5 (4) und Nr. 3,5 (4) 4,5 (3,5) 4 (4,5)

Knöpfe
3 (3) 3 (4) 4 (4) Stück mit 17–20 mm Durchmesser

Pullovermaße
Ärmellänge: 19 (25) 29 (31) 35 (38) cm
Saumweite: 71 (75) 78 (86) 90 (94) cm
Brustumfang: 62 (65) 68 (78) 81 (85) cm
Rumpflänge: 24 (28) 32 (33) 37 (40) cm

RUMPF

165 (165) 165 (198) 198 (198) M in Musterfarbe 1 mit Rundnadel Nr. 2,5 (3) 3 (2,5) 3 (3) anschlagen und 5 cm glatt rechts in Rd str. Zu Rundnadel Nr. 3,5 (4) 4,5 (3,5) 4 (4,5) wechseln und 1 Rd linke M für die Umbruchkante str. Weitere 2 (5) 8 (11) 14 (14) Rd mit Musterfarbe 1 und gemäß Zählmuster A (S. 20) str.

Ich empfehle, beim Arbeiten nach Zählmuster ein Blatt Papier über die noch ungestrickten Rd zu legen und es im Verlauf des Strickens nach und nach hochzuschieben.

Wenn Zählmuster A fertig gestrickt ist, sind noch 144 (144) 144 (180) 180 (180) M auf der Nadel. Zu Rundnadel Nr. 3 (3,5) 4 (3) 3,5 (4) wechseln. Am Rd-Anf und nach 72 (72) 72 (90) 90 (90) M einen MM setzen (= Vorder- und Rückenteil). In der Basisfarbe weiterstr, bis der Rumpf 24 (28) 32 (33) 37 (40) cm misst. 10 (10) 10 (12) 12 (12) M an jeder Seite auf einem Hilfsfaden oder Maschenhalter stilllegen (die M beiderseits des MMs).

Das doppelte Bündchen entlang der Umbruchkante nach innen legen und annähen.

ÄRMEL

36 (36) 36 (40) 40 (40) M in Musterfarbe 1 mit Nadelspiel Nr. 2,5 (3) 3 (2,5) 3 (3) anschlagen und 4 (4) 5 (5) 6 (6) cm im 1/1-Rippenmuster (1 M re, 1 M li im Wechsel) in Rd str. Zu Nadel Nr. 3 (3,5) 4 (3) 3,5 (4) wechseln und glatt rechts str. In der 1. Rd gleichmäßig verteilt auf 44 (44) 44 (50) 50 (50) M zun. Die mittlere M unter dem Ärmel markieren und alle 1,5 (2) 2 (2) 2 (2) cm beidseitig des MMs 1 M zun, bis 60 (60) 60 (70) 70 (70) M vorhanden sind. (Hinweis: Der Rapport geht unter dem Ärmel nicht auf). Bei einigen Größen werden die Zun nach Beginn des Musters noch fortgesetzt. In diesem Fall die zugenommenen M ins Muster integrieren. Wenn der Ärmel 13 (19) 23 (25) 29 (32) cm misst, zu Nadel Nr. 3,5 (4) 4,5 (3,5) 4 (4,5) wechseln und gemäß Zählmuster B (S. 21) str. Der Ärmel sollte danach 19 (25) 29 (31) 35 (38) cm lang sein. Wieder zu Nadel Nr. 3 (3,5) 4 (3) 3,5 (4) wechseln wie im Zählmuster angegeben. 10 (10) 10 (12) 12 (12) M unter dem Ärmel auf einem Hilfsfaden oder Maschenhalter stilllegen (die M beiderseits des MMs).

Den zweiten Ärmel genauso str.

PASSE (Raglanabnahmen mit Zopf)

Die Ärmel-M auf die Rundnadel mit den Rumpf-M str: 1. Ärmel, Vorderteil, 2. Ärmel, Rückenteil = 224 (224) 224 (272) 272 (272) M. Der erste Übergang (linke Schulter hinten) bildet den Rd-Anf/das Rd-Ende.

8 MM setzen: 2 MM an jedem Übergang. Zwischen 2 MM liegen je 4 M, die wie folgt gestrickt werden: 1 M li, 2 M re, 1 M li. In jeder 4. Rd verkreuzen (s. Strickschrift auf S. 18).

Wenn die Passe 3 (3) 3 (5) 5 (5) cm misst, 4 M in der vorderen Mitte abk. Bis zum Rd-Anf (linke Schulter hinten) str. Alle M von der linken auf die rechte Nadel heben bis zu den abgeketteten M. Dies ist der neue Rd-Anf. Ab hier wird in Hin- und Rück-R gestrickt und nur in Hin-R abgenommen. Denk daran, dass in Rück-R links gestrickt wird, auch wenn sie in der Strickschrift nicht als solche bezeichnet sind.

Die Abn in jeder 2. R wdh, bis noch 76 (76) 76 (84) 84 (84) M übrig sind. Mit der Kapuze fortfahren.

STRICKSCHRIFT für Raglanabnahmen mit Zopf

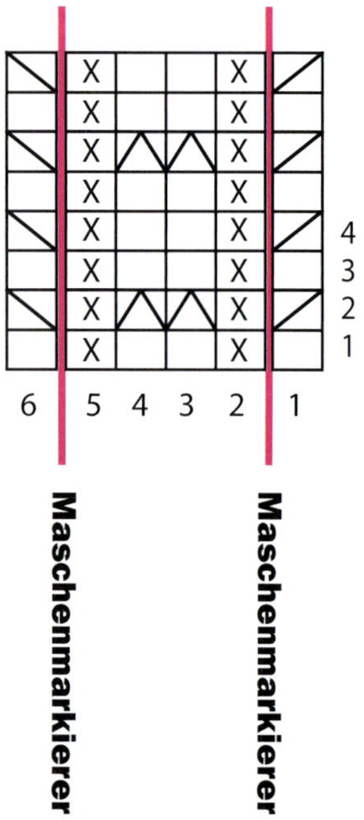

Rechtsgeneigt abn: 2 M rechts zus-str

Rechte M

Linke M

Linksgeneigt abn: 1 M wie zum Re-str abheben, 1 M re und die abgehobene M darüberziehen.

Diese 2 M rechts zus-str, aber nicht von der linken Nadel heben. Die 1. M auf der linken Nadel noch einmal str. Die M von der linken Nadel gleiten lassen.

KAPUZE

Die Kapuze wird auf Nadeln Nr. 3 (3,5) 4 (3) 3,5 (4) glatt rechts in R gestrickt. In der 1. R gleichmäßig auf 68 (68) 68 (76) 76 (76) M abn. Die 2 mittleren M der Kapuze markieren und alle 2 cm beidseitig der markierten M 1 M zun, bis 76 (76) 76 (84) 84 (84) M vorhanden sind. Glatt rechts weiterstr, bis die Kapuze 24 (26) 28 (30) 31 (32) cm misst.

Die M auf 2 Nadeln verteilen = 38 (38) 38 (42) 42 (42) M pro Nadel. Die Kapuze links auf links legen und beide Nadeln in der linken Hand halten. Mit einer 3. Nadel 2 M zus-str (1 M von jeder Nadel in der linken Hand). Noch einmal wdh = 2 M auf der rechten Nadel. Die re M über die li M ziehen. Auf diese Weise bis Rd-Ende alle M zus-str und abk (Tutorials hierzu gibt es auf YouTube). Alternativ die Naht im Maschenstich schließen oder abk und zusammennähen. Mit der Knopfleiste fortfahren.

KNOPFLEISTE

Mit Nadel Nr. 2,5 (3) 3 (2,5) 3 (3) rund um die Kapuze plus Halsausschnitt in der gewünschten Kontrastfarbe M aufnehmen: [3× 1 M pro Rd/R aufnehmen, 1 Rd/R überspringen] stets wdh – mit Ausnahme der 4 M, die in der vorderen Mitte abgekettet wurden.

1,5 cm versetzte Rippen gemäß Strickschrift (s. unten) arbeiten. Dabei die insgesamt 3 (3) 3 (4) 4 (4) Knopflöcher links einarbeiten: Das unterste Knopfloch 2 cm von der Kante entfernt, das oberste am Beginn des Halsausschnitts, die/das restliche(n) dazwischen.
Knopflöcher str: 2 M zus-str, 1 Umschlag.

Weitere 1,5 cm im versetzten Rippenmuster str und mit ausschließlich rechten M in der gewünschten Kontrastfarbe abk. Die kurzen Kanten der Knopfleisten an der 4er-Abkettkante in der vorderen Mitte annähen. Die Knöpfe mit einer Wollnadel und Garn in der gleichen Farbe wie die Knopfleiste annähen.

FERTIGSTELLEN

Alle Fäden vernähen und die Öffnung unter den Ärmeln zus-str oder -nähen. Den Pullover ausspülen, in Form ziehen und liegend trocknen lassen.

STRICKSCHRIFT

Versetzte Rippen

2	1	Reihe
	X	4
	X	3
X		2
X		1

☐ Rechte M
☒ Linke M

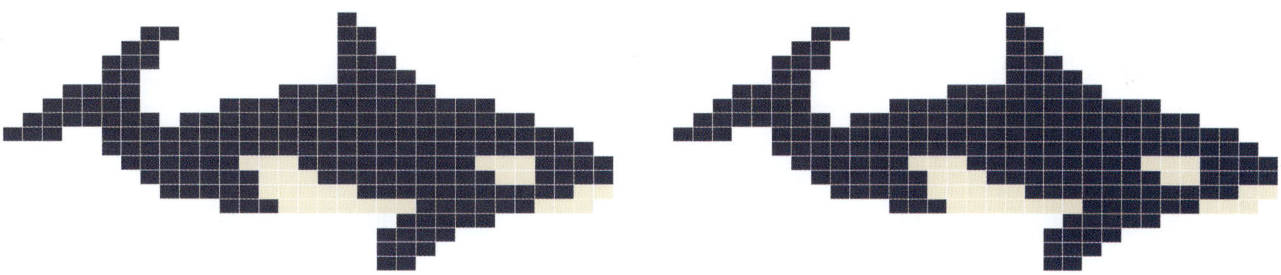

ZÄHLMUSTER A

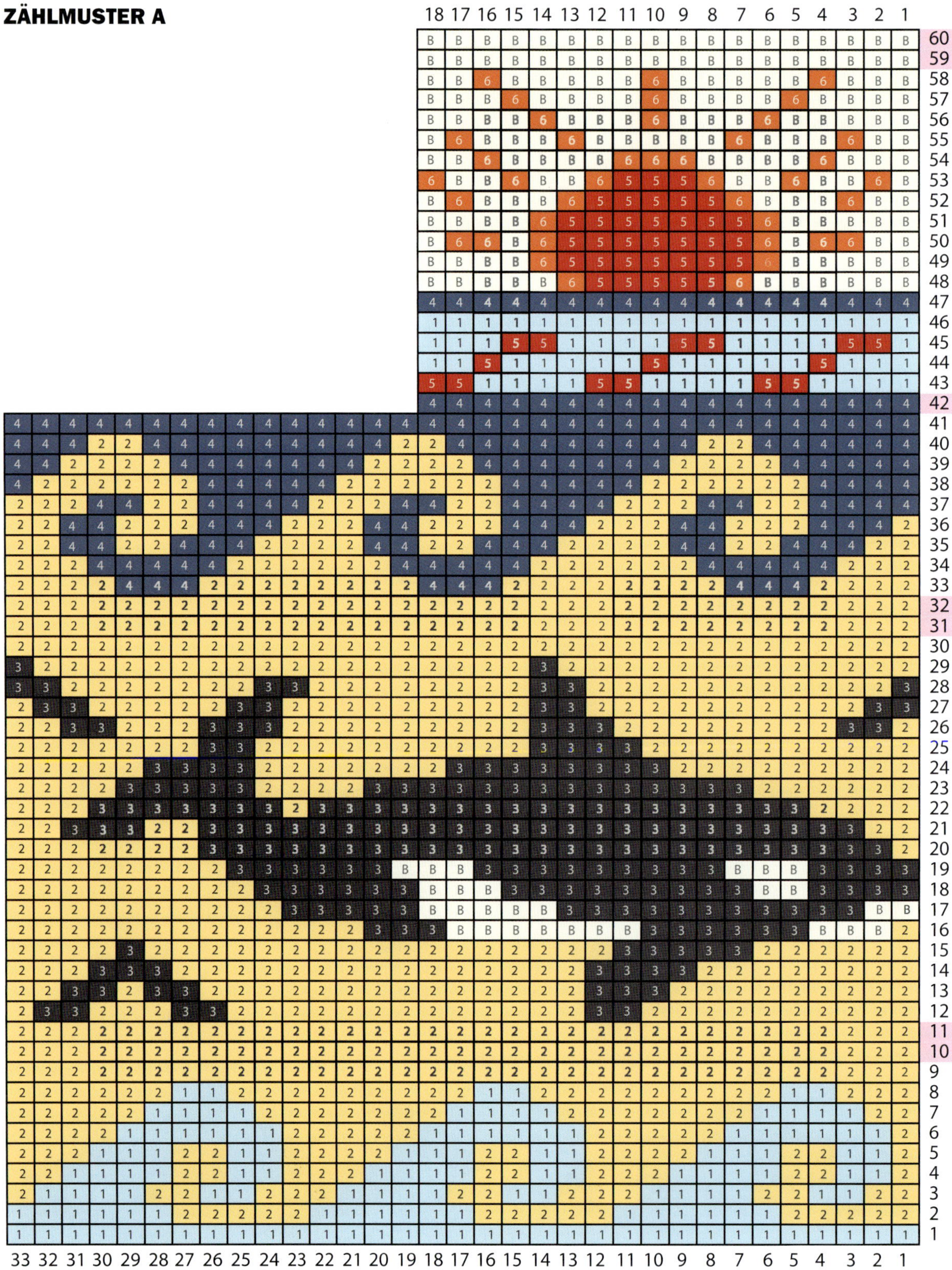

Rd 10: Für Gr. 1 (2) 4 überspringen.
Rd 11: Für Gr. 1 überspringen.
Rd 31: Für Gr. 1 (2) 4 überspringen.
Rd 32: Für Gr. 1 überspringen.
Rd 42: Gleichmäßig verteilt auf 162 (162) 162 (180) 180 (180) M abn.
Rd 59: Zu Nadel Nr. 3 (3,5) 4 (3) 3,5 (4) wechseln.
Rd 60: Gleichmäßig verteilt auf 144 (144) 144 (180) 180 (180) M abn.

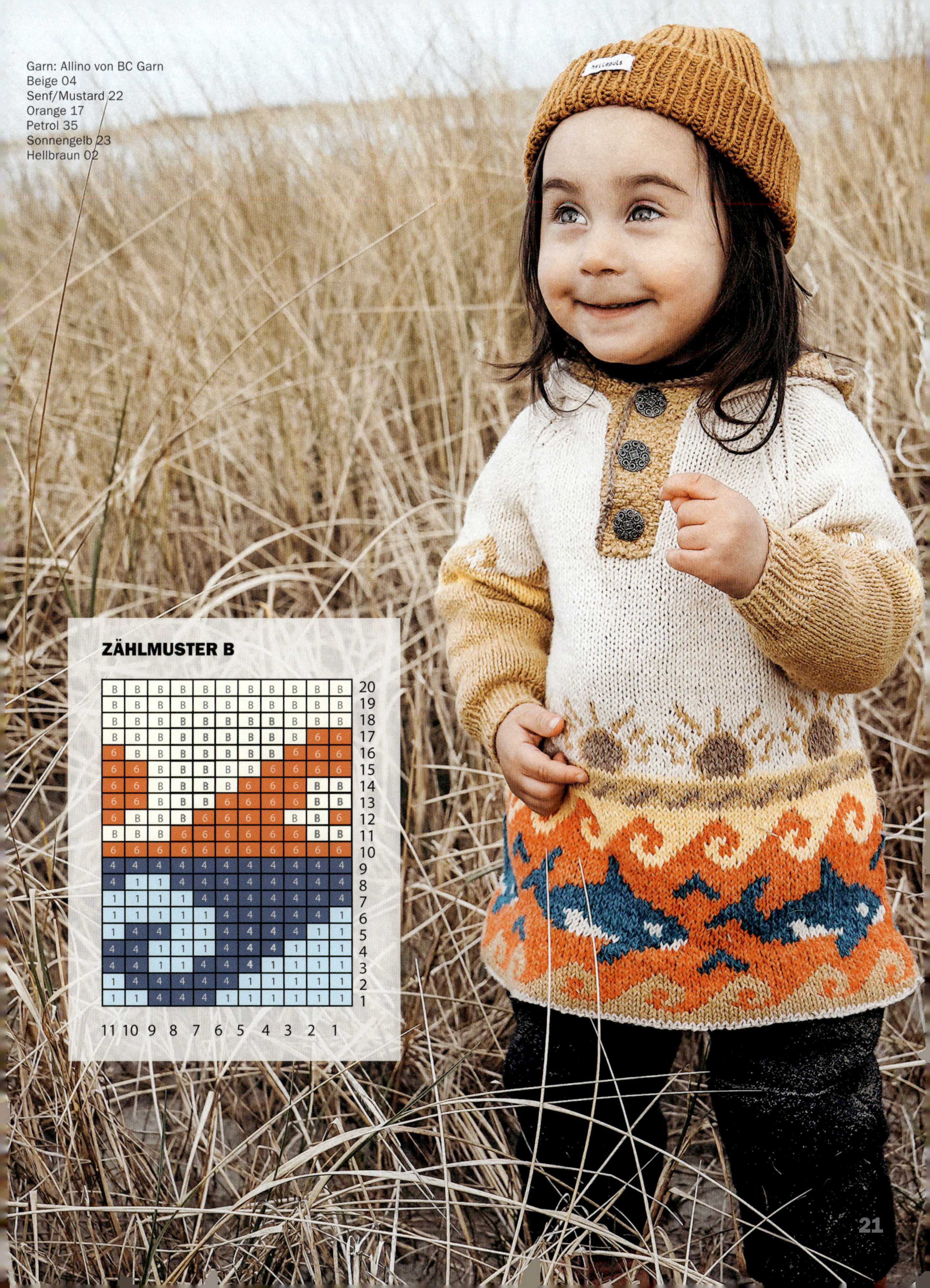

Garn: Allino von BC Garn
Beige 04
Senf/Mustard 22
Orange 17
Petrol 35
Sonnengelb 23
Hellbraun 02

ZÄHLMUSTER B

11	10	9	8	7	6	5	4	3	2	1	
B	B	B	B	B	B	B	B	B	B	B	20
B	B	B	B	B	B	B	B	B	B	B	19
B	B	B	B	B	B	B	B	B	B	B	18
B	B	B	B	B	B	B	B	B	6	6	17
6	B	B	B	B	B	B	B	6	6	6	16
6	6	B	B	B	B	B	6	6	6	6	15
6	6	B	B	B	B	6	6	6	B	B	14
6	6	B	B	B	6	6	6	6	B	B	13
6	B	B	B	6	6	6	6	B	B	6	12
B	B	B	6	6	6	6	6	6	B	B	11
6	6	6	6	6	6	6	6	6	6	6	10
4	4	4	4	4	4	4	4	4	4	4	9
4	1	1	4	4	4	4	4	4	4	4	8
1	1	1	1	4	4	4	4	4	4	4	7
1	1	1	1	1	4	4	4	4	4	1	6
1	4	4	1	1	4	4	4	4	1	1	5
4	4	1	1	1	4	4	4	1	1	1	4
4	4	1	1	4	4	4	1	1	1	1	3
1	4	4	4	4	4	1	1	1	1	1	2
1	1	4	4	4	1	1	1	1	1	1	1

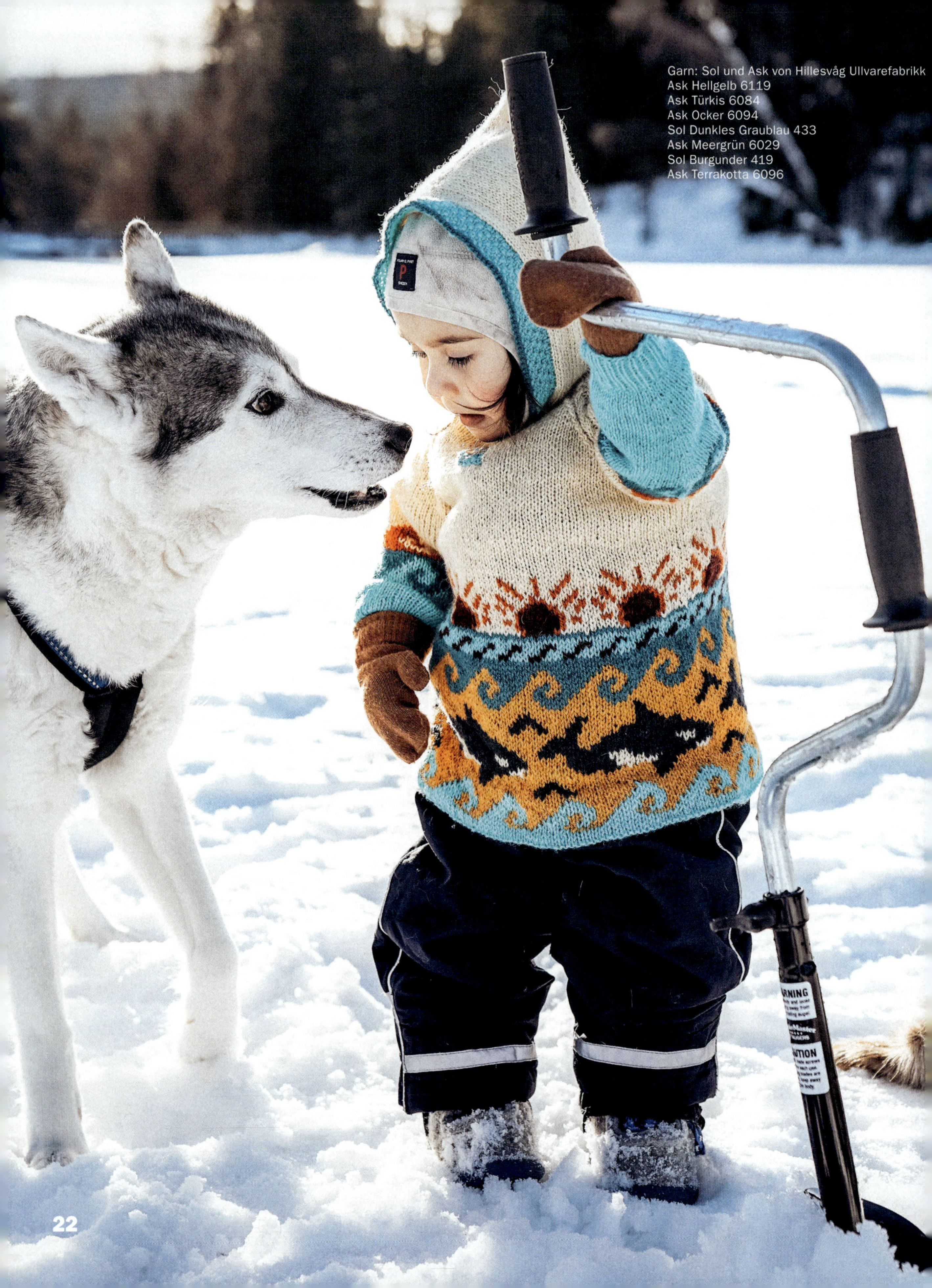

Garn: Sol und Ask von Hillesvåg Ullvarefabrikk
Ask Hellgelb 6119
Ask Türkis 6084
Ask Ocker 6094
Sol Dunkles Graublau 433
Ask Meergrün 6029
Sol Burgunder 419
Ask Terrakotta 6096

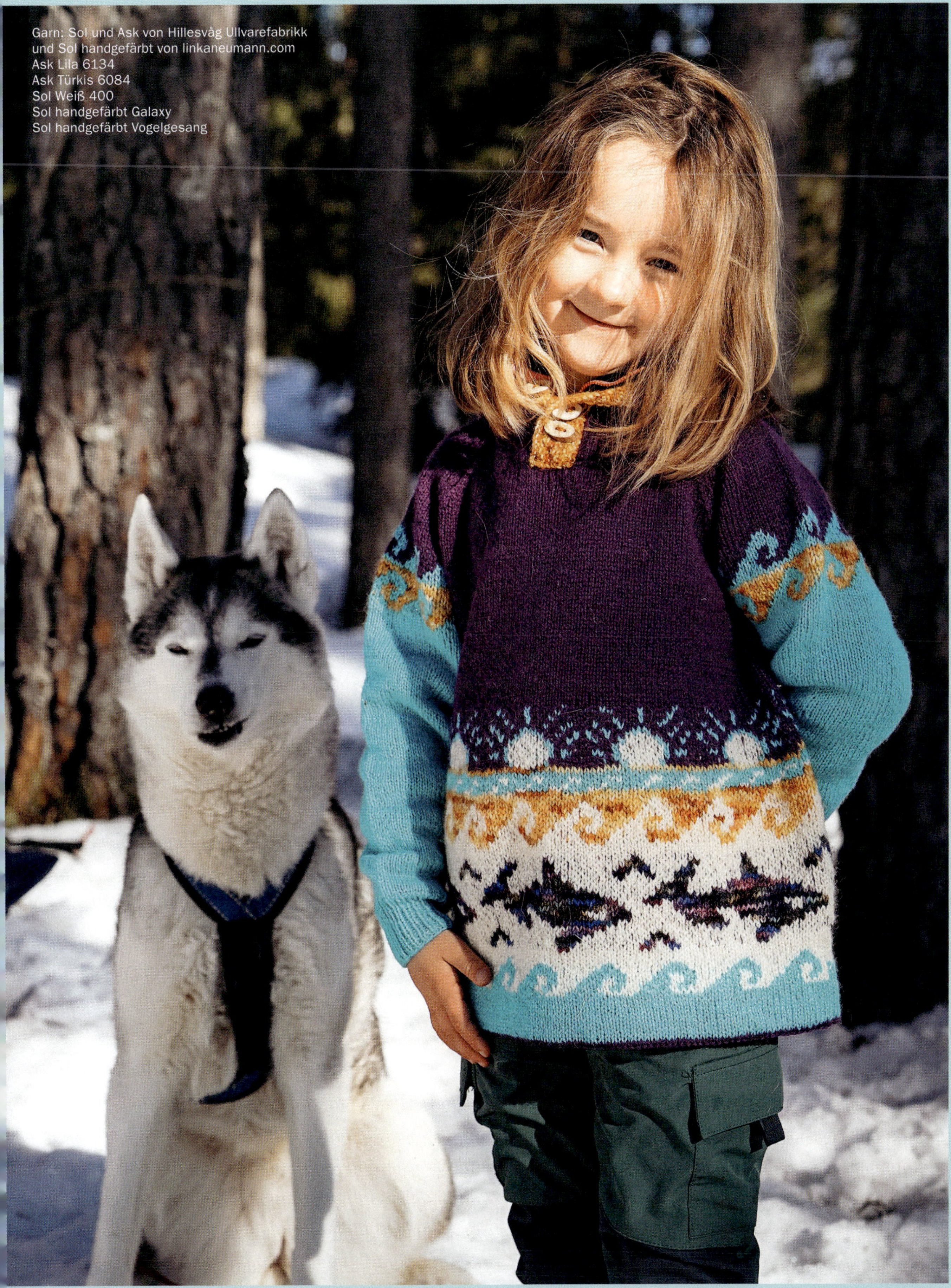
Garn: Sol und Ask von Hillesvåg Ullvarefabrikk
und Sol handgefärbt von linkaneumann.com
Ask Lila 6134
Ask Türkis 6084
Sol Weiß 400
Sol handgefärbt Galaxy
Sol handgefärbt Vogelgesang

Garn: Sol und Ask von Hillesvåg Ullvarefabrikk
Ask Pudriges Altrosa 6073
Sol Helltürkis 435
Sol Helles Rostorange 445
Ask Dunkles Blaugrün 6085
Ask Rosa 6121

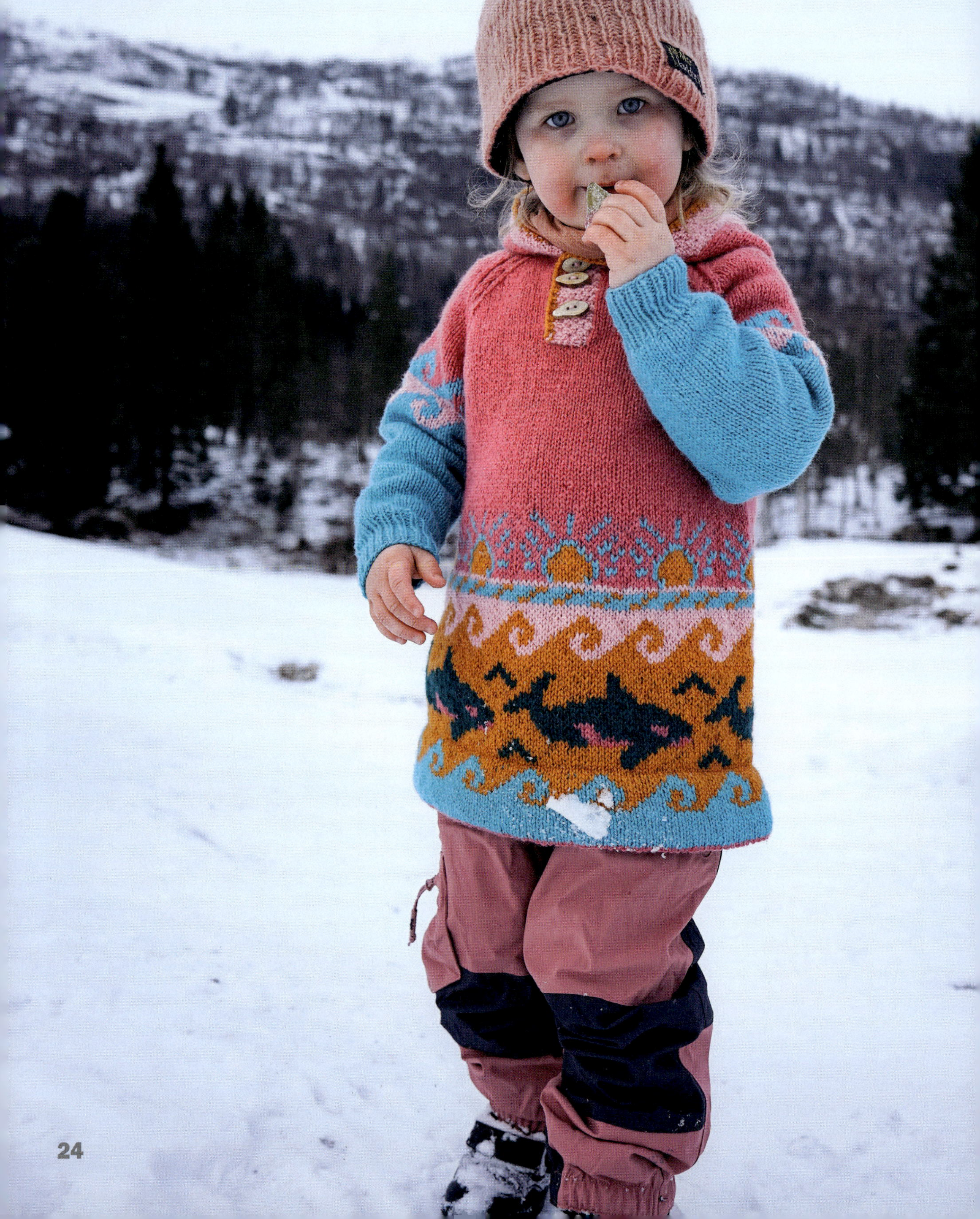

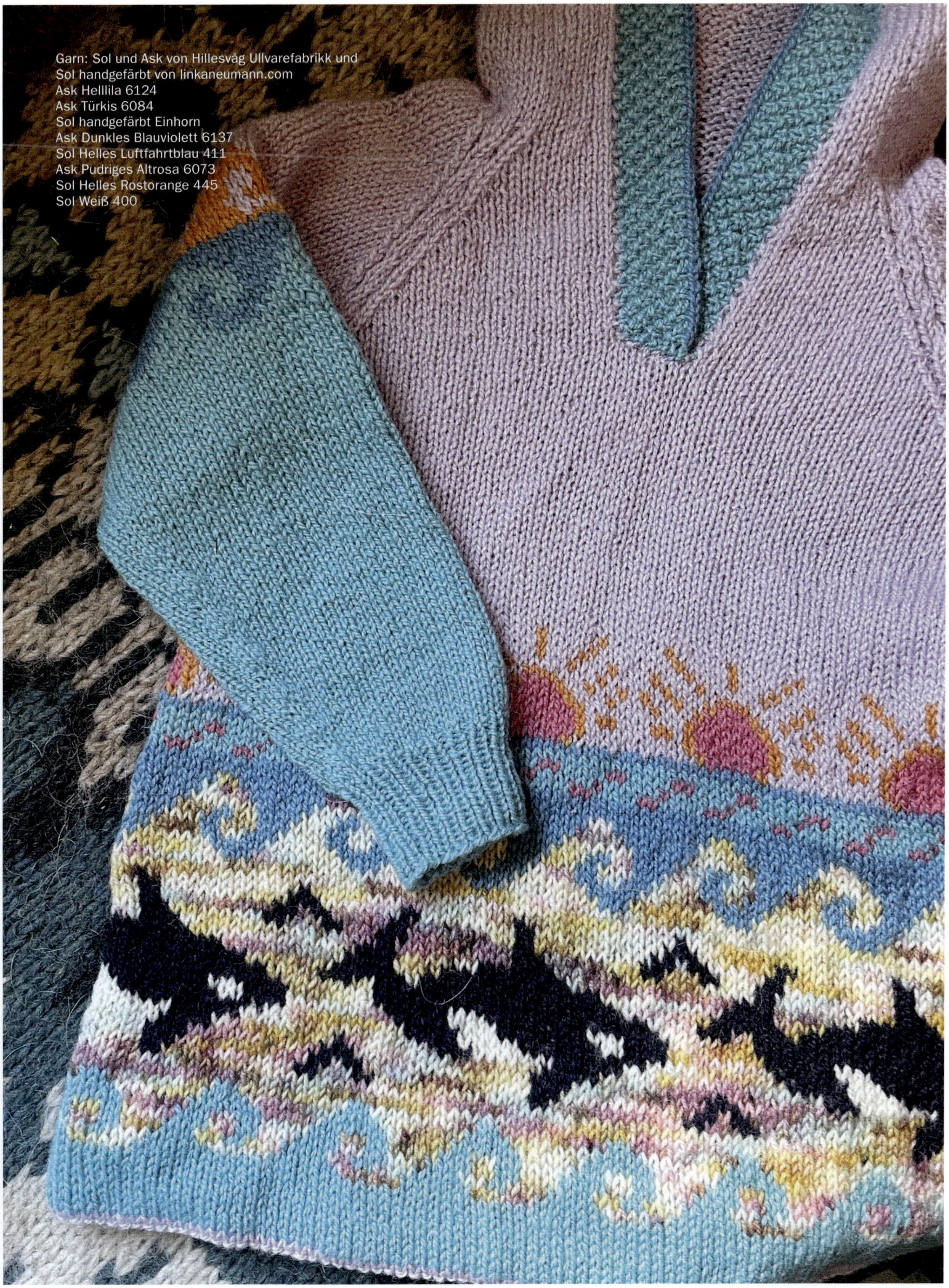

Garn: Sol und Ask von Hillesvåg Ullvarefabrikk und
Sol handgefärbt von linkaneumann.com
Ask Helllila 6124
Ask Türkis 6084
Sol handgefärbt Einhorn
Ask Dunkles Blauviolett 6137
Sol Helles Luftfahrtblau 411
Ask Pudriges Altrosa 6073
Sol Helles Rostorange 445
Sol Weiß 400

Garn: Puno von Rauma
Dunkelpetrol 22647
Beige mit Goldmetallic 30314
Hellblau 5114
Honig 537
Rot 602

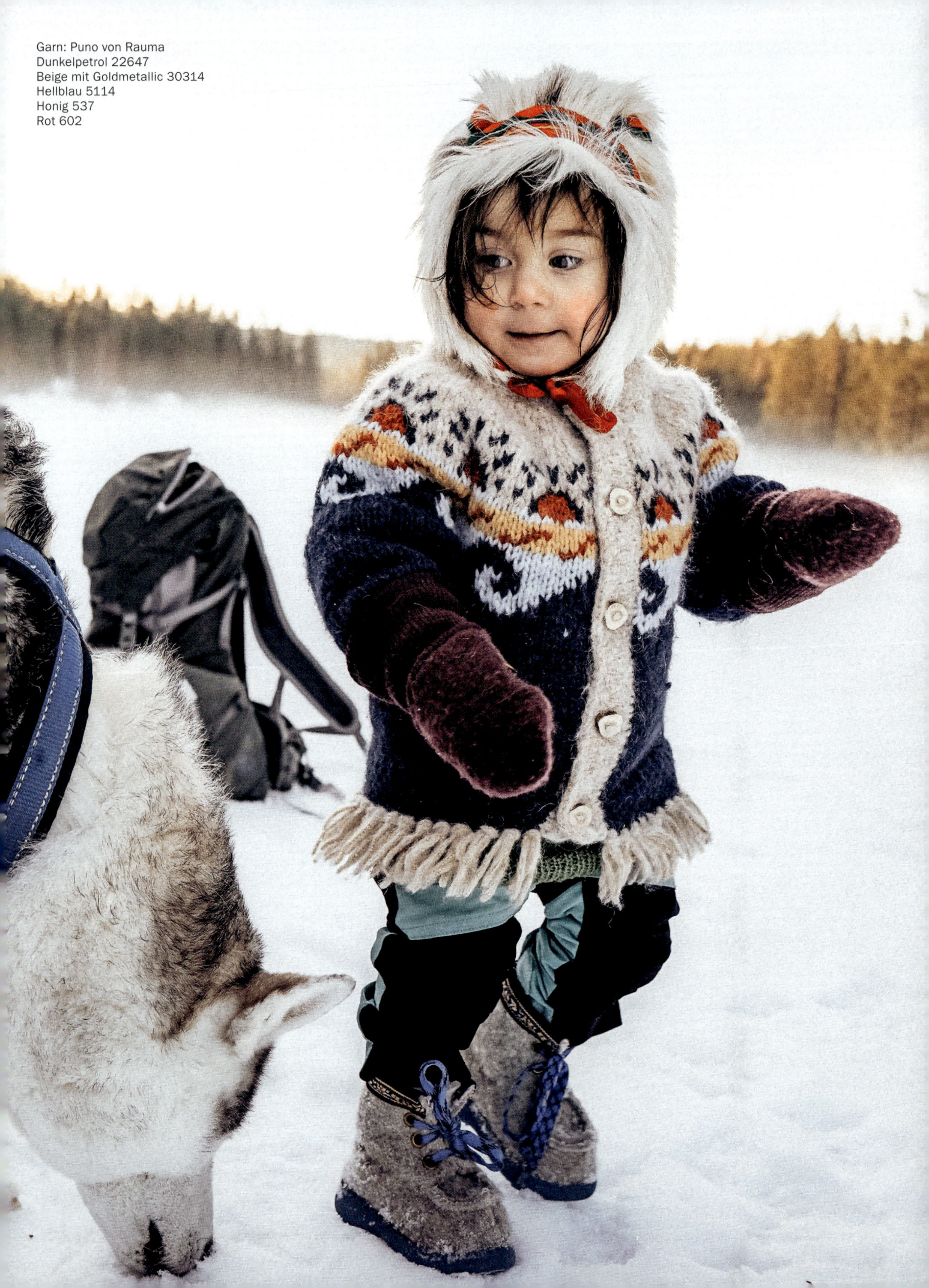

Kviljo Polar
Pullover und Jacke

Kviljo Polar ist eine dickere, etwas einfachere Version des Kapuzenpullovers Kviljo (S. 15ff.), mit Fransen am unteren Rand. Du kannst die Jacke in Runden stricken und aufschneiden oder gleich in Reihen stricken. Kviljo Polar Pullover und Jacke können je nach Verwendungszweck in verschiedenen Garnqualitäten gestrickt werden, zum Beispiel Vams oder Puno von Rauma.

KVILJO POLAR Pullover und Jacke

Du kannst wählen, ob du den Rumpf der Jacke in Runden oder in Reihen stricken möchtest. Wenn du in Reihen strickst, entfällt das Aufschneiden und Vernähen. Folge in diesem Fall der Anleitung, aber füge keine Schnittmaschen (Steekmaschen) hinzu. Du brauchst auch keine Belege zu stricken.

Größen

1 (2) 4 (6) 8 (10) Jahre

Maschenprobe

Die Größe wird durch die Maschenprobe/Nadelstärke bestimmt.
10 cm einfarbig glatt rechts mit Nadel Nr. 5,5 (6) 5,5 (6) 5,5 (6) = 15 (14) 15 (14) 15 (14) M
10 cm mehrfarbig glatt rechts mit Nadel Nr. 6 (6,5) 6 (6,5) 6 (6,5) = 15 (14) 15 (14) 15 (14) M

Garn

Vams von Rauma. Garnalternativen auf Seite 10.

Garnmenge (Pullover/Jacke)

B Basisfarbe: 150 (150) 200 (200) 250 (300) g
1 Musterfarbe 1: 50 (50) 100 (100) 100 (150) g / 100 (100) 150 (150) 150 (200) g
2 Musterfarbe 2: 50 g
3 Musterfarbe 3: 50 g
4 Musterfarbe 4: 50 g
5 Musterfarbe 5: 50 g

Knöpfe für die Jacke

5 (5) 6 (6) 7 (7) Stück mit 20–22 mm Durchmesser

Stricknadeln

Nadelspiel Nr. 4,5 und Nr. 5,5 (6) 5,5 (6) 5,5 (6) und Nr. 6 (6,5) 6 (6,5) 6 (6,5)
Rundnadel 50 cm oder 60 cm lang (je nach Größe) Nr. 4,5, Nr. 5,5 (6) 5,5 (6) 5,5 (6) und Nr. 6 (6,5) 6 (6,5) 6 (6,5)
Rundnadel 40 cm lang, Nr. 4,5 und Nr. 5,5 (6) 5,5 (6) 5,5 (6)
Für die Jacke: Häkelnadel zum Einknüpfen der Fransen

Maße (Pullover/Jacke)

Ärmel: 19 (25) 29 (31) 35 (38) cm
Brustumfang Pullover/Jacke: 64 (68) 72 (77) 80 (86) cm / 67 (71) 75 (82) 83 (89) cm
Rumpflänge Pullover/Jacke (ohne Fransen): 22 (27) 28 (32) 35 (38) cm / 20 (25) 26 (30) 33 (36) cm

RUMPF (Pullover)

96 (96) 108 (108) 120 (120) M in der Basisfarbe mit Nadel Nr. 4,5 anschlagen, zur Runde schließen und 4 (4) 5 (5) 5 (5) 5 cm im 1/1-Rippenmuster (1 M re, 1 M li im Wechsel) str. Mit Nadel Nr. 5,5 (6) 5,5 (6) 5,5 (6) glatt rechts fortfahren. Wenn der Rumpf 18 (23) 25 (28) 31 (34) cm misst, zu Nadel Nr. 6 (6,5) 6 (6,5) 6 (6,5) wechseln. Am Rd-Anf und nach 48 (48) 54 (54) 60 (60) M je einen MM setzen (= Vorder- und Rückenteil). Gemäß Zählmuster A (S. 31) str, dabei das Muster wie angegeben zentrieren. Danach misst der Rumpf 22 (27) 28 (32) 35 (38) cm.

Je 12 (12) 12 (12) 11 (11) M für die Armlöcher auf einem Hilfsfaden oder Maschenhalter stilllegen (die M beiderseits des MMs).

RUMPF (Jacke)

96 (96) 108 (108) 120 (120) M in der Basisfarbe mit Nadel Nr. 4,5 anschlagen und 4 (4) 5 (5) 5 (5) cm versetzte Rippen (Strickschrift S. 31) in R arbeiten. 5 neue M als Steek-M anschlagen (nicht in der M-Zahl enthalten). Die Steek-M werden immer links gestrickt und markieren Beginn und Ende der Rd. Ab jetzt wird in Rd glatt rechts gestrickt. Zu Nadel Nr. 5,5 (6) 5,5 (6) 5,5 (6) wechseln. Den Rumpf bis zu einer Länge von 16 (21) 22 (26) 29 (32) cm str und zu Nadel Nr. 6 (6,5) 6 (6,5) 6 (6,5) wechseln. Gemäß Zählmuster A str. (Hinweis: Das Muster geht am Übergang zwischen Rumpf und Ärmel nicht auf.) Der Rumpf ist danach 20 (25) 26 (30) 33 (36) cm lang.

ÄRMEL (Pullover und Jacke)

26 (28) 30 (32) 34 (34) M in der Basisfarbe mit Nadelspiel Nr. 4,5 anschlagen und 4 (4) 5 (5) 5 (5) cm im 1/1-Rippenmuster (1 M re, 1 M li im Wechsel) in Rd str. Ab jetzt mit Nadel Nr. 5,5 (6) 5,5 (6) 5,5 (6) glatt rechts str. In der 1. Rd gleichmäßig verteilt auf 32 (32) 36 (36) 40 (40) M zun. Die mittlere M unter dem Ärmel (Rd-Anf) markieren und alle 2 (2,5) 2,5 (2,5) 2,5 (2,5) cm beidseitig des MMs 1 M zun, bis 42 (42) 48 (48) 52 (52) M vorhanden sind. Wenn der Ärmel 15 (21) 25 (27) 31 (34) cm misst, zu Nadel Nr. 6 (6,5) 6 (6,5) 6 (6,5) wechseln und gemäß Zählmuster A str. Der Ärmel ist danach 19 (25) 29 (31) 35 (38) cm lang.

12 (12) 12 (12) 11 (11) M unter dem Ärmel auf einem Hilfsfaden oder Maschenhalter stilllegen (die M beiderseits des MMs). Den zweiten Ärmel genauso str.

PASSE (Pullover)

Die Ärmel-M auf die Rundnadel mit den Rumpf-M str: 1. Ärmel, Vorderteil, 2. Ärmel, Rückenteil = 132 (132) 156 (156) 180 (180) M. Der erste Übergang (linke Schulter hinten) bildet den Rd-Anf/das Rd-Ende. Gemäß Zählmuster B (B) C (C) C (C) (S. 33) die Passe str, dabei wie angegeben abn und das Muster zentrieren (s. Hinweis im Zählmuster). Zu Nadel Nr. 4,5 wie im Zählmuster angegeben wechseln. Mit dem Halsbündchen fortfahren.

Hohes Halsbündchen (Rollkragen) Pullover: Mit Nadel Nr. 4,5 und Musterfarbe 1 str: 12 (14) 16 (16) 18 (18) cm im 1/1-Rippenmuster (1 M re, 1 M li im Wechsel) in Rd str, mustergemäß abk, dazu Nadel Nr. 6 verwenden, damit die Abkettkante nicht zu eng wird.

Niedriges Halsbündchen Pullover: Mit Nadel Nr. 4,5 und Musterfarbe 1 str: 6 (6) 7 (7) 7 (7) cm im 1/1-Rippenmuster (1 M re, 1 M li im Wechsel) in Rd str, mustergemäß abk, dazu Nadel Nr. 6 verwenden, damit die Abkettkante nicht zu eng wird. Nach innen falten und locker annähen.

PASSE (Jacke)

Die Ärmel-M wie folgt auf die Nadel mit den Rumpf-M str: 18 (18) 21 (21) 24 (24) M str. 12 (12) 12 (12) 11 (11) M auf einem Hilfsfaden oder Maschenhalter stilllegen, die Ärmel-M auf die Nadel mit den Rumpf-M str. 36 (36) 42 (42) 50 (50) M str. 12 (12) 13 (13) 12 (12) M stilllegen und die M des zweiten Ärmels auf dieselbe Nadel str. 18 (18) 21 (21) 24 (24) M str = 132 (132) 156 (156) 180 (180) M + Steek-M (werden nicht mitgezählt). Gemäß Zählmuster B (B) C (C) C (C) die Passe str, dabei wie angegeben abn. Zu Nadel Nr. 4,5 wie im Zählmuster angegeben wechseln. Nach dem Zählmuster die Steek-M abk und mit dem Halsbündchen fortfahren.

Halsbündchen Jacke: Mit Nadel Nr. 4,5 und Musterfarbe 1 in R 6 (6) 7 (7) 8 (8) cm im 1/1-Rippenmuster str, mustergemäß abk, dazu Nadel Nr. 6 verwenden, damit die Abkettkante nicht zu eng wird. Nach innen falten und locker annähen.

KNOPFLEISTE (Jacke)

Mit der Nähmaschine beidseitig der Steek-M steppen und das Gestrick zwischen den Nähten aufschneiden. Ich steppe zwei- oder dreimal darüber, sodass die Naht sicher hält und nichts aufgeht.

Rechte Knopfleiste: Mit Nadel Nr. 4,5 und Musterfarbe 1 M entlang der rechten Vorderteilkante auffassen: [3× 1 M pro Rd/R aufnehmen, 1 Rd/R überspringen] stets wdh. Einen Faden durch diese M fädeln, damit hier später leicht M für die Belege herausgestrickt werden können. 3 cm versetzte Rippen (s. Strickschrift S. 31) str. Mustergemäß mit Nadel Nr. 6 abketten.

Linke Knopfleiste: Wie die rechte Knopfleiste str, jedoch nach 1,5 cm gleichmäßig verteilt 5 (5) 6 (6) 7 (7) Knopflöcher einarbeiten. Anleitung Knopfloch str: 2 M zus-str, 1 Umschlag. Alternativ 1 M abk und in der nächsten R 1 M neu anschlagen.

Das unterste Knopfloch ca. 1,5 cm vom unteren Rand und das oberste ca. 1,5 cm vom oberen Rand arbeiten, die restlichen Knopflöcher gleichmäßig verteilt dazwischen.

Noch 1,5 cm versetzte Rippen str und mustergemäß mit Nadel Nr. 6 abk.

Belege: Mit Nadel Nr. 4,5 die mit dem Faden markierten M aufnehmen und 2 cm glatt rechts in R str. Die Belege über die Schnittkanten legen und annähen.

FRANSEN

Für die Fransen Fäden in Musterfarbe 1 (oder einer anderen Farbe) auf 12 (12) 14 (14) 16 (16) cm Länge zuschneiden. Wie auf Seite 12 beschrieben in jede 2. Masche der Unterkante eine Franse knüpfen.

FERTIGSTELLEN (Pullover und Jacke)

Alle Fäden vernähen und die Öffnung unter den Ärmeln zus-str oder -nähen. Den Pullover ausspülen, in Form ziehen und liegend trocknen lassen.

ZÄHLMUSTER A

12	11	10	9	8	7	6	5	4	3	2	1	
B	B	B	2	2	2	2	2	2	2	2	2	8
B	B	B	B	2	2	2	2	2	2	2	B	7
B	B	B	B	B	2	2	2	2	2	B	B	6
B	2	2	B	B	2	2	2	2	B	B	B	5
2	2	B	B	B	2	2	2	B	B	B	B	4
2	2	B	B	2	2	2	B	B	B	B	B	3
B	2	2	2	2	2	B	B	B	B	B	B	2
B	B	2	2	2	B	B	B	B	B	B	B	1

▲ (Masche 6) Vordere Mitte des Pullovers

▲ (Masche 2) Die Jacke hier beginnen.

STRICKSCHRIFT

Versetzte Rippen

2	1	
	X	4
	X	3
X		2
X		1

☐ Rechte M

☒ Linke M

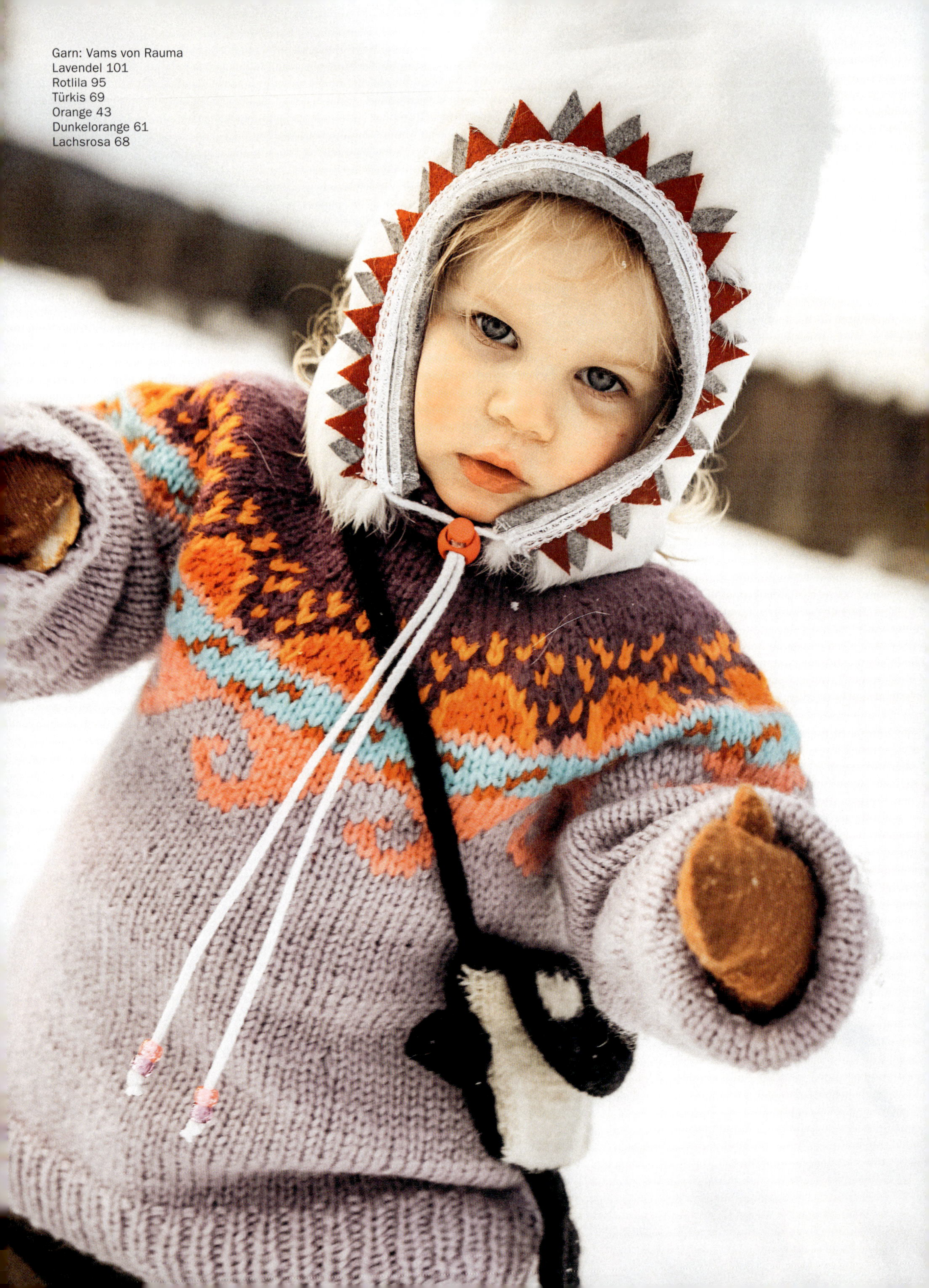

Garn: Vams von Rauma
Lavendel 101
Rotlila 95
Türkis 69
Orange 43
Dunkelorange 61
Lachsrosa 68

ZÄHLMUSTER B Größe 1 Jahr (2 Jahre)

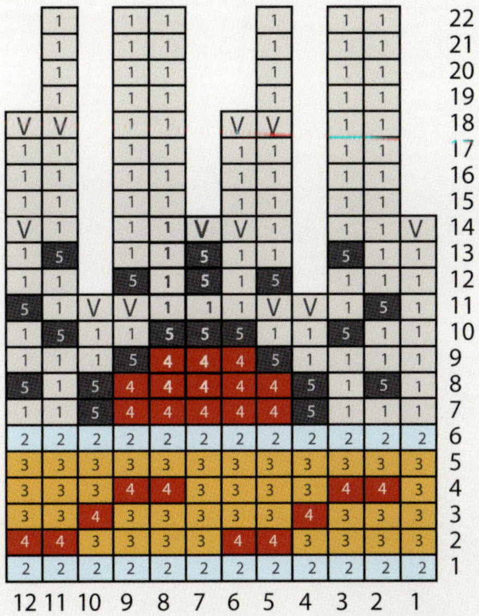

- 22 Zu Nadel Nr. 4,5 wechseln und das Halsbündchen str.
- 21 Gleichmäßig verteilt abn: auf 58 (60) M für den Pullover und 56 (58) M für die Jacke
- 18 Wie angegeben abn = 66 (66) M
- 14 Zu Nadel Nr. 5,5 (6) wechseln und wie angegeben abn = 88 (88) M
- 11 Wie angegeben abn = 110 (110) M
- 1 132 (132) M

Vordere Mitte des Pullovers

Die Jacke hier beginnen.

V 1 M

V V Diese 2 M re zus-str.

ZÄHLMUSTER C Größe 4 (6) 8 (10) Jahre

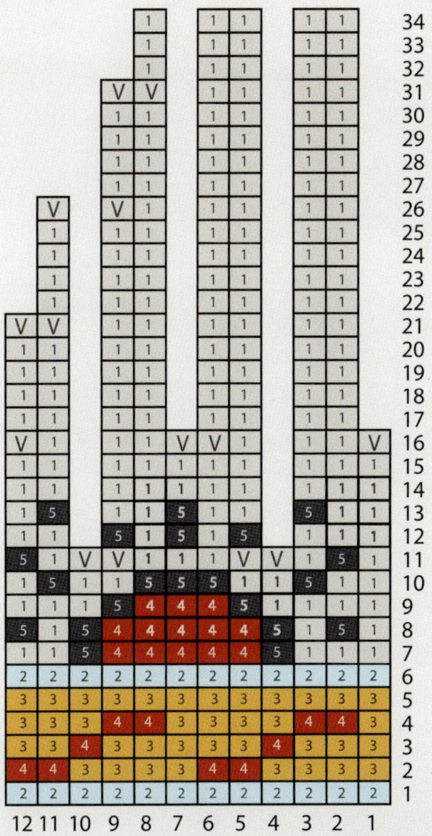

- 34 Für Gr. 8 (10) beenden. Gleichmäßig verteilt abn = 68 (70) M für den Pullover/ 64 (66) M für die Jacke
- 33 Für Gr. 8 (10) zu Nadel Nr. 4,5 wechseln.
- 31 Wie angegeben abn = 75 (75) M
- 29 Für Gr. 4 (6) beenden. Gleichmäßig verteilt abn = 64 (66) M für den Pullover/ 60 (62) M für die Jacke
- 28 Für Gr. 4 (6) zu Nadel Nr. 4,5 wechseln.
- 26 Wie angegeben abn = 78 (78) 90 (90) M
- 21 Wie angegeben abn = 91 (91) 105 (105) M
- 16 Wie angegeben abn = 104 (104) 120 (120) M
- 14 Zu Nadel Nr. 5,5 (6) 5,5 (6) wechseln.
- 11 Wie angegeben abn = 130 (130) 150 (150) M
- 1 156 (156) 180 (180) M

Vordere Mitte des Pullovers

Die Jacke hier beginnen.

V 1 M

V V Diese 2 M re zus-str.

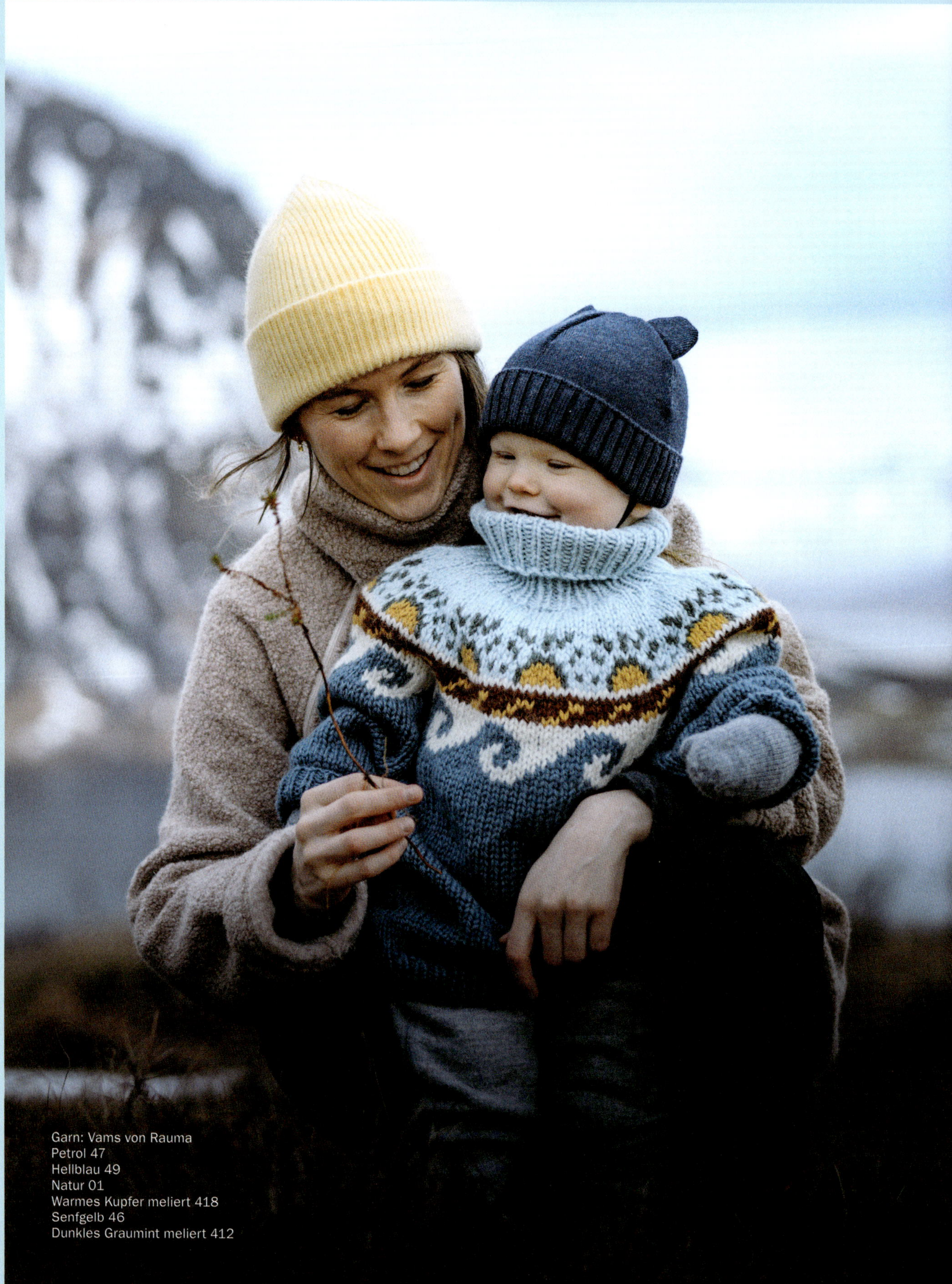

Garn: Vams von Rauma
Petrol 47
Hellblau 49
Natur 01
Warmes Kupfer meliert 418
Senfgelb 46
Dunkles Graumint meliert 412

Garn: Vams von Rauma
Hellgrau 03
Dunkelpetrol 404
Mitternachtsblau 77
Helltürkis 69
Dunkelrot 23
Kürbis meliert 312

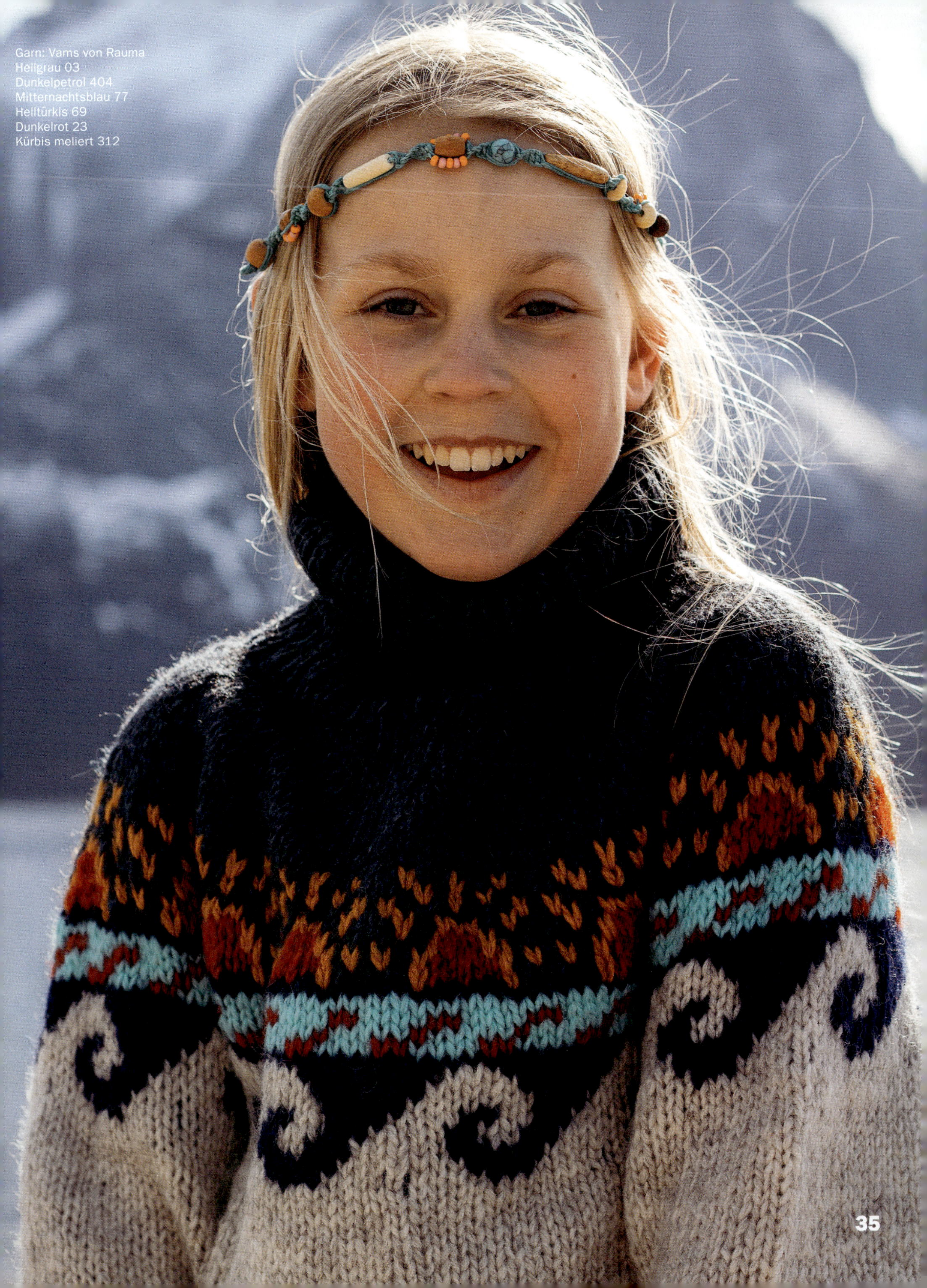

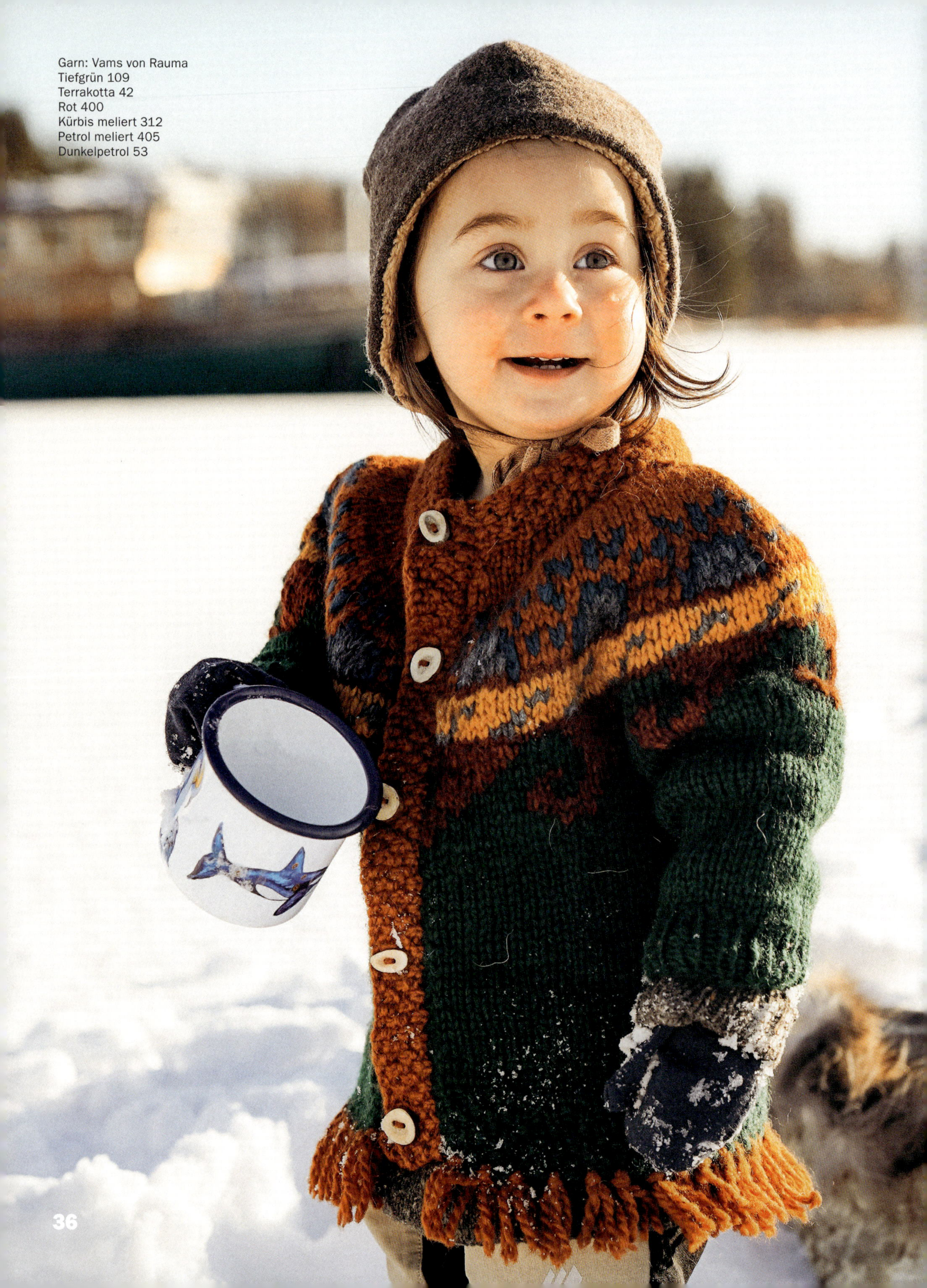

Garn: Vams von Rauma
Tiefgrün 109
Terrakotta 42
Rot 400
Kürbis meliert 312
Petrol meliert 405
Dunkelpetrol 53

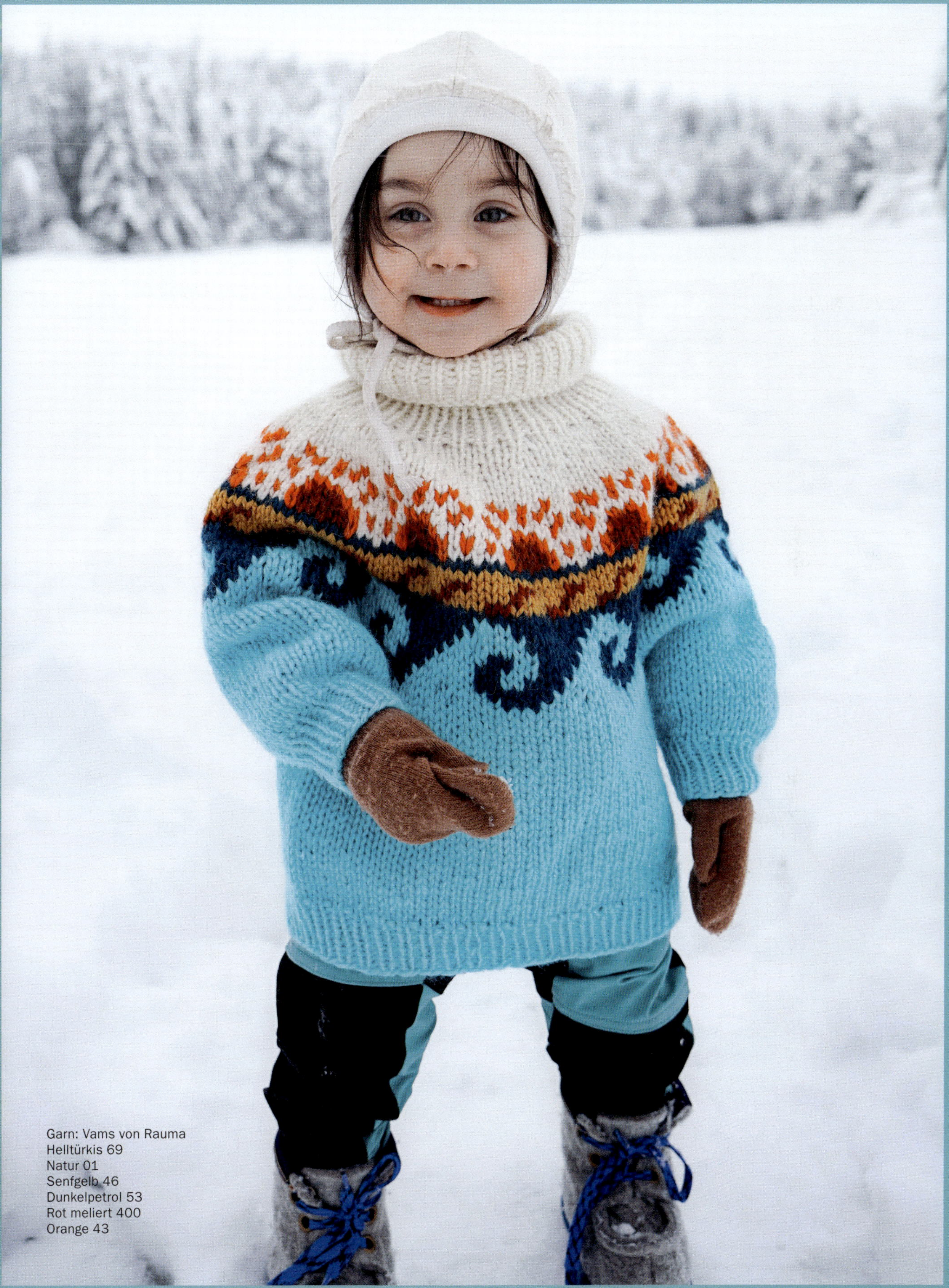

Garn: Vams von Rauma
Helltürkis 69
Natur 01
Senfgelb 46
Dunkelpetrol 53
Rot meliert 400
Orange 43

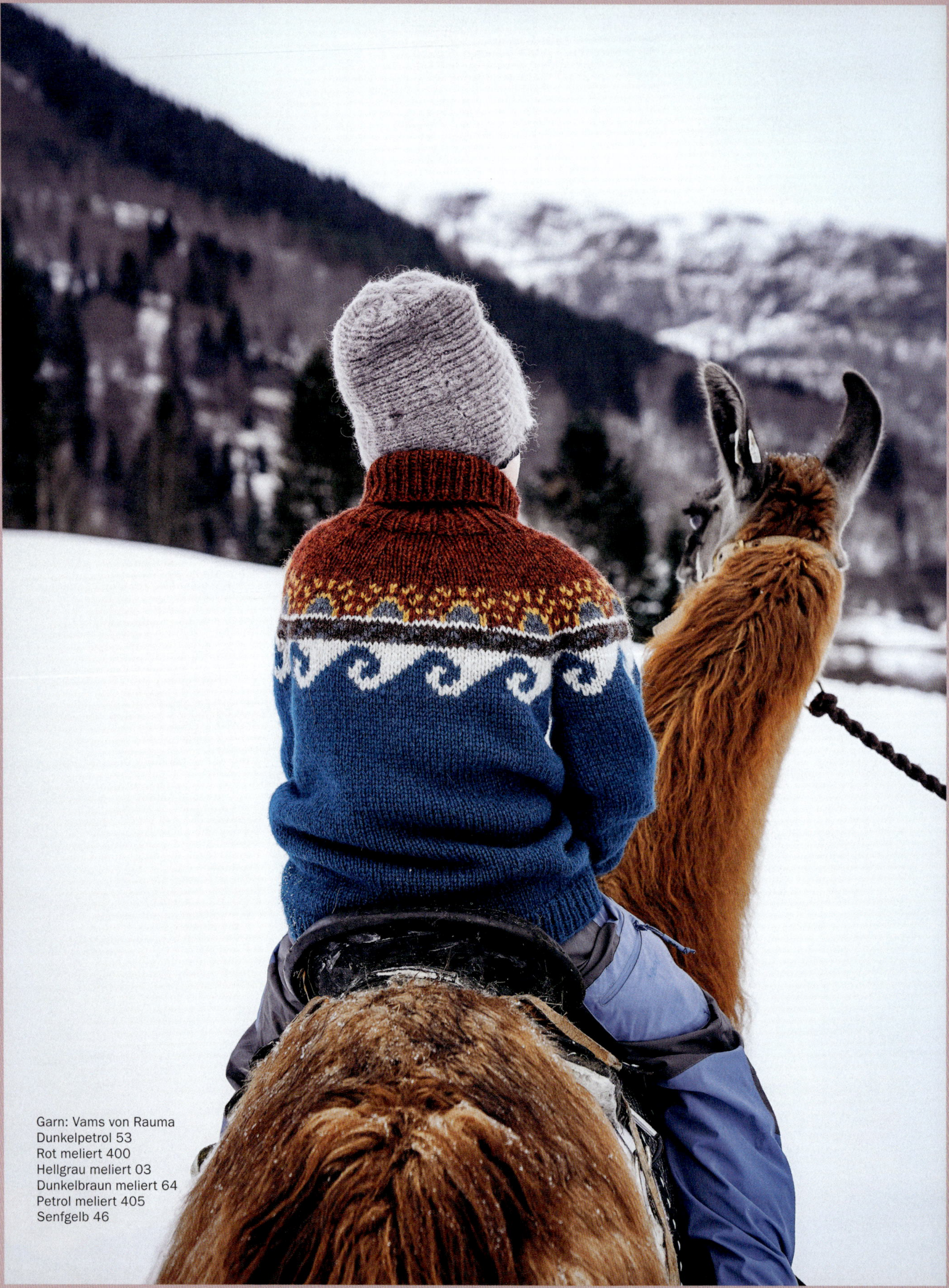

Garn: Vams von Rauma
Dunkelpetrol 53
Rot meliert 400
Hellgrau meliert 03
Dunkelbraun meliert 64
Petrol meliert 405
Senfgelb 46

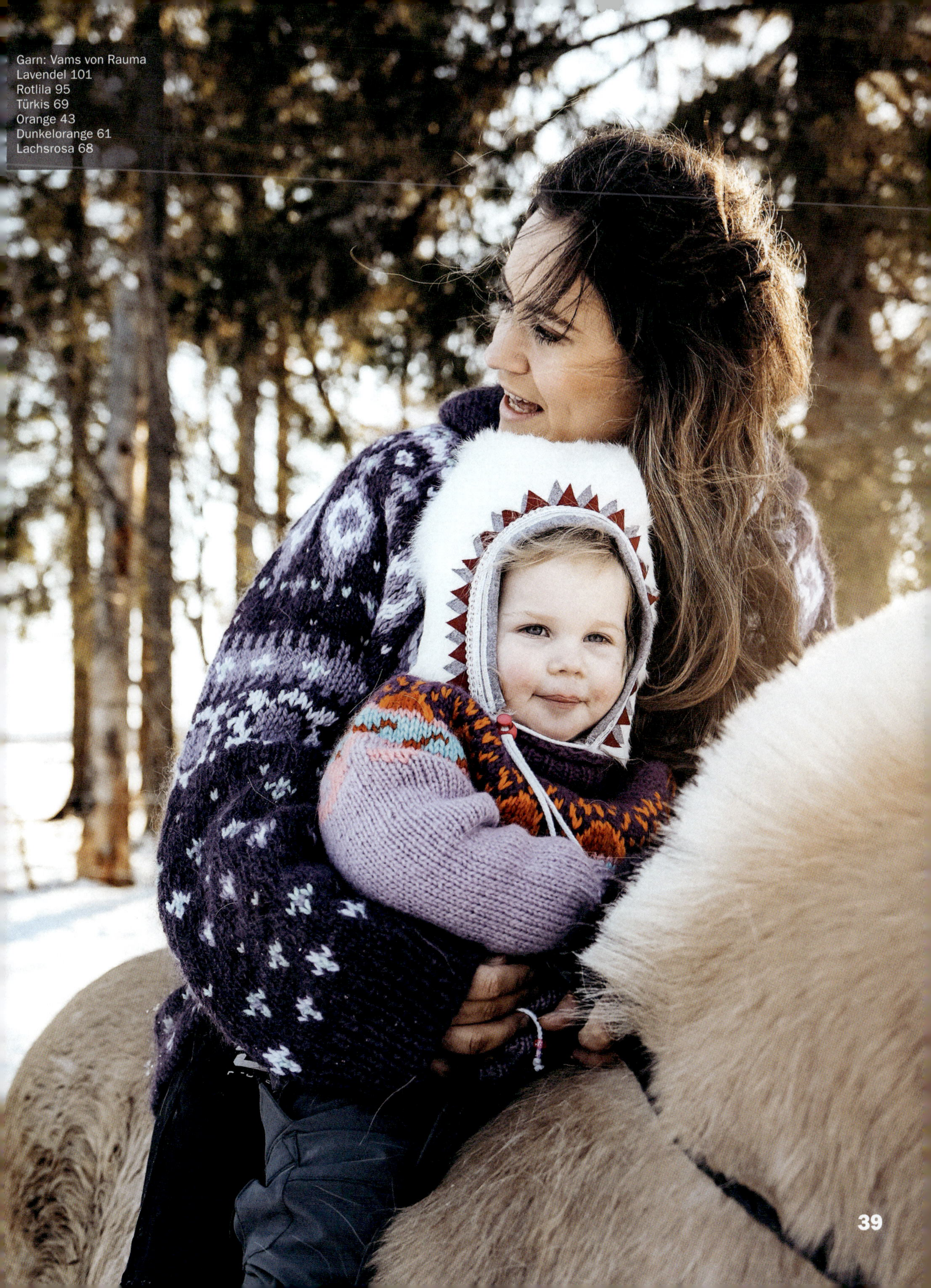

Garn: Vams von Rauma
Lavendel 101
Rotlila 95
Türkis 69
Orange 43
Dunkelorange 61
Lachsrosa 68

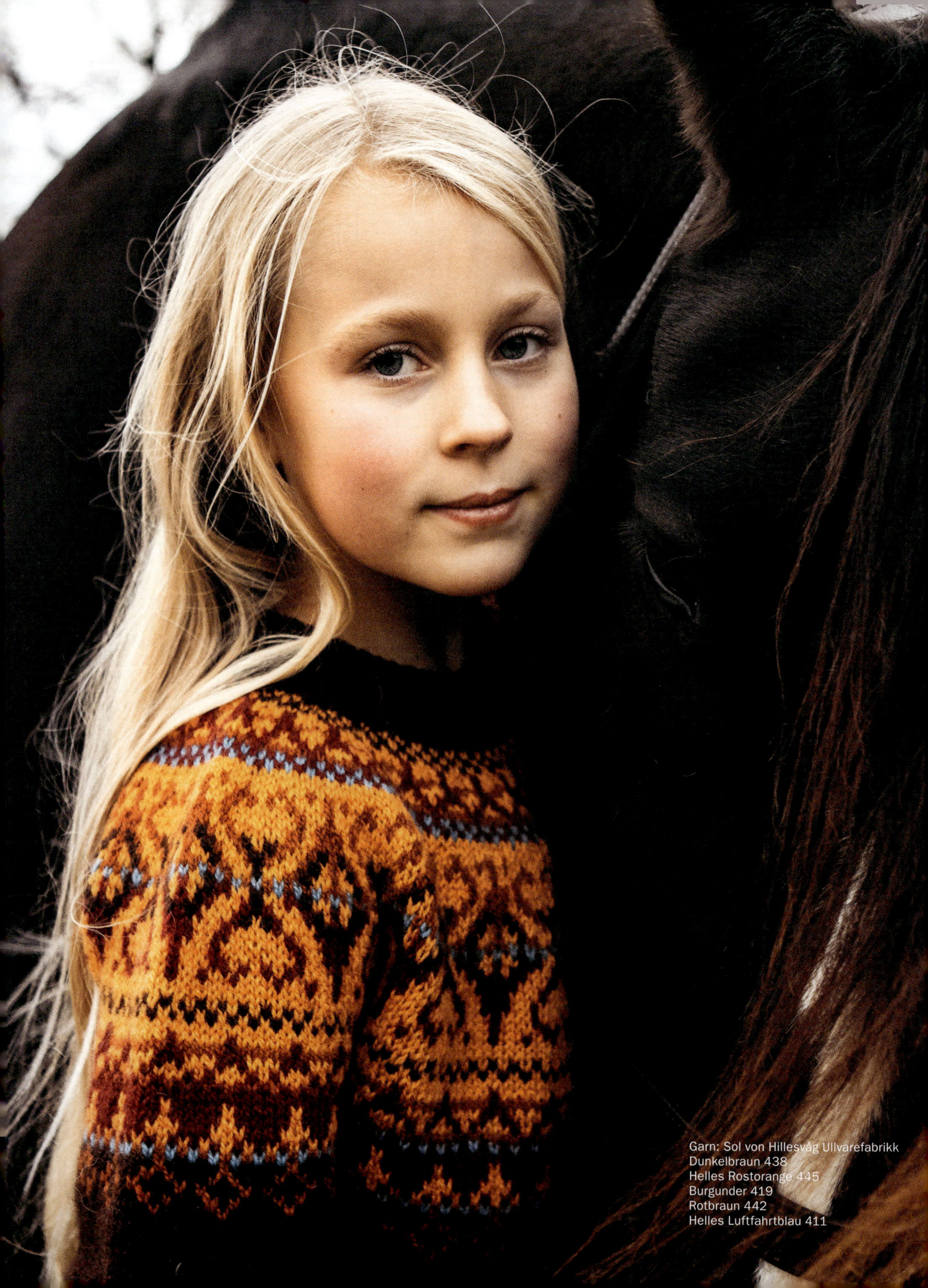

Garn: Sol von Hillesvåg Ullvarefabrikk
Dunkelbraun 438
Helles Rostorange 445
Burgunder 419
Rotbraun 442
Helles Luftfahrtblau 411

Alasuq

Pullover

Alasuq ist mein Lieblingsmuster und eines der ersten, das ich entworfen habe. Seitdem macht es mir großen Spaß, das Design in neuen Farbkombinationen zu präsentieren. Alasuq sieht vielleicht schwierig zu stricken aus, aber es sind nur ganz wenige Runden, die mit drei Fäden gleichzeitig gestrickt werden.

Die Anleitung dieses Pullovers für Erwachsene findest du im Buch *Einfach nordisch stricken* von 2021.

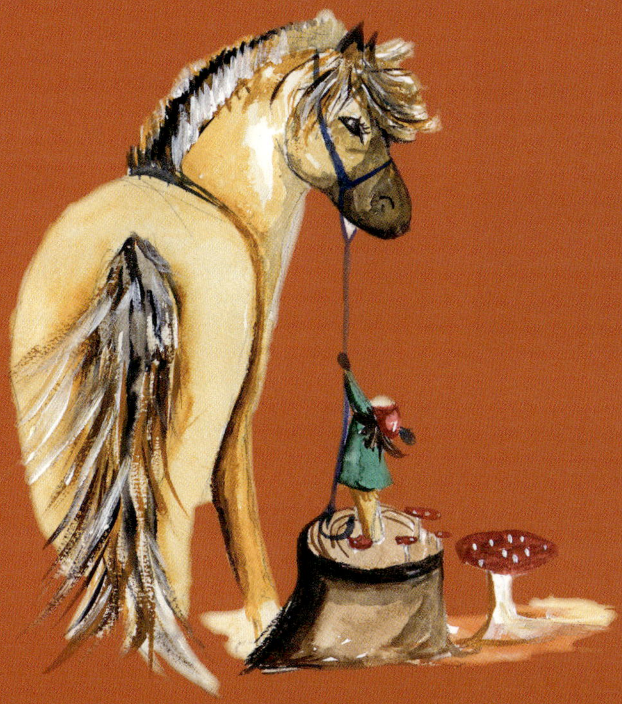

ALASUQ Pullover

Größen
1 (2) 4 (6) 8 (10) 12 Jahre

Maschenprobe
Die Größe wird durch die Maschenprobe/Nadelstärke bestimmt.
10 cm einfarbig glatt rechts mit Nadel Nr. 3,5 (4) 3,5 (4) 3,5 (3,5) 4 = 22 (21) 22 (21) 22 (22) 21 M
10 cm mehrfarbig mit Nadel Nr. 4 (4,5) 4 (4,5) 4 (4) 4,5 = 22 (21) 22 (21) 22 (22) 21 M

Garn
Sol Lammwollgarn von Hillesvåg Ullvarefabrikk. Garnalternativen auf Seite 9.

Garnmenge

B Basisfarbe: 150 (150) 150 (200) 200 (200) 250 g
1 Musterfarbe 1: 50 (50) 50 (50) 50 (100) 100 g
2 Musterfarbe 2: 50 g
3 Musterfarbe 3: 50 g
4 Musterfarbe 4: 50 g

Stricknadeln
Nadelspiel Nr. 3 und Nr. 3,5 (4) 3,5 (4) 3,5 (3,5) 4 und Nr. 4 (4,5) 4 (4,5) 4 (4) 4,5
Rundnadel 50 cm oder 60 cm lang, Nr. 3 und Nr. 3,5 (4) 3,5 (4) 3,5 (3,5) 4 und Nr. 4 (4,5) 4 (4,5) 4 (4) 4,5
Rundnadel 40 cm lang, Nr. 4 (4,5) 4 (4,5) 4 (4) 4,5

Pullovermaße
Ärmellänge: 19 (25) 29 (31) 35 (38) 42 cm
Brustumfang: 60 (65) 68 (71) 76 (81) 87 cm
Rumpflänge: 22 (27) 29 (31) 35 (36) 37 cm
Gesamtlänge: 34 (38) 42 (45) 50 (52) 54 cm

RUMPF

132 (138) 150 (150) 168 (180) 180 M in der Basisfarbe mit Rundnadel Nr. 3 anschlagen und 4 (4) 5 (5) 5 (5) 5 cm im 1/1-Rippenmuster (1 M re, 1 M li im Wechsel) in Rd str. Zu Rundnadel Nr. 3,5 (4) 3,5 (4) 3,5 (3,5) 4 wechseln. Am Rd-Anf und nach 66 (69) 75 (75) 84 (90) 90 M jeweils einen MM setzen (= Vorder- und Rückenteil). Glatt rechts str, bis der Rumpf 15 (20) 22 (24) 28 (29) 30 cm misst. Zu Nadel Nr. 4 (4,5) 4 (4,5) 4 (4) 4,5 wechseln und gemäß Zählmuster A (S. 44) str. Der Rumpf ist danach 22 (27) 29 (31) 35 (36) 37 cm lang.

Je 8 (9) 11 (11) 11 (12) 12 M für die Armlöcher auf einem Hilfsfaden oder Maschenhalter stilllegen (die M beiderseits des MMs).

ÄRMEL

36 (36) 38 (38) 40 (42) 42 M in der Basisfarbe mit Nadelspiel Nr. 3 anschlagen und 3 (4) 5 (5) 5 (5) 5 cm im 1/1-Rippenmuster (1 M re, 1 M li im Wechsel) in Rd str. Zu Nadel Nr. 3,5 (4) 3,5 (4) 3,5 (3,5) 4 wechseln und glatt rechts str. In der 1. Rd gleichmäßig verteilt auf 44 (44) 46 (46) 48 (50) 50 M zun. Die mittlere M unter dem Ärmel markieren und alle 1,5 (2) 2 (2) 2 (2) 2 cm beidseitig des MMs 1 M zun, bis 54 (54) 60 (60) 66 (72) 72 M vorhanden sind.

In der Basisfarbe weiterstr, bis der Ärmel 12 (18) 22 (24) 28 (31) 35 cm misst. Zu Nadel Nr. 4 (4,5) 4 (4,5) 4 (4) 4,5 wechseln und gemäß Zählmuster A str. Der Ärmel ist danach 19 (25) 29 (31) 35 (38) 42 cm lang.

Die 8 (10) 10 (10) 12 (12) 12 M unter dem Ärmel auf einem Hilfsfaden oder Maschenhalter stilllegen (die M beiderseits des MMs). Den zweiten Ärmel genauso str.

PASSE

Die Ärmel-M auf die Rundnadel mit den Rumpf-M str: 1. Ärmel, Vorderteil, 2. Ärmel, Rückenteil = 208 (208) 228 (228) 254 (276) 276 M. Der erste Übergang (linke Schulter hinten) bildet den Rd-Anf/das Rd-Ende. Zu einer kürzeren Rundnadel wechseln, wenn weniger M auf der Nadel sind. Gemäß Zählmuster B (B) C (C) C (C) C str. Zu Nadel Nr. 3 wechseln wie im Zählmuster angegeben. Mit dem Halsbündchen fortfahren.

HALSBÜNDCHEN

Es liegen 80 (80) 84 (86) 90 (90) 92 M auf Nadel Nr. 3. 5 (5) 6 (6) 7 (7) 7 cm im 1/1-Rippenmuster (1 M re, 1 M li im Wechsel) in Rd str und wie folgt elastisch abk: 2 M str. Beide M zurück auf die linke Nadel heben und durch den hinteren Maschenbogen (= rechts verschränkt) zus-str. [1 M str, die M zurück auf die linke Nadel heben, mit der M links daneben durch den hinteren Maschenbogen (= rechts verschränkt) zus-str] stets wdh, bis noch 1 M übrig ist. Den Faden abschneiden und durch die letzte M ziehen. Das Bündchen nach innen falten und locker annähen.

FERTIGSTELLEN

Alle Fäden vernähen und die Öffnung unter den Ärmeln zus-str oder -nähen. Den Pullover ausspülen, in Form ziehen und liegend trocknen lassen.

ZÄHLMUSTER A

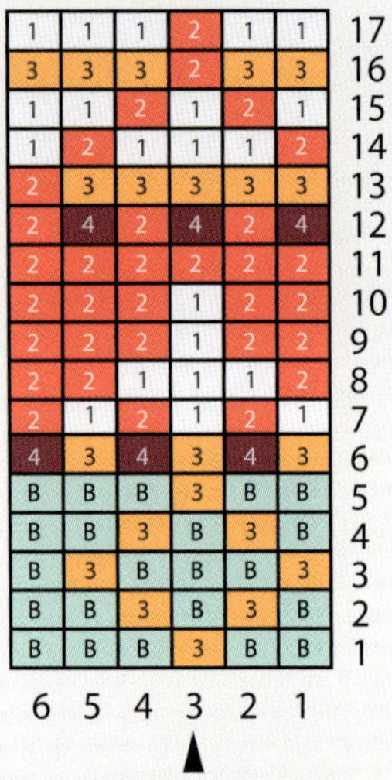

Vordere Mitte

ZÄHLMUSTER B Gr. 1 Jahr (2 Jahre)

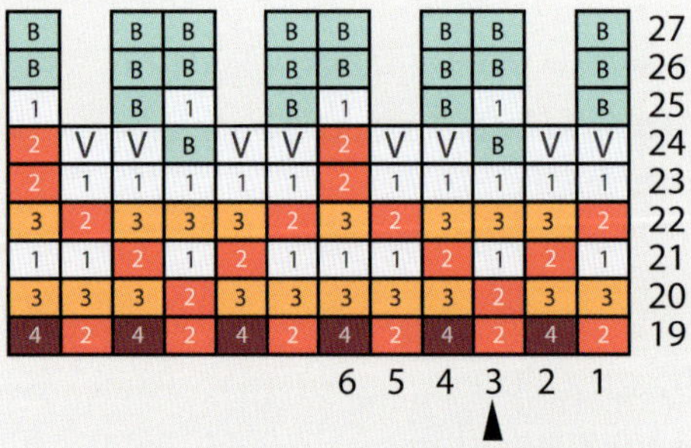

Vordere Mitte

Reihe 27: Gleichmäßig verteilt 8 (8) M abn = 80 (80) M

Reihe 26: Zu Nadel Nr. 3 wechseln.

Reihe 24: Wie angegeben abn = 88 (88) M

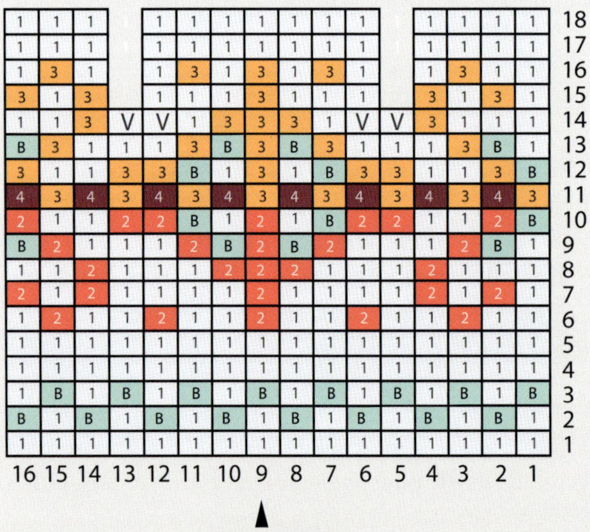

Vordere Mitte

Reihe 18: Gleichmäßig verteilt 36 (36) M abn = 132 (132) M

Reihe 14: Wie angegeben abn = 168 (168) M

Reihe 5: Gleichmäßig verteilt 16 (16) M abn = 192 (192) M

Reihe 1: 208 (208) M

ZÄHLMUSTER C Gr. 4 (6) 8 (10) 12 Jahre

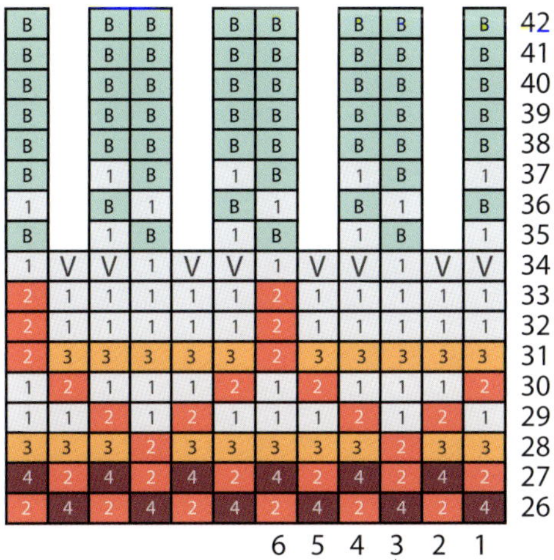

Vordere Mitte

42 Für Gr. 10 (12) beenden.
41 Für Gr. (10) 12 zu Nadel Nr. 3 wechseln.
40 Für Gr. (10) 12 gleichmäßig verteilt auf 90 (92) M abn.
39 Für Gr. 4 (6) 8 beenden und gleichmäßig verteilt auf 84 (86) 90 M abn.
38 Für Gr. 4 (6) 8 zu Nadel Nr. 3 wechseln.
37 Für Gr. 4 (6) überspringen.
34 Wie angegeben abn = 96 (96) 112 (120) 120 M
33 Für Gr. 4 (6) überspringen.
27 Für Gr. 4 (6) 8 überspringen.

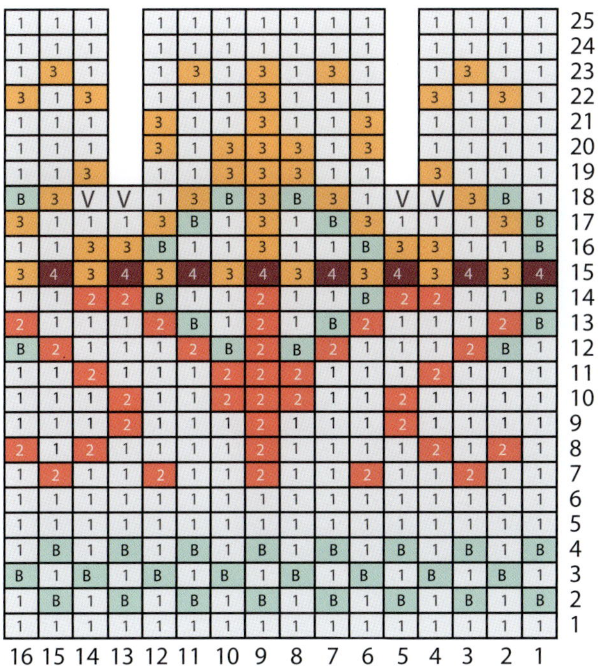

Vordere Mitte

25 Gleichmäßig verteilt abn = 144 (144) 168 (180) 180 M
21 Für Gr. 4 (6) überspringen.
20 Für Gr. 4 überspringen.
18 Wie angegeben abn = 182 (182) 196 (210) 210 M
10 Für Gr. 4 (6) überspringen.
9 Für Gr. 4 überspringen.
6 Gleichmäßig verteilt abn = 208 (208) 224 (240) 240 M
2 Für Gr. 4 (6) 8 (10) überspringen.
1 228 (228) 254 (276) 276 M

V 1 M

VV Diese 2 M re zus-str.

Garn: Sol von Hillesvåg Ullvarefabrikk
Marineblau 417
Rotorange 405
Tiefgrün 432
Helles Rostorange 445
Rotbraun 442

Garn: Sol von Hillesvåg Ullvarefabrikk
Hellgrau meliert 413
Tiefgrün 432
Helles Rostorange 445
Dunkles Graublau 433
Helles Grüntürkis 410

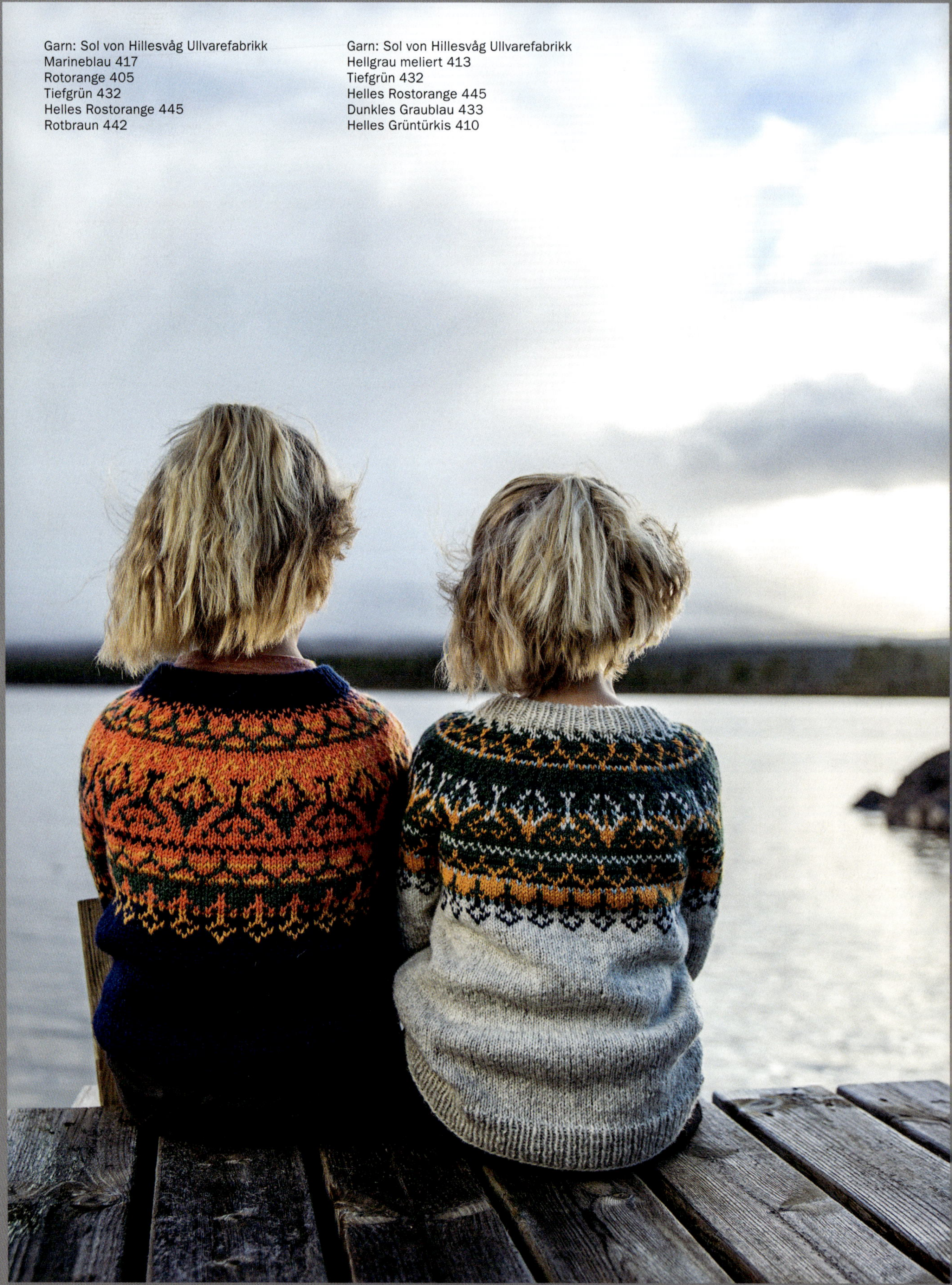

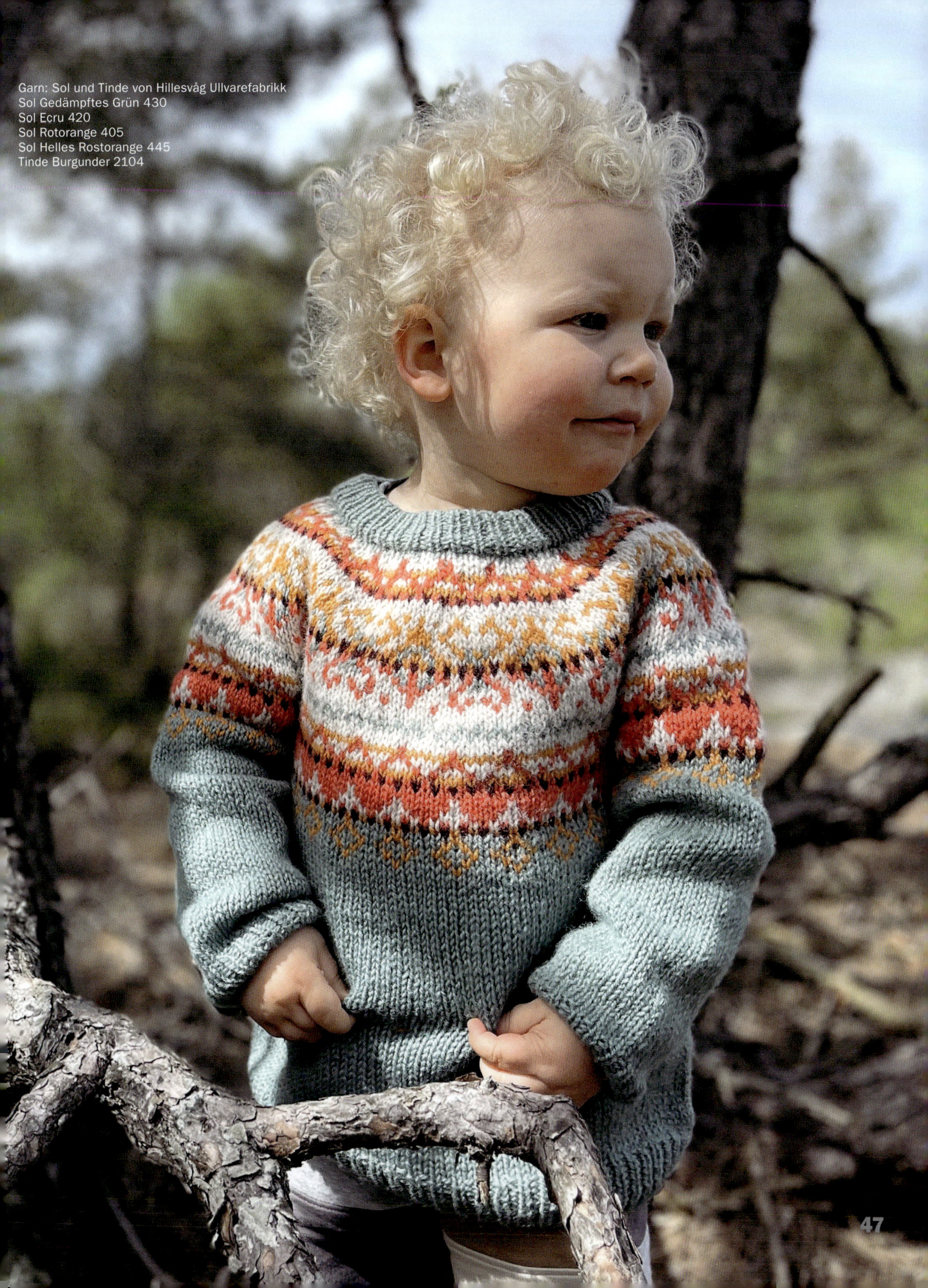
Garn: Sol und Tinde von Hillesvåg Ullvarefabrikk
Sol Gedämpftes Grün 430
Sol Ecru 420
Sol Rotorange 405
Sol Helles Rostorange 445
Tinde Burgunder 2104

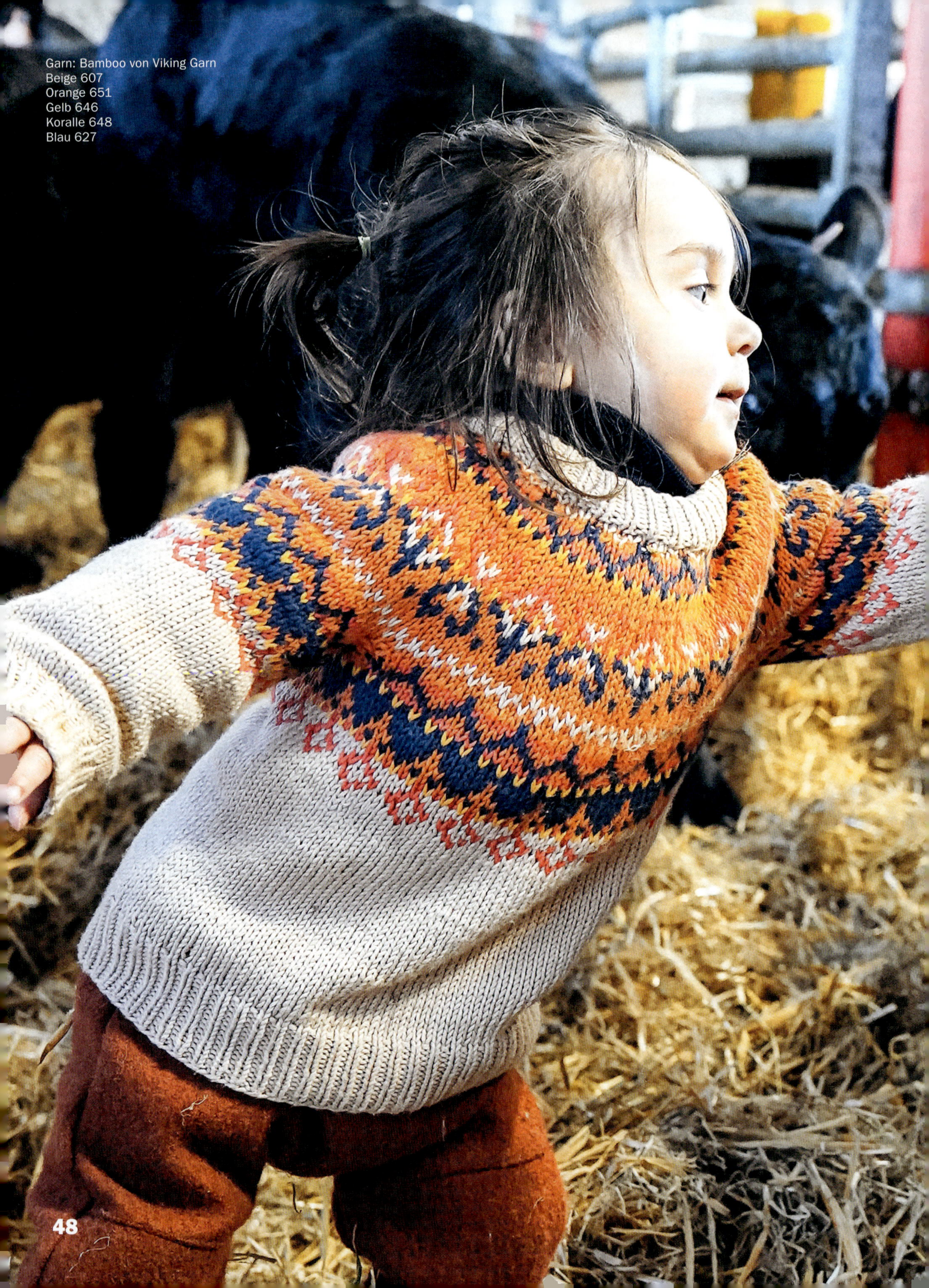

Garn: Bamboo von Viking Garn
Beige 607
Orange 651
Gelb 646
Koralle 648
Blau 627

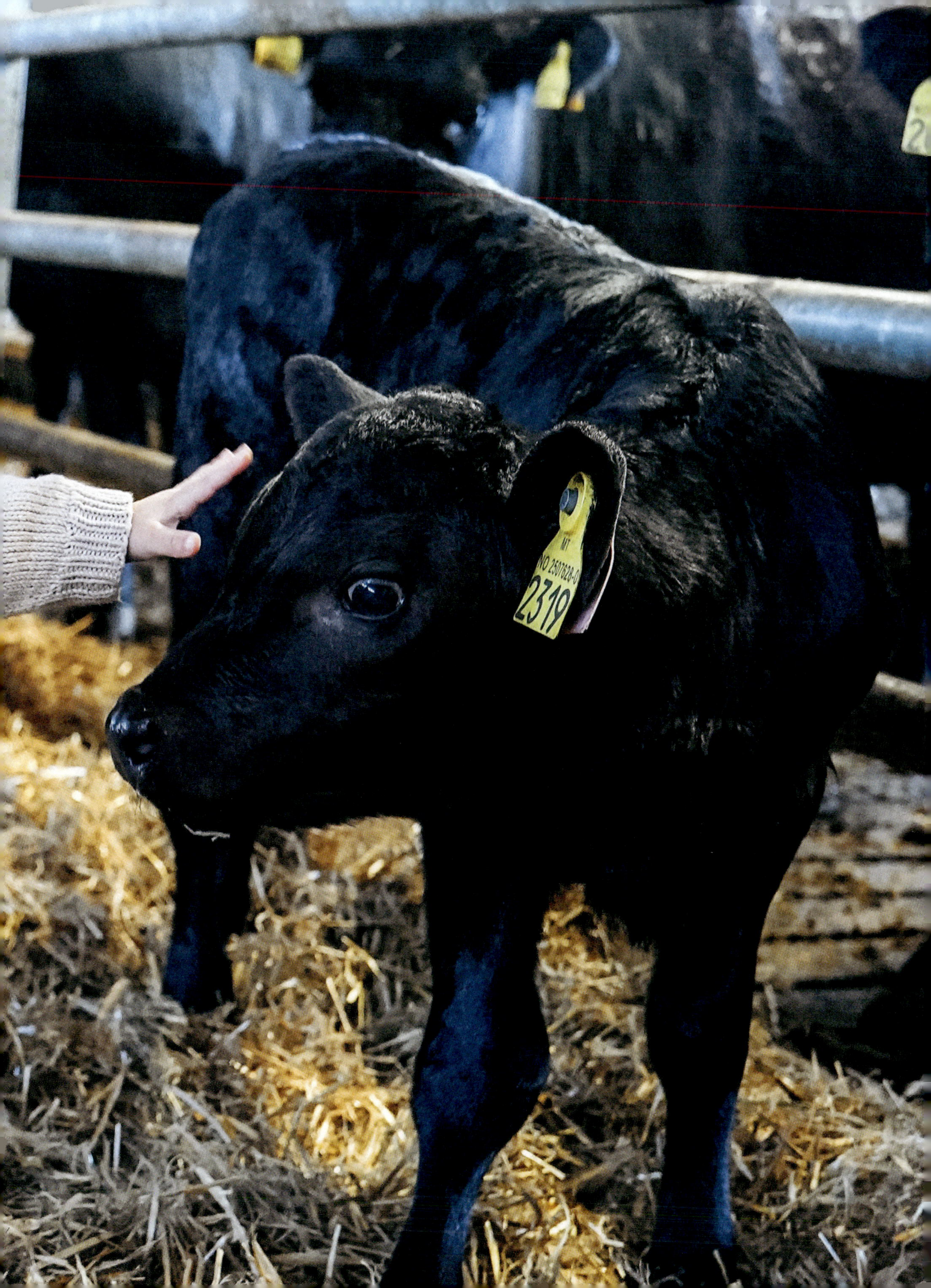
2319

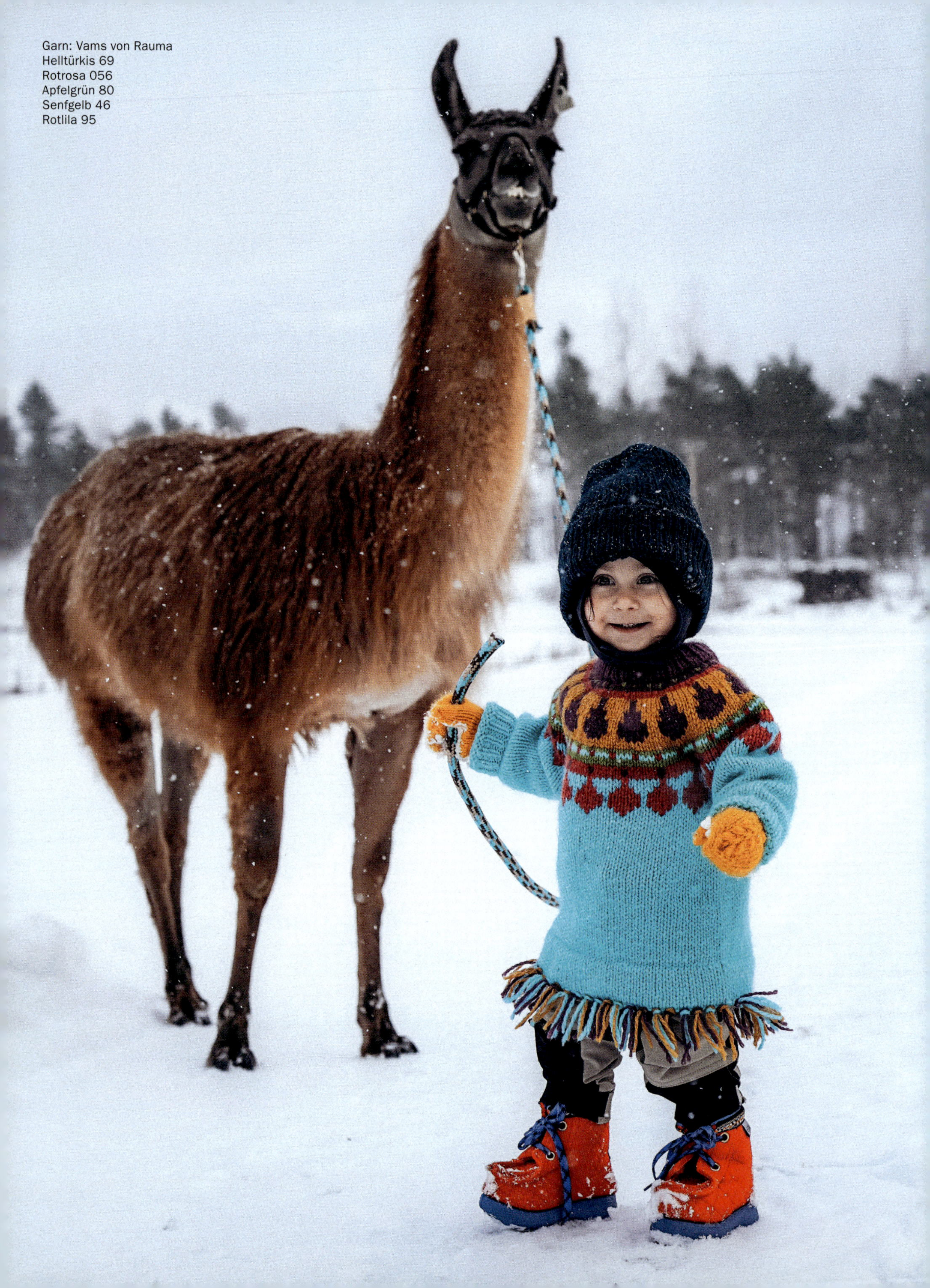

Garn: Vams von Rauma
Helltürkis 69
Rotrosa 056
Apfelgrün 80
Senfgelb 46
Rotlila 95

Lama
Pullover

Der Lama-Pullover ist von den Satteldecken inspiriert, die bei den Tieren in Peru verwendet werden. Mir schwebte ein einfaches Design vor, an dem auch Anfänger*innen Freude haben. Die folgenden Fotos haben wir auf dem Hof von Sandra und Per Tore Hove in Naustdal gemacht. Dort halten die beiden viele Lamas, die sie auf Ausflügen als Lasttiere nutzen. Lamas können bis zu 25 Prozent ihres Körpergewichts tragen und damit weite Strecken in den Bergen zurücklegen!

Sandra und Per Tore haben sich ins Zeug gelegt, damit wir dort die besten Fotos machen konnten. Auch die Kinder als Fotomodelle gaben alles, sodass es wirklich zauberhafte und einzigartige Bilder wurden!

Dieser Pullover kann je nach Verwendungszweck aus verschiedenen Garnqualitäten gestrickt werden. Für einen robusten Outdoorpullover empfehle ich Vams von Rauma. Für einen warmen, weichen Pullover für drinnen, der sogar direkt auf der Haut getragen werden kann, würde ich Puno von Rauma wählen.

Wenn du deinen Kindern ein besonderes Naturerlebnis mit Lamas bieten möchtest, empfehle ich dir einen Besuch auf dem Hof von Sandra und Per Tore (@fjeldfolk). Dort werdet ihr von freundlichen Menschen mit großer Leidenschaft für Lamas und alle anderen Tiere auf dem Gehöft herzlich willkommen geheißen.

LAMA Pullover

Größen
1 (2) 4 (6) 8 (10) Jahre

Maschenprobe
Die Größe wird durch die Maschenprobe/Nadelstärke bestimmt.
10 cm einfarbig glatt rechts mit Nadel Nr. 5,5 (6) 5,5 (6) 5,5 (6) = 15 (14) 15 (14) 15 (14) M
10 cm mehrfarbig mit Nadel Nr. 6 (6,5) 6 (6,5) 6 (6,5) = 15 (14) 15 (14) 15 (14) M

Garn
Vams von Rauma Garn. Garnalternativen auf Seite 10.

Garnmenge

B Basisfarbe: 150 (150) 200 (200) 250 (300) g
1 Musterfarbe 1: 50 g
2 Musterfarbe 2: 50 g
3 Musterfarbe 3: 50 g
4 Musterfarbe 4: 50 g

Stricknadeln
Nadelspiel Nr. 4,5 und Nr. 5,5 (6) 5,5 (6) 5,5 (6) und Nr. 6 (6,5) 6 (6,5) 6 (6,5)
Rundnadel 50 cm oder 60 cm lang (je nach Größe), Nr. 4,5 und Nr. 5,5 (6) 5,5 (6) 5,5 (6) und Nr. 6 (6,5) 6 (6,5) 6 (6,5)
Rundnadel 40 cm lang, Nr. 4,5 und Nr. 5,5 (6) 5,5 (6) 5,5 (6)
Häkelnadel zum Einknüpfen der Fransen

Pullovermaße
Ärmellänge: 19 (25) 29 (31) 35 (38) cm
Brustumfang: 64 (68) 72 (77) 80 (86) cm
Rumpflänge: 20 (25) 26 (30) 33 (36) cm

RUMPF

96 (96) 108 (108) 120 (120) M in der Basisfarbe mit Rundnadel Nr. 4,5 anschlagen und 5 cm glatt rechts in Rd str. 1 Rd linke M für die Umbruchkante str. Zu Rundnadel Nr. 5,5 (6) 5,5 (6) 5,5 (6) wechseln und glatt rechts str, bis der Rumpf 14 (19) 20 (24) 27 (30) cm misst. Zu Nadel Nr. 6 (6,5) 6 (6,5) 6 (6,5) wechseln. Am Rd-Anf und nach 48 (48) 54 (54) 60 (60) M einen MM setzen (= Vorder- und Rückenteil). Gemäß Zählmuster A (S. 54) str. Der Rumpf ist nun ab Umbruchkante 20 (25) 26 (30) 33 (36) cm lang. Das doppelte Bündchen entlang der Umbruchkante nach innen legen und annähen.

Je 11 (11) 13 (13) 12 (12) M für die Armlöcher auf einem Hilfsfaden oder Maschenhalter stilllegen (die M beiderseits des MMs).

ÄRMEL

26 (28) 30 (32) 34 (34) M in der Basisfarbe mit Nadelspiel Nr. 4,5 anschlagen und 4 (4) 5 (5) 5 (5) cm im 1/1-Rippenmuster (1 M re, 1 M li im Wechsel) in Rd str. Zu Nadel Nr. 5,5 (6) 5,5 (6) 5,5 (6) wechseln und glatt rechts str. In der 1. Rd gleichmäßig verteilt auf 32 (32) 36 (36) 40 (40) M zun. Die mittlere M unter dem Ärmel markieren (= Rd-Anf) und alle 1,5 (2,5) 2,5 (2,5) 2,5 (2,5) cm beidseitig des MMs 1 M zun, bis 42 (42) 48 (48) 52 (52) M vorhanden sind. Wenn der Ärmel 13 (19) 23 (25) 29 (32) cm misst, zu Nadel Nr. 6 (6,5) 6 (6,5) 6 (6,5) wechseln und gemäß Zählmuster A str. Der Ärmel ist danach 19 (25) 29 (31) 35 (38) cm lang. Für das Armloch 11 (11) 13 (13) 12 (12) M auf einem Hilfsfaden oder Maschenhalter stilllegen (die M beiderseits des MMs).

Den zweiten Ärmel genauso str.

PASSE

Die Ärmel-M auf die Rundnadel mit den Rumpf-M str: 1. Ärmel, Vorderteil, 2. Ärmel, Rückenteil = 136 (136) 152 (152) 176 (176) M. Der erste Übergang (linke Schulter hinten) bildet den Rd-Anf/das Rd-Ende. Gemäß Zählmuster B (B) C (C) C (C) die Passe str, dabei das Muster in der vorderen Mitte zentrieren (s. Hinweis im Zählmuster) und wie dort angegeben abn. (Hinweis: Das Muster geht am Übergang zwischen Ärmel und Passe nicht auf.) Mit dem Halsbündchen fortfahren.

HALSBÜNDCHEN

Mit Nadel Nr. 4,5 im 1/1-Rippenmuster (1 M re, 1 M li im Wechsel) 6 (6) 7 (7) 7 (7) cm in Rd str, dann mustergemäß abk. Dazu Nadel Nr. 6 verwenden, damit die Abkettkante nicht zu eng wird.

FRANSEN

Für die Fransen Fäden in einer beliebigen Farbe auf 12 (12) 14 (14) 16 (16) cm (oder einer gewünschten Länge) zuschneiden und wie auf Seite 12 beschrieben einknüpfen.

FERTIGSTELLEN

Alle Fäden vernähen und die Öffnung unter den Ärmeln zus-str oder -nähen. Den Pullover ausspülen, in Form ziehen und liegend trocknen lassen.

ZÄHLMUSTER A

Reihe	6	5	4	3	2	1
11	1	1	1	1	1	1
10	1	1	1	4	1	1
9	1	1	1	1	1	1
8	B	B	B	1	B	B
7	B	B	B	1	B	B
6	B	B	1	1	1	B
5	B	1	1	1	1	1
4	B	1	1	1	1	1
3	B	1	1	1	1	1
2	B	B	1	1	1	B
1	B	B	B	1	B	B

▲ Vordere Mitte (Masche 3)

V 1 M

V V Diese 2 M re zus-str.

ZÄHLMUSTER B Größe 1 Jahr (2 Jahre)

Reihe	8	7	6	5	4	3	2	1	Hinweis
22				4	4	4	4	4	Gleichmäßig verteilt abn auf 60 (60) M.
21				4	4	4	4	4	
20				4	2	4	4	2	
19				4	4	4	4	4	
18			V	V	1	1	1	1	Wie angegeben abn = 75 (75) M
17			1	1	1	1	1	1	
16			3	3	3	3	3	3	
15			3	3	4	3	3	3	
14			3	3	4	3	3	3	
13		V	V	3	4	3	3	3	Wie angegeben abn = 90 (90) M
12		3	3	4	4	4	3	3	
11		3	3	4	4	4	3	3	
10		3	4	4	4	4	4	3	
9	V	V	4	4	4	4	4	3	Wie angegeben abn = 105 (105) M
8	3	3	4	4	4	4	4	3	
7	3	3	3	4	4	4	3	3	
6	3	3	3	3	3	3	3	3	Gleichmäßig verteilt abn auf 120 (120) M.
5	3	3	3	3	3	3	3	3	
4	2	2	2	2	2	2	2	2	
3	1	B	B	B	1	B	B	B	
2	2	2	2	2	2	2	2	2	
1	2	2	2	2	2	2	2	2	136 (136) M

▲ Vordere Mitte (Masche 4)

ZÄHLMUSTER C Größe 4 (6) 8 (10) Jahre

Reihe	8	7	6	5	4	3	2	1	Hinweis
34					4	4	4	4	
33					4	4	4	4	Zu Nadel Nr. 4,5 wechseln und gleichmäßig verteilt abn auf 64 (66) 68 (70) M.
32					4	4	4	4	Für Gr. 4 (6) überspringen.
31					4	4	4	4	
30					2	4	2	4	
29				V	V	4	4	4	Wie angegeben abn = 68 (68) 76 (76) M
28				4	4	4	4	4	
27				4	4	4	4	4	
26				1	1	1	1	1	
25			V	V	1	1	1	1	Wie angegeben abn = 85 (85) 95 (95) M
24			1	1	1	1	1	1	
23			3	3	3	3	3	3	Für Gr. 4 (6) überspringen.
22			3	3	3	3	3	3	
21			3	3	4	3	3	3	Für Gr. 4 (6) überspringen.
20			3	3	4	3	3	3	
19		V	V	3	4	3	3	3	Wie angegeben abn = 102 (102) 114 (114) M
18		3	3	4	4	4	3	3	
17		3	3	4	4	4	3	3	
16		3	3	4	4	4	3	3	
15		3	4	4	4	4	4	3	
14	V	V	4	4	4	4	4	3	Wie angegeben abn = 119 (119) 133 (133) M
13	3	3	4	4	4	4	4	3	
12	3	3	4	4	4	4	4	3	
11	3	3	3	4	4	4	3	3	
10	3	3	3	3	3	3	3	3	Für Gr. 4 (6) überspringen.
9	3	3	3	3	3	3	3	3	
8	3	3	3	3	3	3	3	3	
7	2	2	2	2	2	2	2	2	Gleichmäßig verteilt abn auf 136 (136) 152 (152) M.
6	2	2	2	2	2	2	2	2	
5	1	B	B	B	1	B	B	B	
4	2	2	2	2	2	2	2	2	
3	2	2	2	2	2	2	2	2	
2	2	2	2	2	2	2	2	2	Für Gr. 4 (6) überspringen.
1	2	2	2	2	2	2	2	2	152 (152) 176 (176) M

▲ Vordere Mitte (Masche 4)

Garn: Vams von Rauma
Beige meliert 06
Rot meliert 400
Dunkelpetrol 053
Dunkelbraun meliert 64
Kürbis meliert 312

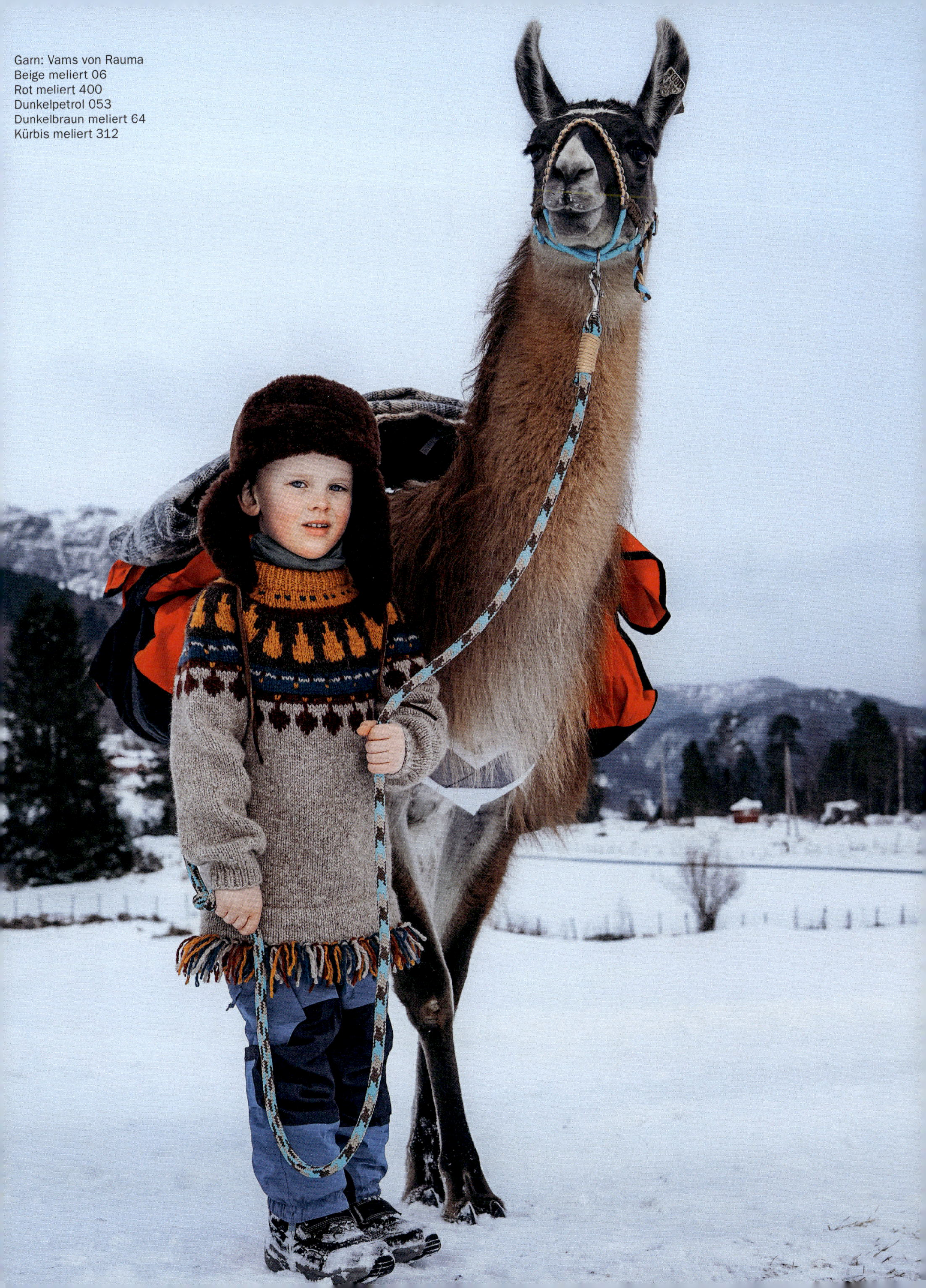

Garn: Vams von Rauma
Melone 113
Rotlila 095
Senfgelb 046
Dunkelpetrol 053
Helltürkis 069

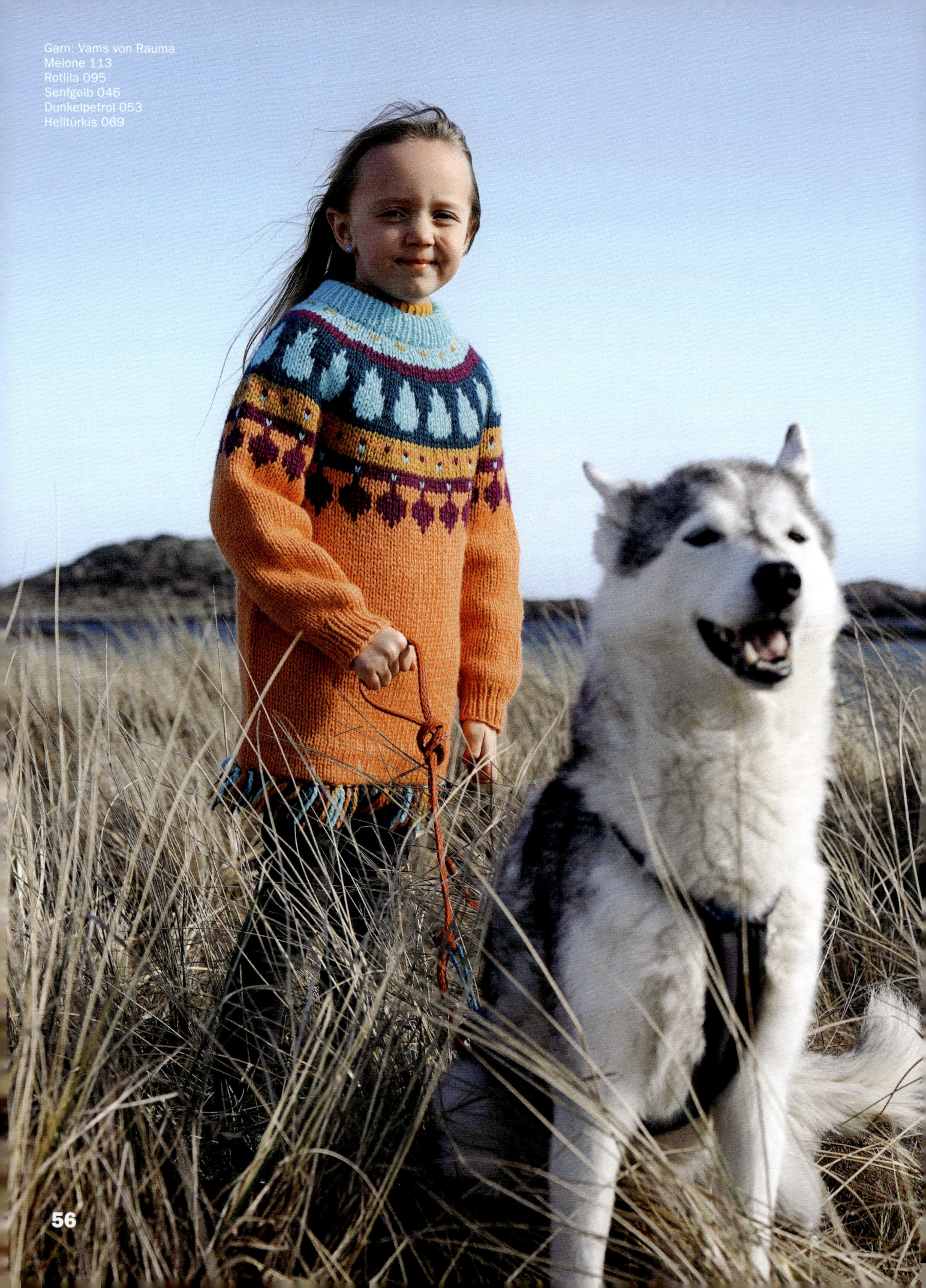

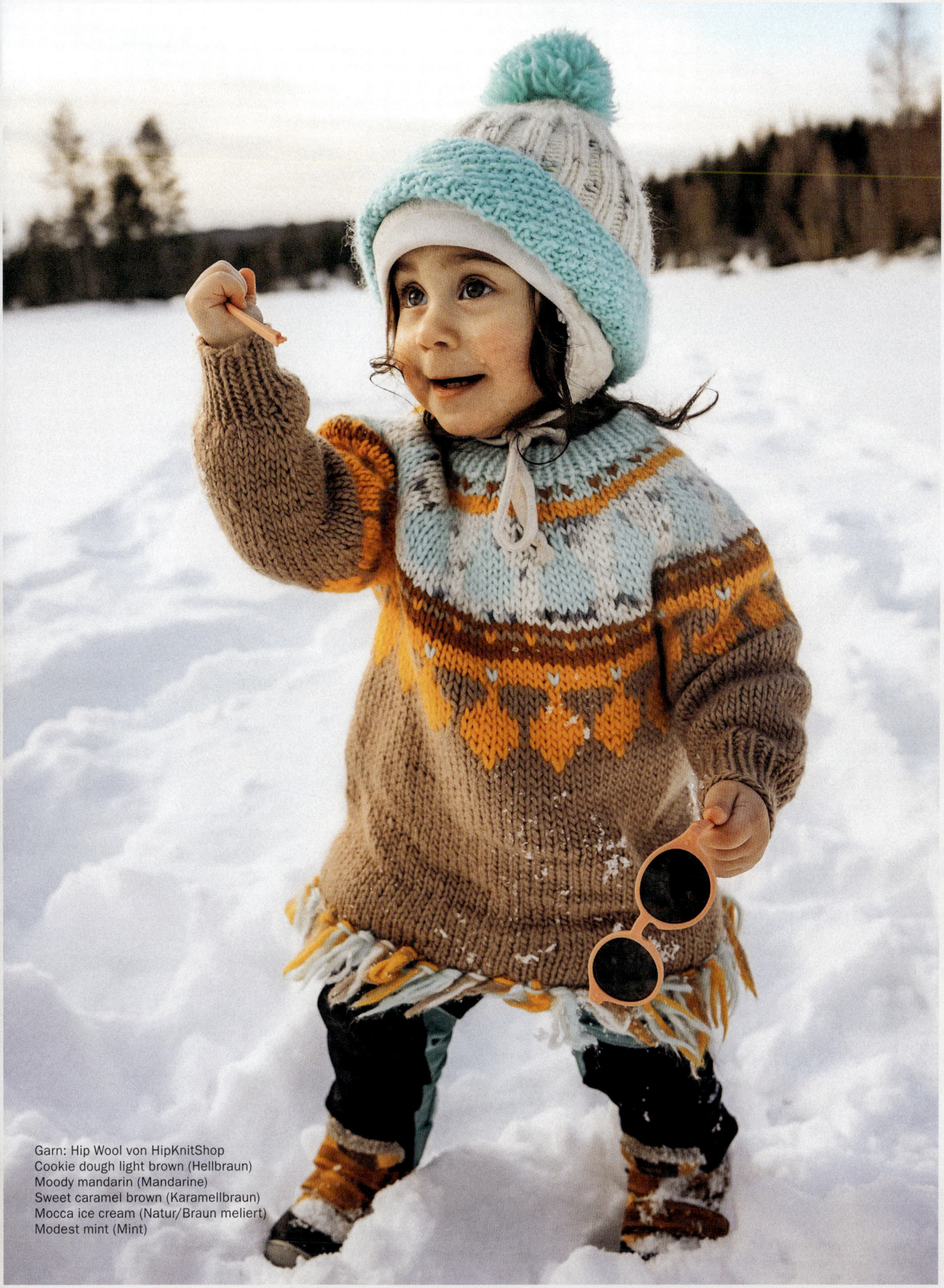

Garn: Hip Wool von HipKnitShop
Cookie dough light brown (Hellbraun)
Moody mandarin (Mandarine)
Sweet caramel brown (Karamellbraun)
Mocca ice cream (Natur/Braun meliert)
Modest mint (Mint)

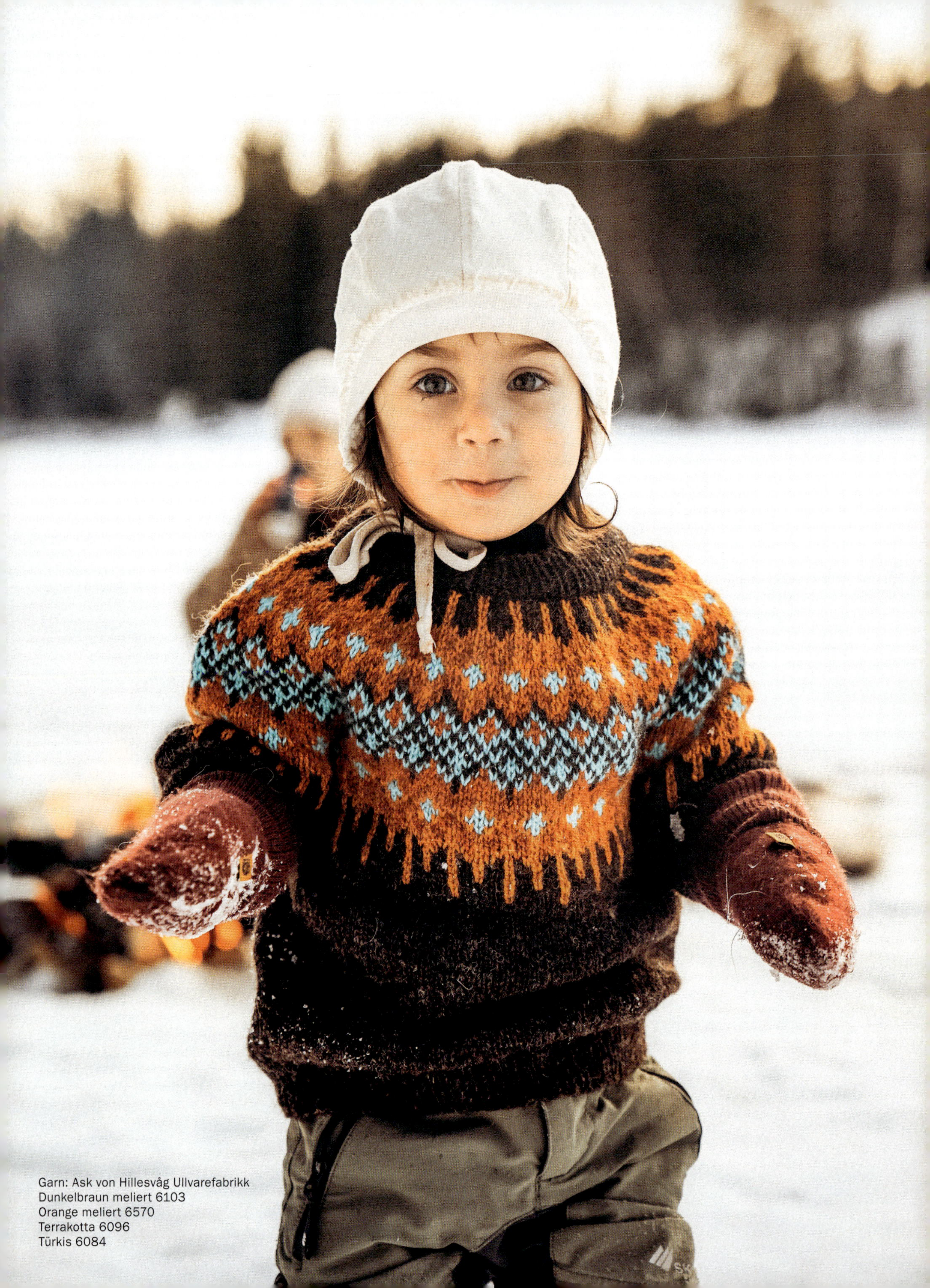

Garn: Ask von Hillesvåg Ullvarefabrikk
Dunkelbraun meliert 6103
Orange meliert 6570
Terrakotta 6096
Türkis 6084

Føyka
Pullover

Das Muster von Føyka ist von Schneegestöber inspiriert und wurde schon in unzähligen Variationen und Farbkombinationen gestrickt, sogar mit bunten Wollresten!

Die Anleitung dieses Pullovers für Erwachsene findest du im Buch *Einfach nordisch stricken* von 2021.

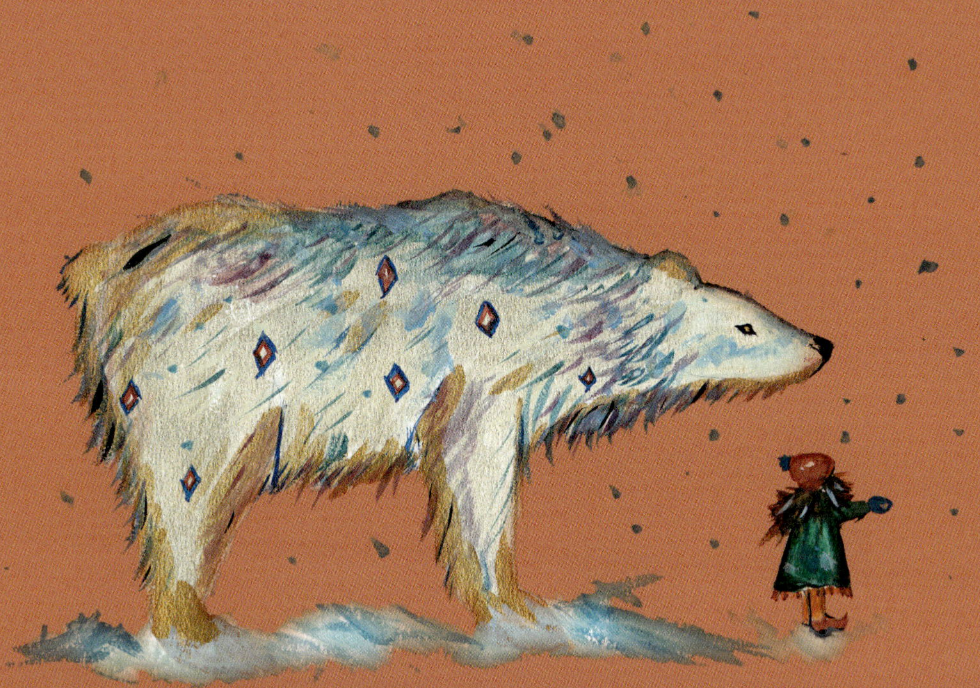

FØYKA Pullover

Größen

1 (2) 4 (6) 8 (10) 12 Jahre

Maschenprobe

10 cm einfarbig glatt rechts mit Nadel Nr. 3,5 = 22 M
10 cm mehrfarbig mit Nadel Nr. 4 = 22 M

Garn

Ask von Hillesvåg Ullvarefabrikk. Garnalternativen auf Seite 9.

Garnmenge

B Basisfarbe: 150 (150) 150 (200) 200 (200) 250 g
1 Musterfarbe 1: 50 g
2 Musterfarbe 2: 50 g

Stricknadeln

Nadelspiel Nr. 3, 3,5 und 4
Rundnadel 50 cm oder 60 cm lang, Nr. 3, 3,5 und 4
Rundnadel 40 cm lang, Nr. 4

Pullovermaße

Ärmellänge: 19 (25) 29 (31) 35 (38) 42 cm
Brustumfang: 60 (65) 68 (71) 76 (81) 84 cm
Rumpflänge: 22 (27) 29 (31) 35 (36) 37 cm
Gesamtlänge: 33 (38) 42 (45) 50 (52) 54 cm

RUMPF

132 (144) 150 (156) 168 (180) 186 M in der Basisfarbe mit Rundnadel Nr. 3 anschlagen und 4 (4) 5 (5) 6 (6) 6 cm im 1/1-Rippenmuster (1 M re, 1 M li im Wechsel) in Rd str. Zu Rundnadel Nr. 3,5 wechseln und glatt rechts str. Am Rd-Anf und nach 66 (72) 75 (78) 84 (90) 93 M jeweils einen MM setzen (= Vorder- und Rückenteil). Weiterstr, bis der Rumpf 17 (22) 24 (26) 30 (31) 32 cm misst. Zu Nadel Nr. 4 wechseln und gemäß Zählmuster A (S. 62) str. Der Rumpf ist danach 22 (27) 29 (31) 35 (36) 37 cm lang.

Je 8 (12) 10 (12) 9 (12) 11 M für die Armlöcher auf einem Hilfsfaden oder Maschenhalter stilllegen (die M beiderseits des MMs).

ÄRMEL

36 (36) 38 (38) 40 (42) 42 M in der Basisfarbe mit Nadelspiel Nr. 3 anschlagen und 4 (4) 5 (5) 6 (6) 6 cm im 1/1-Rippenmuster (1 M re, 1 M li im Wechsel) in Rd str. Zu Nadel Nr. 3,5 wechseln und glatt rechts str. In der 1. Rd gleichmäßig verteilt 6 M auf 42 (42) 44 (44) 46 (48) 48 M zun. Die mittlere M unter dem Ärmel markieren und alle 1,5 (1,5) 2 (2) 2 (2) 2 cm beidseitig des MMs 1 M zun, bis 54 (60) 60 (66) 66 (72) 72 M vorhanden sind. In der Basisfarbe weiterstr, bis der Ärmel 14 (20) 24 (26) 30 (33) 37 cm misst. Zu Nadel Nr. 4 wechseln und gemäß Zählmuster A str. Der Ärmel ist danach 19 (25) 29 (31) 35 (38) 42 cm lang.

7 (12) 11 (12) 9 (12) 10 M unter dem Ärmel auf einem Hilfsfaden oder Maschenhalter stilllegen (die M beiderseits des MMs).

Den zweiten Ärmel genauso str.

PASSE

Die Ärmel-M auf die Rundnadel mit den Rumpf-M str: 1. Ärmel, Vorderteil, 2. Ärmel, Rückenteil = 210 (216) 228 (240) 264 (276) 288 M. Der erste Übergang (linke Schulter hinten) bildet den Rd-Anf/das Rd-Ende. Gemäß Zählmuster B (B) B (B) C (C) C für die Passe str, dabei das Muster zentrieren, sodass Säule 1 in Zählmuster A auf Säule 4 in Zählmuster B (B) B (B) C (C) C in der vorderen Mitte des Pullovers trifft. (Hinweis: Das Muster geht an den Übergängen zwischen Ärmel/Rumpf und Ärmel/Passe nicht auf.)

Zur kürzeren Rundnadel wechseln, wenn weniger M auf der Nadel sind. Zu Nadel Nr. 3 wechseln wie im Zählmuster angegeben. Mit dem Halsbündchen fortfahren.

HALSBÜNDCHEN

Es liegen 80 (80) 84 (86) 88 (88) 90 M auf Nadel Nr. 3. Im 1/1-Rippenmuster (1 M re, 1 M li im Wechsel) 6 (6) 6 (6) 7 (7) 7 cm in Rd str und wie folgt elastisch abk: 2 M str. Beide M zurück auf die linke Nadel heben und durch den hinteren Maschenbogen (= rechts verschränkt) zus-str. [1 M str, die M zurück auf die linke Nadel heben, mit der M links daneben durch den hinteren Maschenbogen (= rechts verschränkt) zus-str] stets wdh, bis noch 1 M übrig ist. Den Faden abschneiden und durch diese M ziehen. Das Bündchen nach innen falten und locker annähen.

FERTIGSTELLEN

Alle Fäden vernähen und die Öffnung unter den Ärmeln zus-str oder -nähen. Den Pullover ausspülen, in Form ziehen und liegend trocknen lassen.

ZÄHLMUSTER A

6	5	4	3	2	1	Reihe
2	2	2	2	2	1	14
1	2	2	2	1	B	13
B	1	2	1	B	B	12
1	2	2	2	1	B	11
2	2	1	2	2	1	10
2	2	1	2	2	1	9
2	1	1	1	2	1	8
1	B	1	B	1	1	7
B	B	1	B	B	1	6
B	B	1	B	B	1	5
B	B	1	B	B	1	4
B	B	1	B	B	B	3
B	B	1	B	B	B	2
B	B	1	B	B	B	1

▲ (bei 1) Vordere Mitte

ZÄHLMUSTER B Größe 1 (2) 4 (6) Jahre

6	5	4	3	2	1	Reihe	
	B	B	B			33	25 (28) 30 (34) M gleichmäßig verteilt abn auf 80 (80) 84 (86) M.
	B	B	B			32	Zu Nadel Nr. 3 wechseln.
	B	1	B			31	Für Gr. 1 (2) 4 überspringen.
	B	1	B			30	Für Gr. 1 (2) überspringen.
	B	1	B			29	
V	V	1	B			28	Wie angegeben abn = 105 (108) 114 (120) M
B	B	1	B			27	
B	B	1	B			26	
B	B	1	B			25	
B	1	1	1			24	
1	2	1	2			23	Für Gr. 1 (2) 4 überspringen.
1	2	1	2			22	Für Gr. 1 (2) überspringen.
1	2	1	2			21	
1	2	1	V		V	20	Wie angegeben abn = 140 (144) 152 (160) M
2	2	1	2		2	19	
2	2	1	2		2	18	Für Gr. 1 (2) überspringen.
2	1	B	1		2	17	
1	B	B	B		1	16	
2	1	B	1		2	15	
2	2	1	V	V	2	14	Wie angegeben abn = 175 (180) 190 (200) M
2	2	1	2	2	B	13	
B	2	2	2	B	1	12	
1	B	2	B	1	2	11	
2	1	B	1	2	2	10	
2	1	B	1	2	2	9	Für Gr. 1 (2) überspringen.
1	B	1	B	1	2	8	
B	1	B	1	B	1	7	
1	B	1	B	1	B	6	
B	1	1	1	B	1	5	
1	B	1	B	1	2	4	
2	1	B	1	2	2	3	
2	2	B	2	2	2	2	
2	2	2	2	2	2	1	210 (216) 228 (240) M

▲ (bei 4) Vordere Mitte

V = 1 M

V V = Diese 2 M re zus-str.

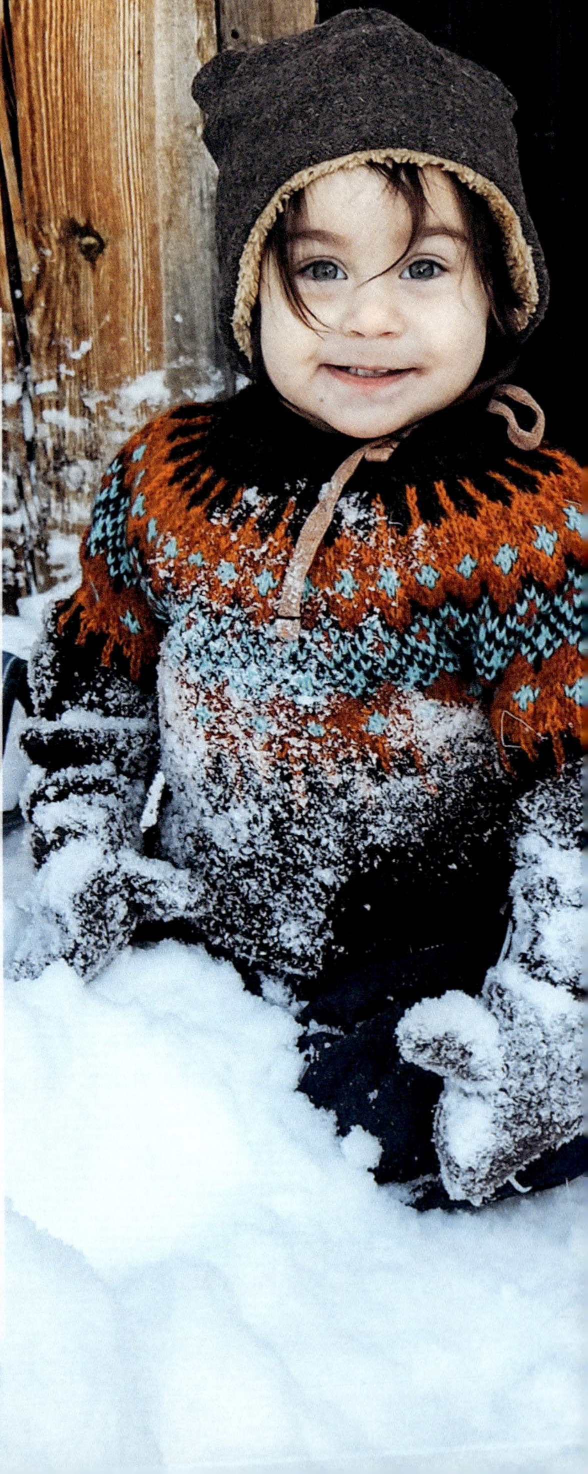

ZÄHLMUSTER C Größe 8 (10) 12 Jahre

Reihe	6	5	4	3	2	1	
41			B	B			0 (4) 6 M gleichmäßig verteilt abn auf 88 (88) 90 M.
40			B	B			Zu Nadel Nr. 3 wechseln.
39			1	B			
38		V	1	V			Wie angegeben abn = 88 (92) 96 M
37		B	1	B			
36		B	1	B			
35		B	1	B			
34		B	1	B			
33	V	V	1	B			Wie angegeben abn = 132 (138) 144 M
32	B	B	1	B			
31	B	B	1	B			
30	B	B	1	B			Für Gr. 8 überspringen.
29	B	1	1	1			
28	1	2	1	2			Für Gr. 8 überspringen.
27	1	2	1	2			
26	1	2	1	2			
25	1	2	1	2			
24	1	2	1	2			
23	1	2	1	V		V	Wie angegeben abn = 176 (184) 192 M
22	2	2	1	2		2	
21	2	2	1	2		2	
20	2	1	B	1		2	
19	1	B	B	B		1	
18	2	1	B	1		2	
17	2	2	1	2		2	
16	2	2	1	V	V	2	Wie angegeben abn = 220 (230) 240 M
15	2	2	1	2	2	B	
14	B	2	2	2	B	1	
13	1	B	2	B	1	2	
12	2	1	B	1	2	2	Für Gr. 8 (10) überspringen.
11	2	1	B	1	2	2	
10	2	1	B	1	2	2	
9	1	B	1	B	1	2	
8	B	1	B	1	B	1	
7	1	B	1	B	1	B	
6	B	1	1	1	B	1	
5	1	B	1	B	1	2	
4	2	1	B	1	2	2	Für Gr. 8 (10) überspringen.
3	2	1	B	1	2	2	
2	2	2	B	2	2	2	
1	2	2	2	2	2	2	264 (276) 288 M

▲ (Masche 4) Vordere Mitte

V = 1 M

V V = Diese 2 M re zus-str.

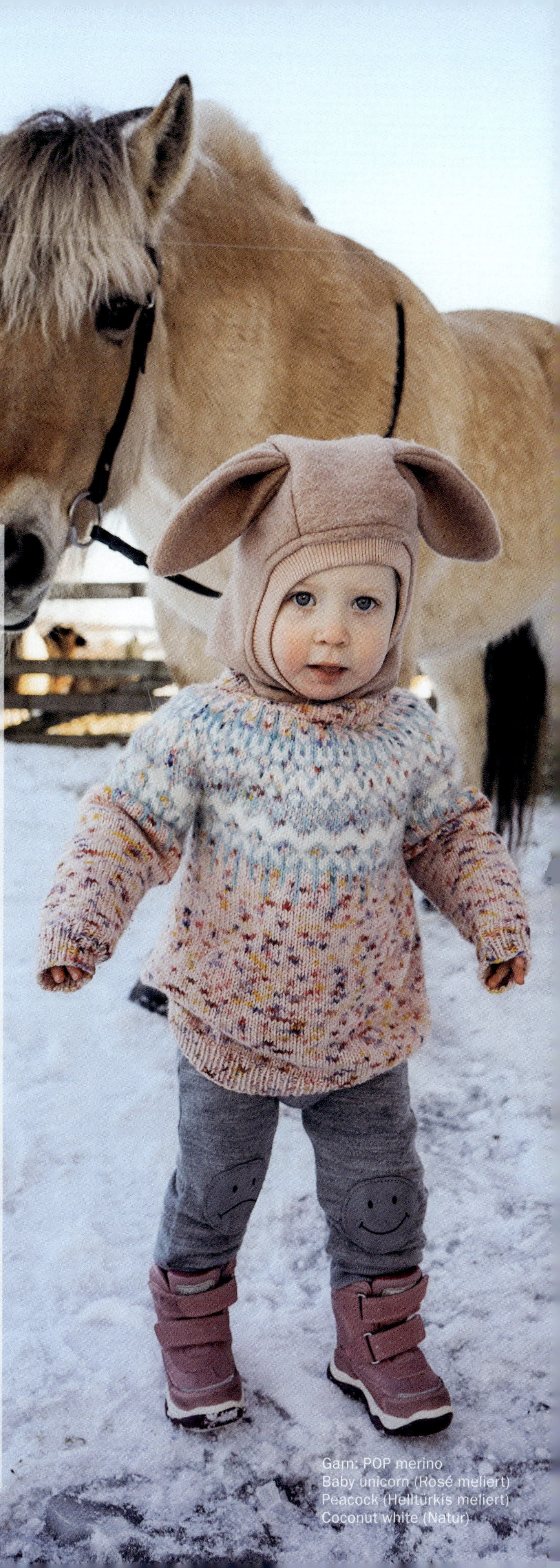

Garn: POP merino
Baby unicorn (Rosé meliert)
Peacock (Helltürkis meliert)
Coconut white (Natur)

Garn: Ask von Hillesvåg Ullvarefabrikk
Dunkelbraun meliert 6103
Orange meliert 6570
Terrakotta 6096
Türkis 6084

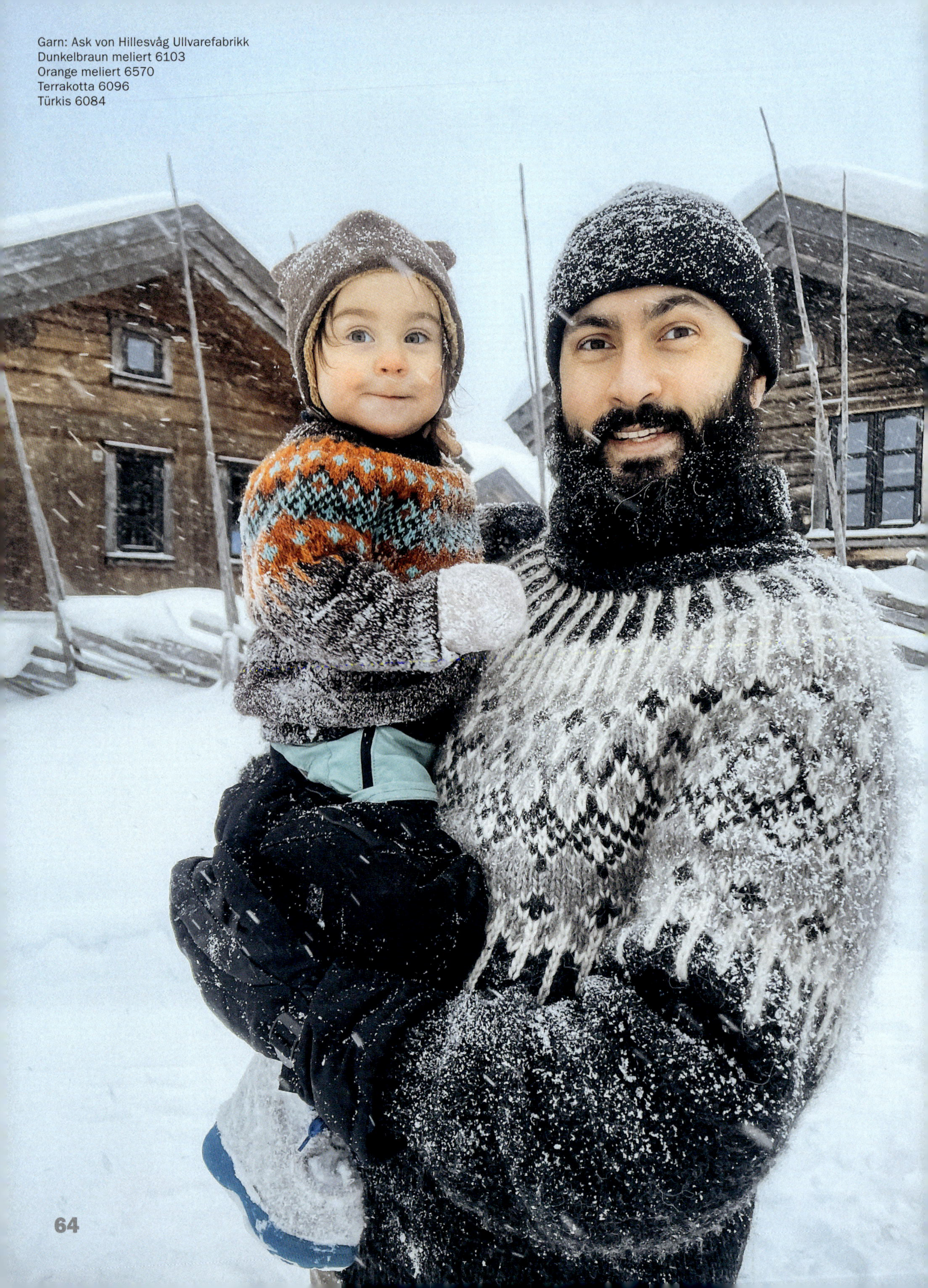

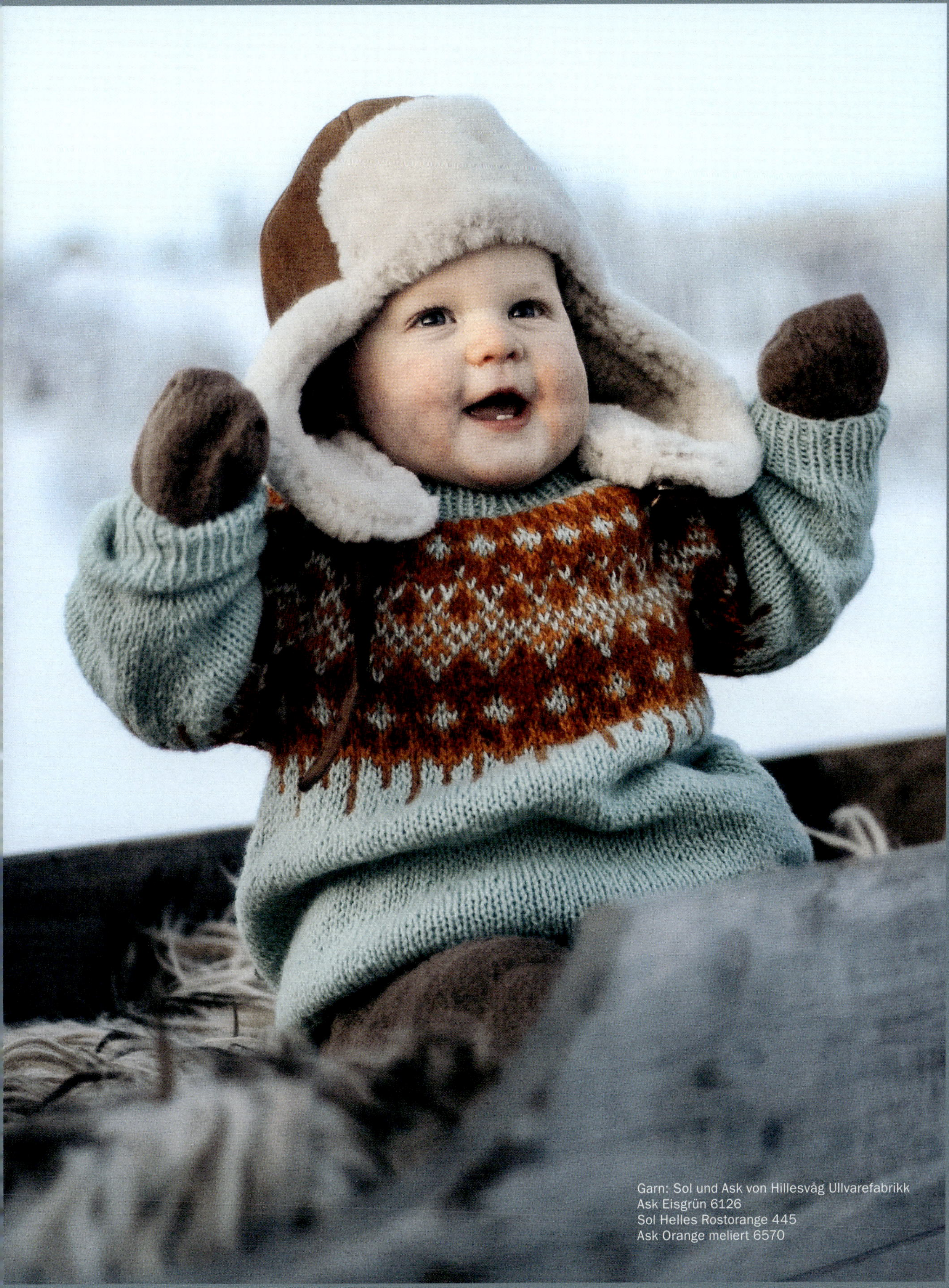

Garn: Sol und Ask von Hillesvåg Ullvarefabrikk
Ask Eisgrün 6126
Sol Helles Rostorange 445
Ask Orange meliert 6570

Garn: Eco Highland Wool von Viking Garn und
Sol handgefärbt von linkaneumann.com
Koralle 264
Seegrün 229
Sol handgefärbt Türkis Korallenriff
Natur 202

(Erwachsenenmodell: Hopi Polar aus Vams von Rauma)

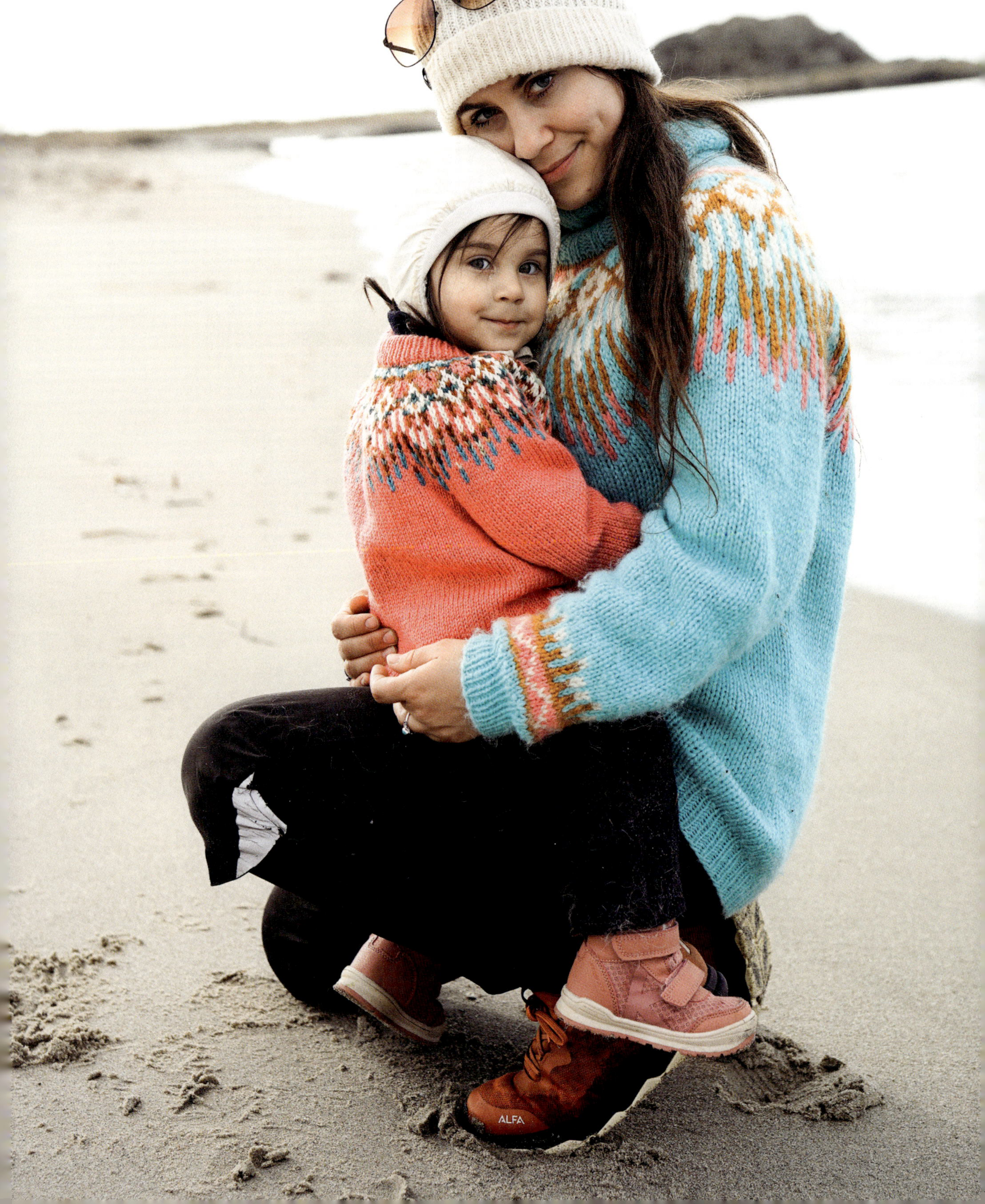

Hopi
Pullover

Das Muster von Hopi ist von Traumfängern inspiriert, aber manche erinnert es an die am Himmel tanzenden Nordlichter. Praktisch jeder in meiner Familie – ob jung oder alt – hat einen Hopi-Pullover und trägt ihn häufig.

Die Anleitung dieses Pullovers für Erwachsene findest du im Buch *Einfach nordisch stricken* von 2021.

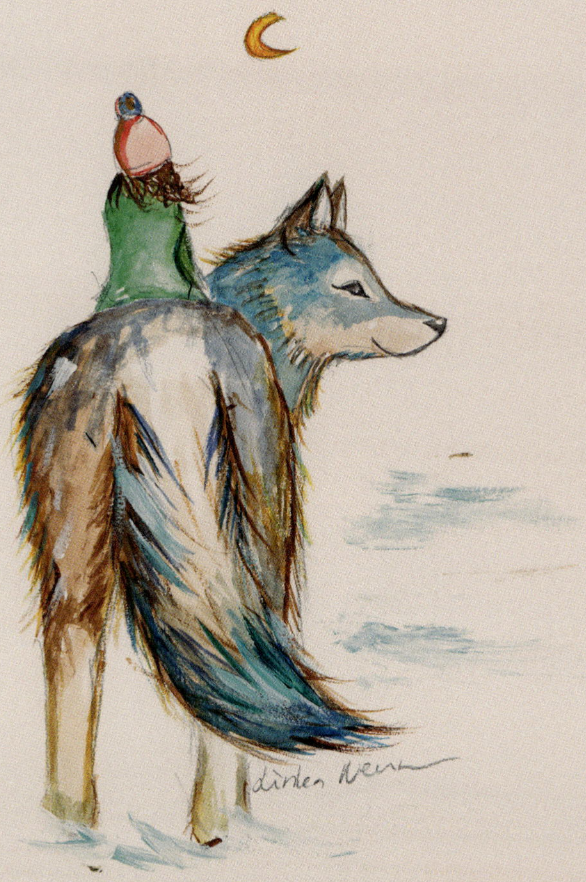

HOPI Pullover

Größen
1 (2) 4 (6) 8 (10) 12 Jahre

Maschenprobe
10 cm einfarbig glatt rechts mit Nadel Nr. 3,5 = 22 M
10 cm mehrfarbig mit Nadel Nr. 4 = 22 M

Garn
Sol Lammwollgarn von Hillesvåg Ullvarefabrikk. Garnalternativen auf Seite 9.

Garnmenge

- B Basisfarbe: 150 (200) 200 (250) 300 (350) 400 g
- 1 Musterfarbe 1: 50 g
- 2 Musterfarbe 2: 50 g
- 3 Musterfarbe 3: 50 g

Stricknadeln
Nadelspiel Nr. 3 und 3,5
Rundnadel 50 cm oder 60 cm lang (je nach Größe), Nr. 3, 3,5 und 4
Rundnadel 40 cm lang, Nr. 3

Pullovermaße
Ärmellänge: 19 (25) 29 (31) 35 (38) 42 cm
Brustumfang: 60 (65) 69 (72) 76 (80) 83 cm
Rumpflänge: 22 (27) 29 (31) 35 (36) 37 cm
Gesamtlänge: 34 (40) 42 (45) 50 (52) 54 cm

RUMPF

132 (144) 152 (160) 168 (176) 184 M in der Basisfarbe mit Rundnadel Nr. 3 anschlagen und 4 (4) 5 (5) 6 (6) 6 cm im 1/1-Rippenmuster (1 M re, 1 M li im Wechsel) in Rd str. Zu Rundnadel Nr. 3,5 wechseln und glatt rechts str, bis der Rumpf 22 (27) 29 (31) 35 (36) 37 cm misst. Am Rd-Anf und nach 66 (72) 76 (80) 84 (88) 92 M jeweils einen MM setzen (= Vorder- und Rückenteil). Je 8 (10) 11 (12) 9 (10) 11 M für die Armlöcher auf einem Hilfsfaden oder Maschenhalter stilllegen (die M beiderseits des MMs).

ÄRMEL

34 (36) 38 (38) 40 (42) 42 M in der Basisfarbe mit Nadelspiel Nr. 3 anschlagen und im 1/1-Rippenmuster (1 M re, 1 M li im Wechsel) 4 (4) 5 (5) 6 (6) 6 cm in Rd str. Zu Nadel Nr. 3,5 wechseln und glatt rechts str. In der 1. Rd gleichmäßig verteilt auf 42 (44) 46 (48) 48 (50) 50 M zun. Die mittlere M unter dem Ärmel markieren und alle 2 cm beidseitig des MMs 1 M zun, bis 52 (56) 60 (64) 66 (70) 74 M vorhanden sind. In der Basisfarbe weiterstr, bis der Ärmel 19 (25) 29 (31) 35 (38) 42 cm misst. 8 (10) 11 (12) 9 (10) 11 M unter dem Ärmel auf einem Hilfsfaden oder Maschenhalter stilllegen (die M beiderseits des MMs).

Den zweiten Ärmel genauso str.

PASSE

Die Ärmel-M auf die Rundnadel mit den Rumpf-M str: 1. Ärmel, Vorderteil, 2. Ärmel, Rückenteil = 204 (216) 228 (240) 264 (276) 288 M. Zu Nadel Nr. 4 wechseln und gemäß Zählmuster A (A) A (A) B (B) B str. Zur kürzeren Rundnadel Nr. 4 wechseln, wenn weniger M auf der Nadel sind. Zu Nadel Nr. 3 wechseln wie im Zählmuster angegeben. Mit dem Halsbündchen fortfahren.

HALSBÜNDCHEN

Es liegen 80 (80) 84 (86) 88 (88) 90 M auf der kurzen Rundnadel Nr. 3. Im 1/1-Rippenmuster (1 M re, 1 M li im Wechsel) 5 (5) 6 (6) 7 (7) 7 cm in Rd str und wie folgt elastisch abk: 2 M str. Beide M zurück auf die linke Nadel heben und durch den hinteren Maschenbogen (= rechts verschränkt) zus-str. [1 M str, die M zurück auf die linke Nadel heben, mit der M links daneben durch den hinteren Maschenbogen (= rechts verschränkt) zus-str] stets wdh, bis noch 1 M übrig ist. Den Faden abschneiden und durch diese M ziehen. Das Bündchen nach innen falten und locker annähen.

FERTIGSTELLEN

Alle Fäden vernähen und die Öffnung unter den Ärmeln zus-str oder -nähen. Den Pullover ausspülen, in Form ziehen und liegend trocknen lassen.

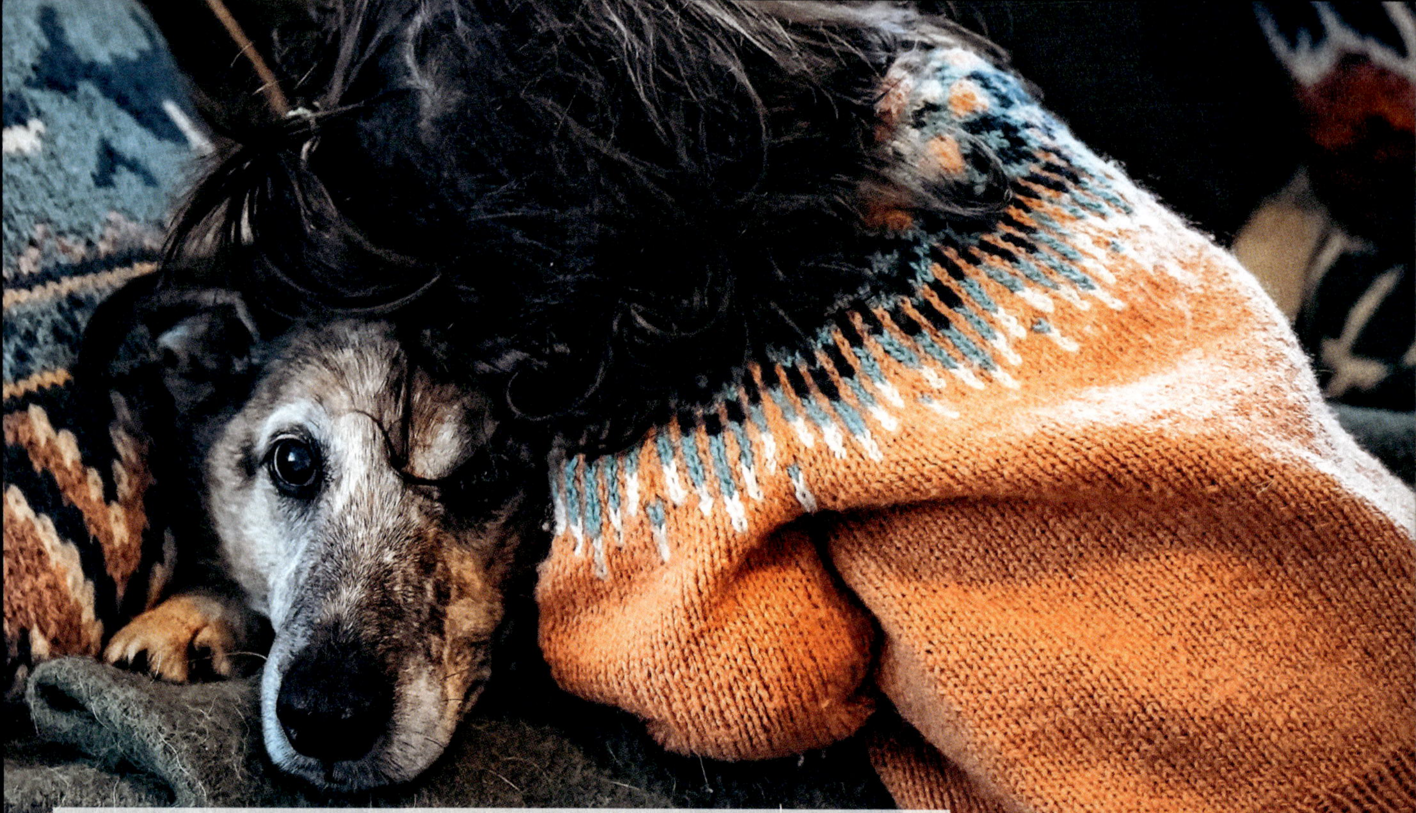

ZÄHLMUSTER A Größe 1 (2) 4 (6) Jahre

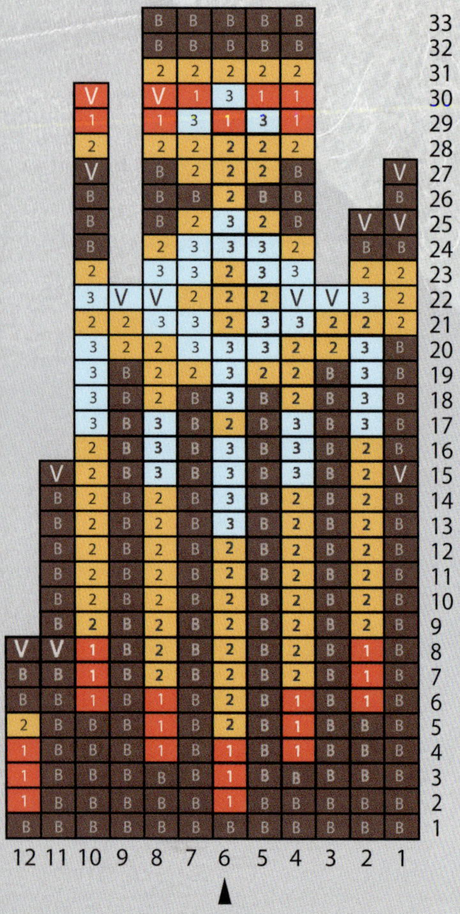

Vordere Mitte

33 Gleichmäßig verteilt abn auf 80 (80) 84 (86) M.

31 Zu Nadel Nr. 3 wechseln.

30 Wie angegeben abn = 85 (90) 95 (100) M

27 Wie angegeben abn = 102 (108) 114 (120) M

25 Wie angegeben abn = 119 (126) 133 (140) M

22 Wie angegeben abn = 136 (144) 152 (160) M

15 Wie angegeben abn = 170 (180) 190 (200) M

13 Für Gr. 1 (2) 4 überspringen.

12 Für Gr. 1 (2) 4 überspringen.

11 Für Gr. 1 (2) überspringen.

10 Für Gr. 1 (2) überspringen.

8 Wie angegeben abn = 187 (198) (209) 220 M

1 204 (216) 228 (240) M

V 1 M

V V Diese 2 M re zus-str.

Garn: Sol von Hillesvåg Ullvarefabrikk
Hellorange 428
Ungebleichtes Weiß 400
Helltürkis 435
Dunkles Graublau 433

Garn: Eco Highland Wool von Viking Garn
Koks Tweed (Dunkelgrau Tweed) 273
Kupfer 252
Orange 251
Seegrün 229

ZÄHLMUSTER B Größe 8 (10) 12 Jahre

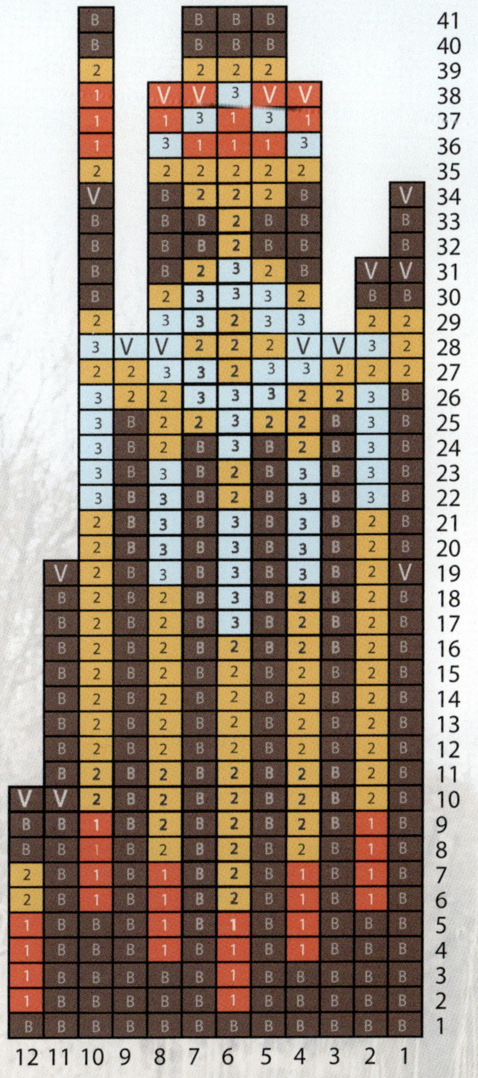

41 Gleichmäßig verteilt abn auf 88 (88) 90 M.
38 Wie angegeben abn = 88 (92) 96 M
34 Wie angegeben abn = 132 (138) 144 M
33 Für Gr. 8 überspringen.
31 Wie angegeben abn = 154 (161) 168 M
28 Wie angegeben abn = 176 (184) 192 M
19 Wie angegeben abn = 220 (230) 240 M
16 Für Gr. 8 (10) überspringen.
15 Für Gr. 8 (10) überspringen.
14 Für Gr. 8 überspringen.
10 Wie angegeben abn = 242 (253) 264 M
1 264 (276) 288 M

Vordere Mitte

V 1 M
VV Diese 2 M re zus-str.

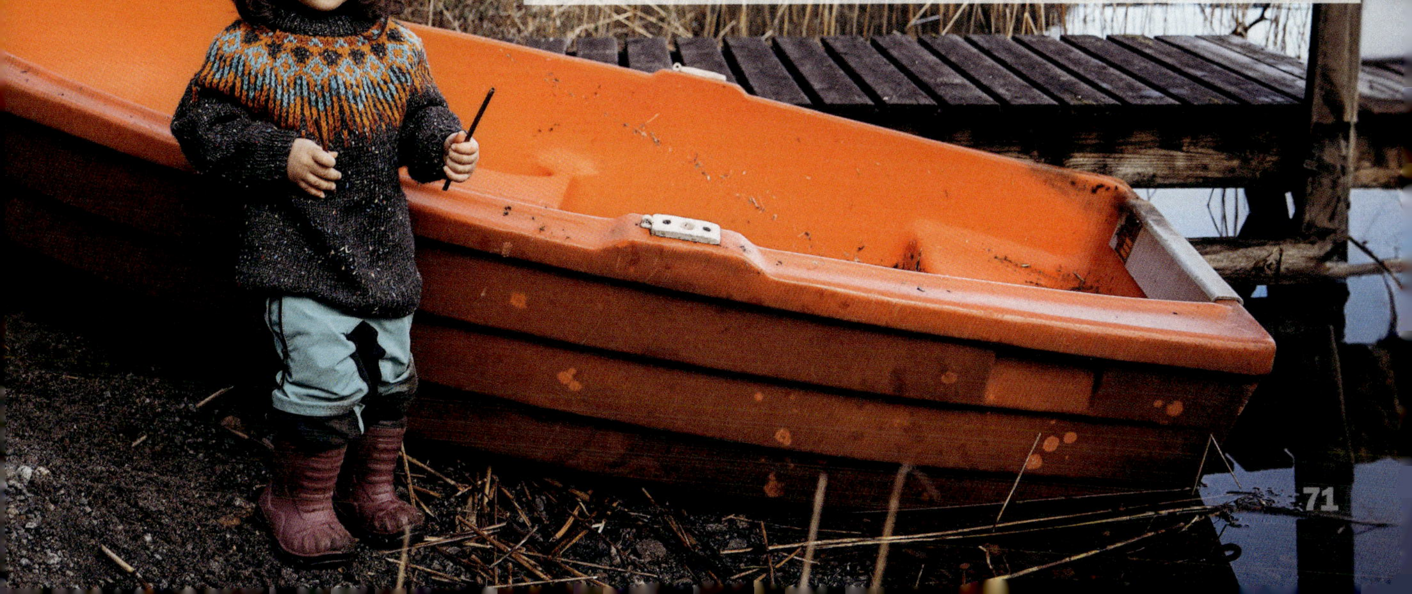

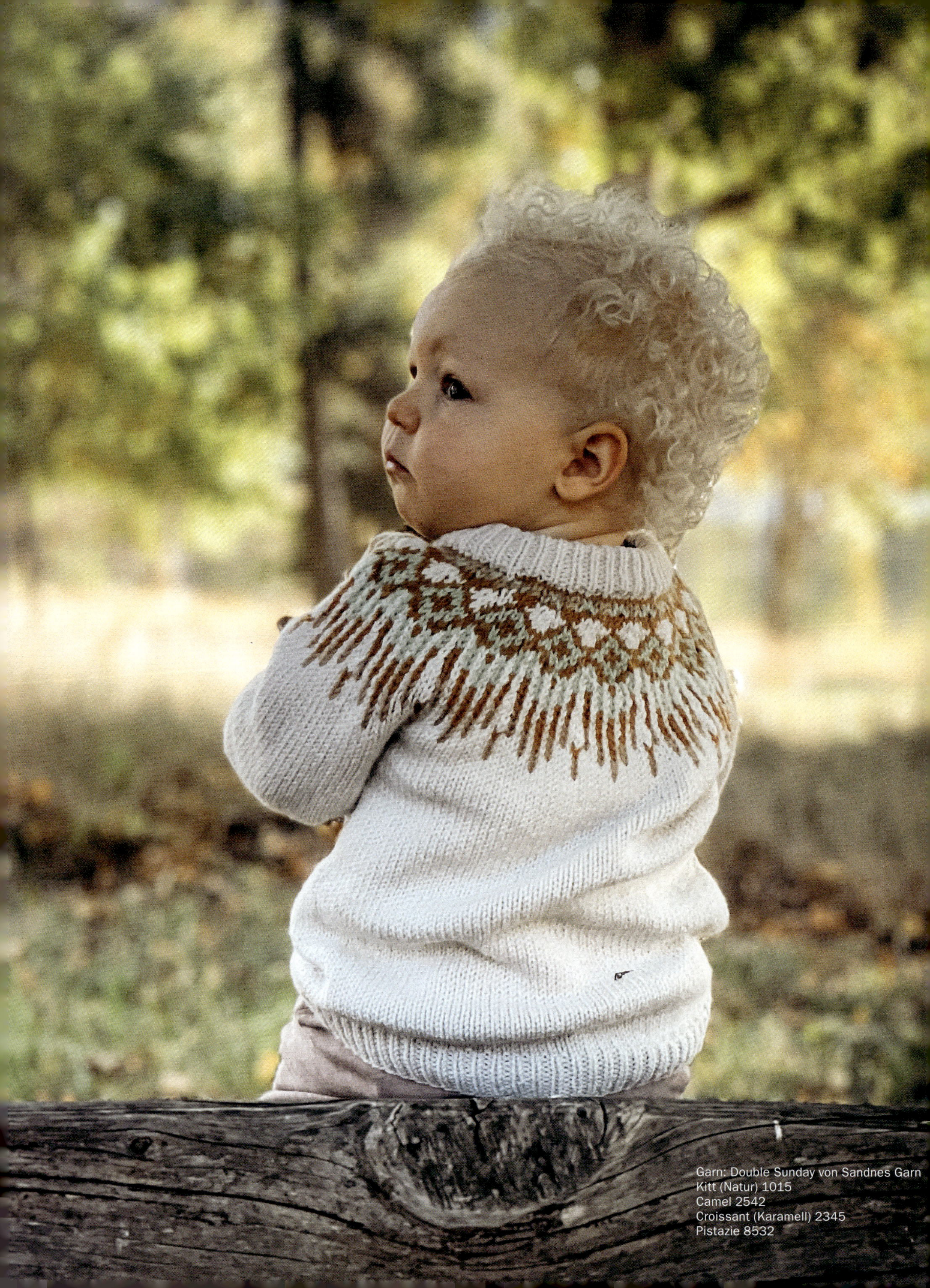

Garn: Double Sunday von Sandnes Garn
Kitt (Natur) 1015
Camel 2542
Croissant (Karamell) 2345
Pistazie 8532

Garn: Double Sunday von Sandnes Garn
Kaffeebohne 4081
Kitt 1015
Croissant 2345
Blautürkis 7213

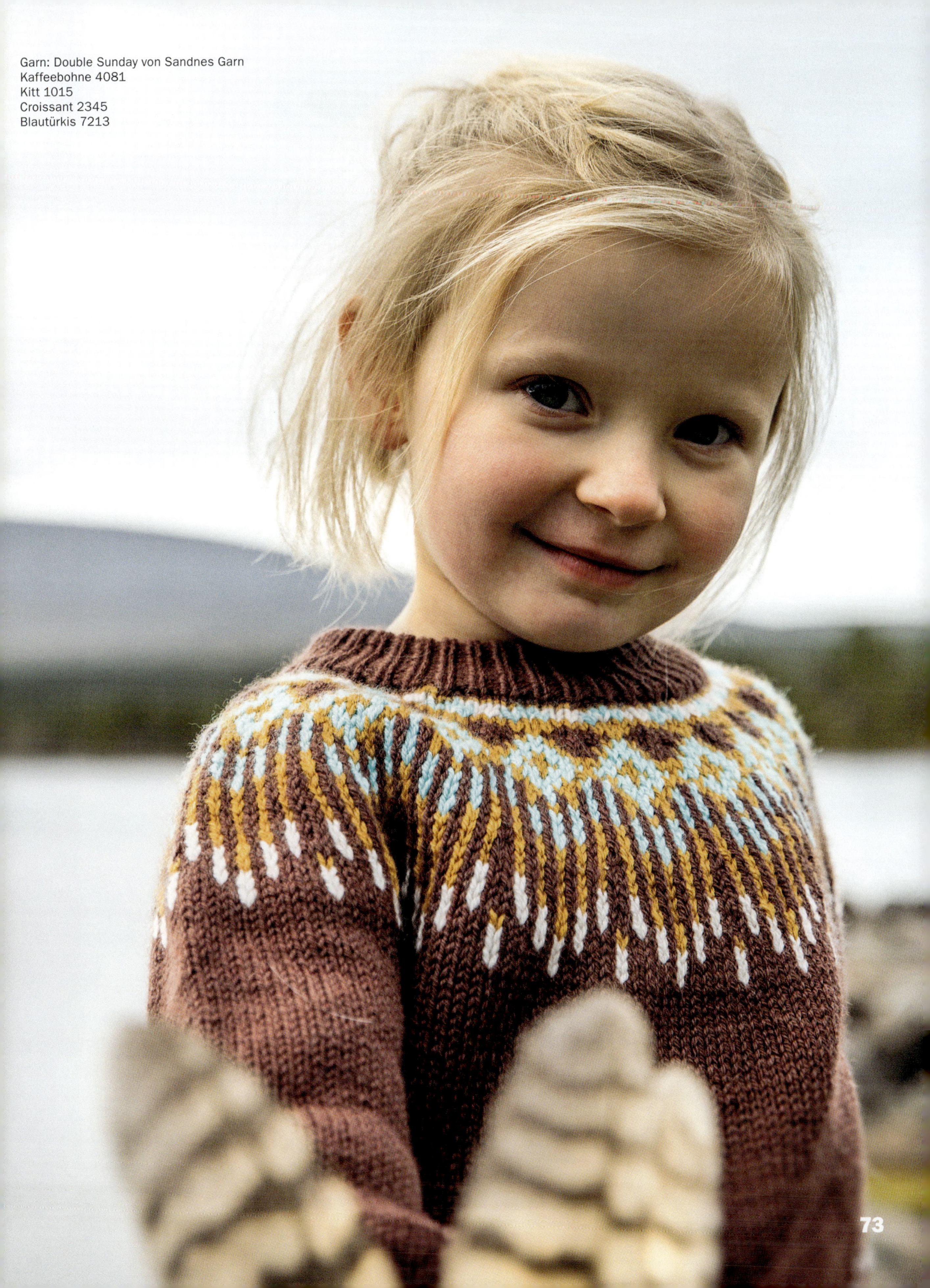

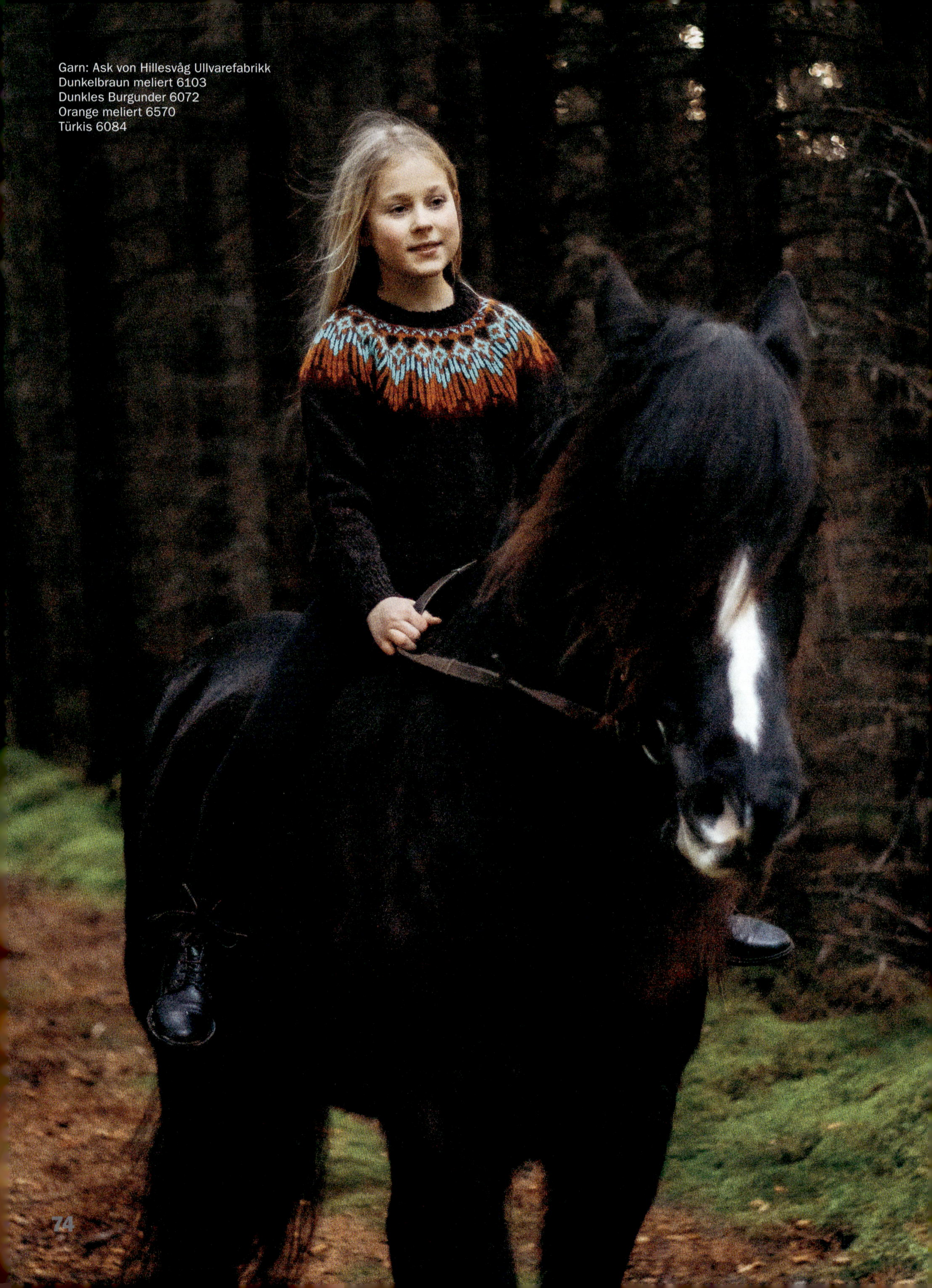

Garn: Ask von Hillesvåg Ullvarefabrikk
Dunkelbraun meliert 6103
Dunkles Burgunder 6072
Orange meliert 6570
Türkis 6084

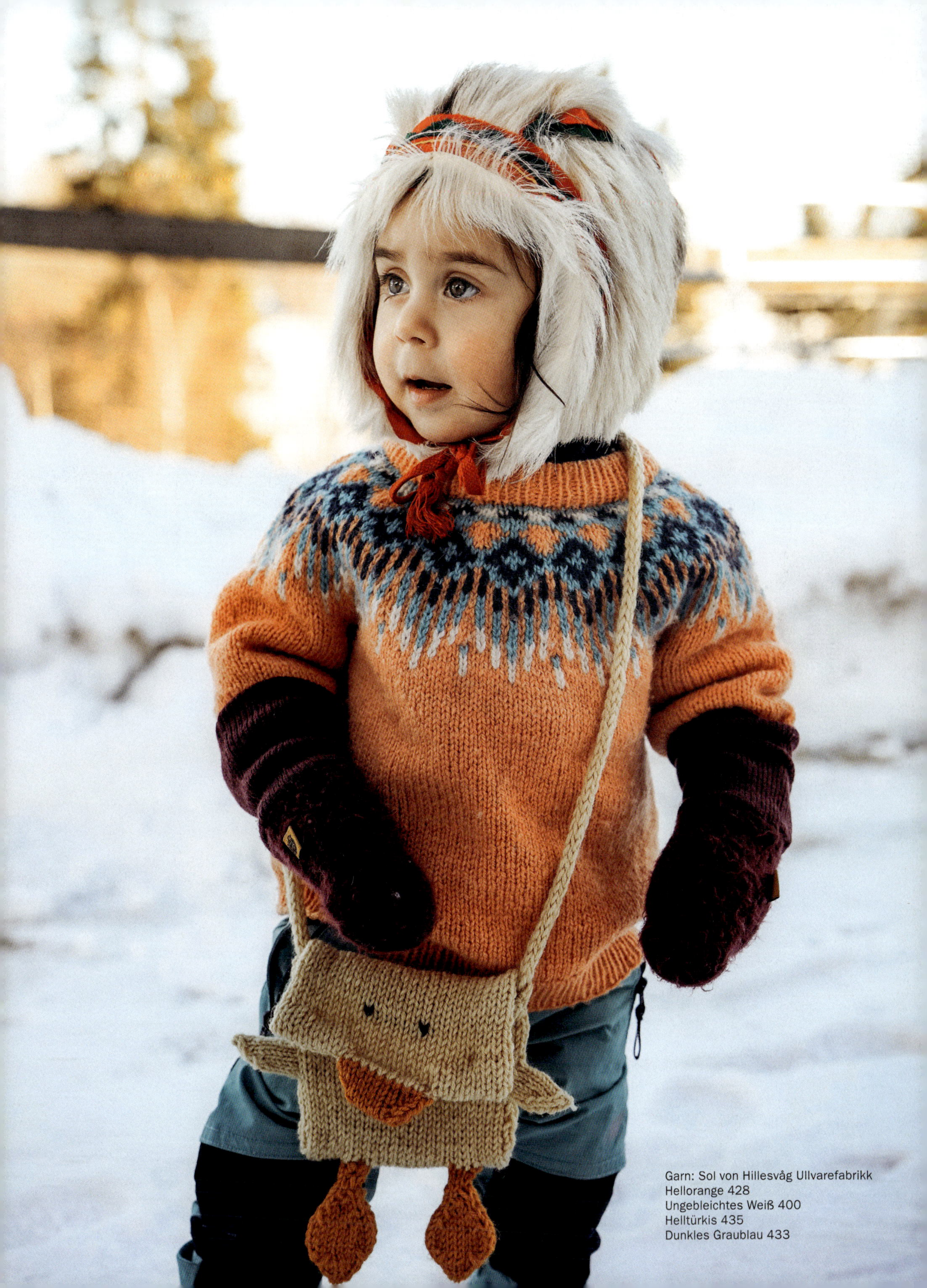

Garn: Sol von Hillesvåg Ullvarefabrikk
Hellorange 428
Ungebleichtes Weiß 400
Helltürkis 435
Dunkles Graublau 433

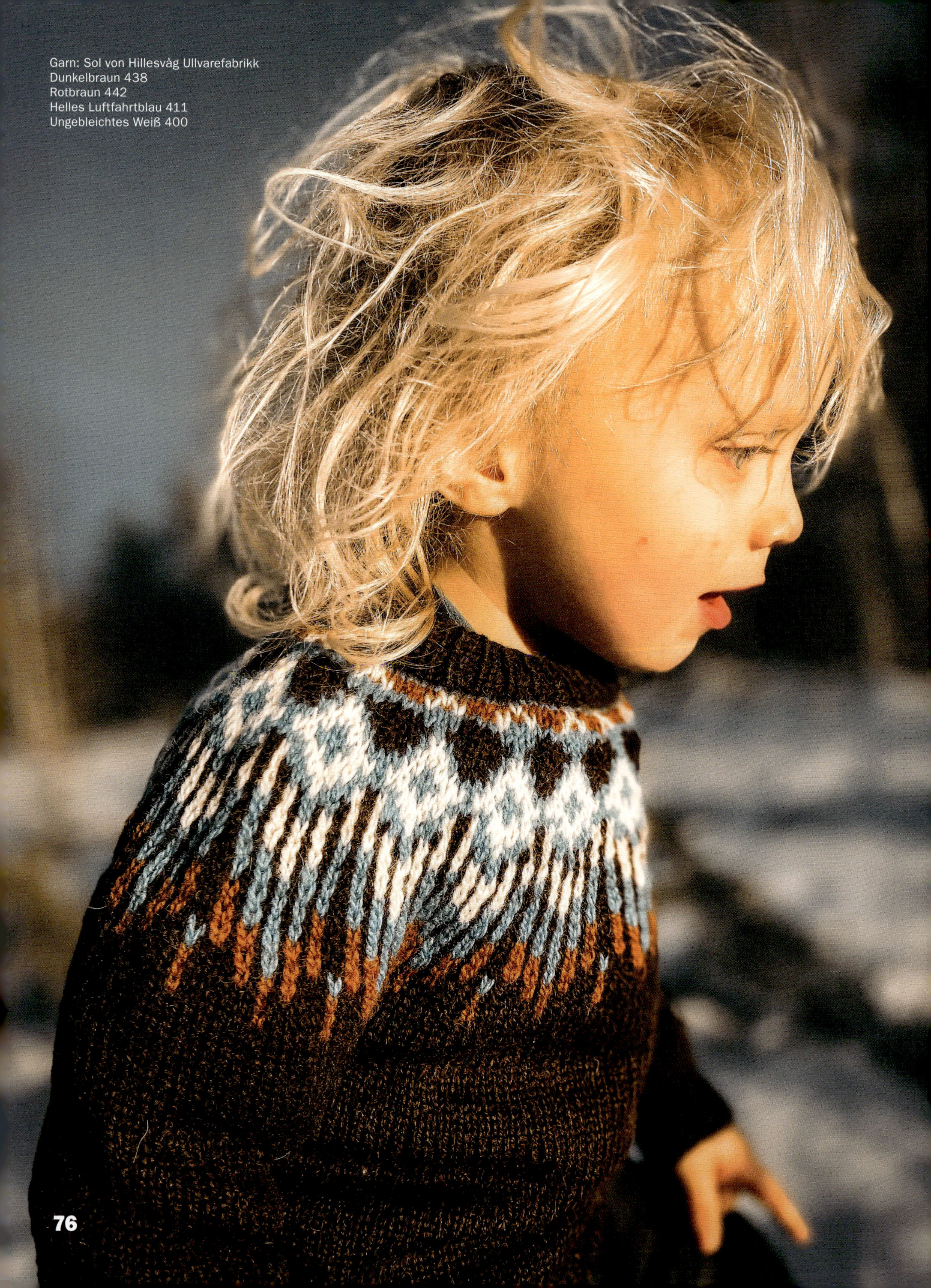

Garn: Sol von Hillesvåg Ullvarefabrikk
Dunkelbraun 438
Rotbraun 442
Helles Luftfahrtblau 411
Ungebleichtes Weiß 400

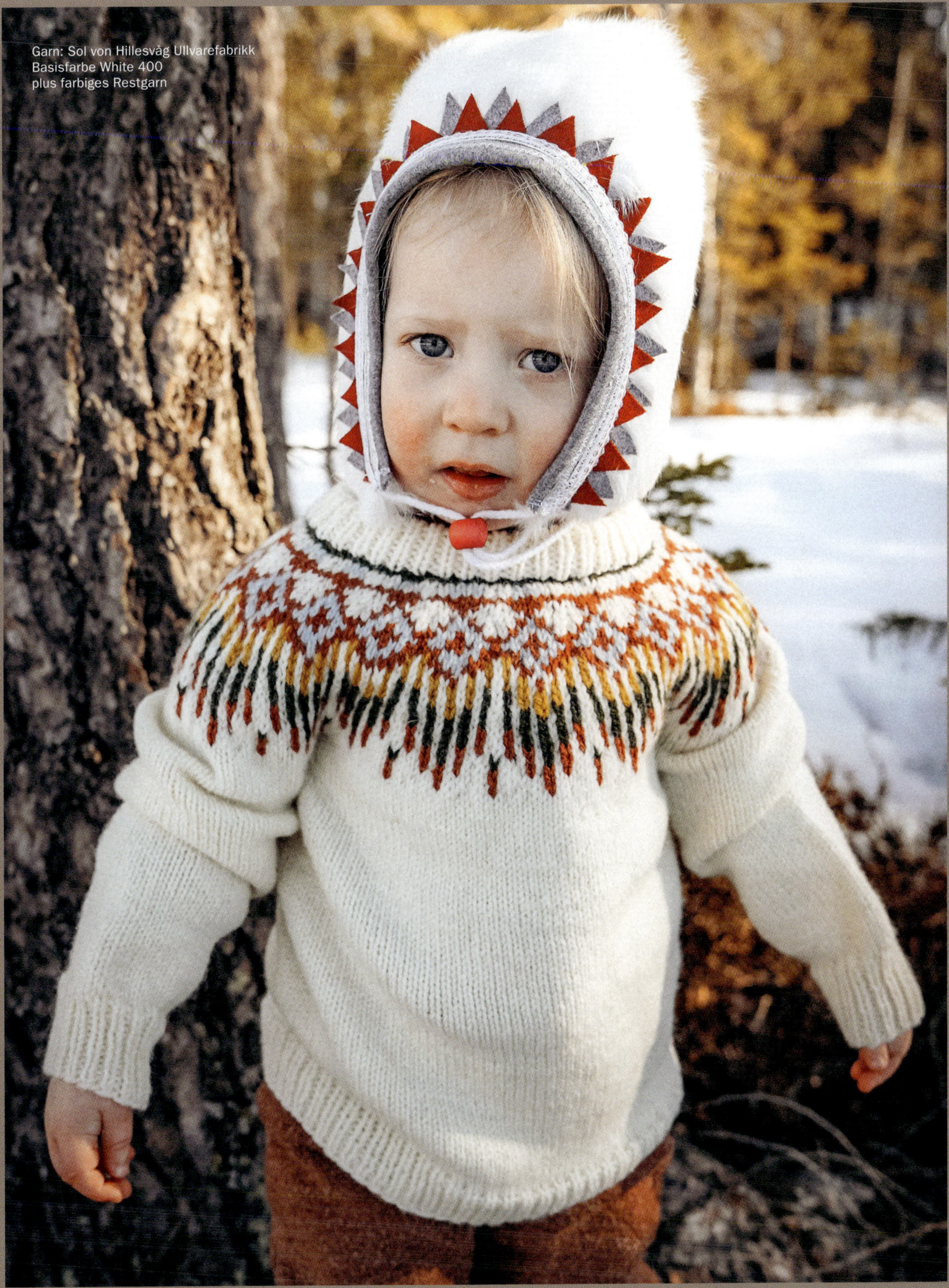

Garn: Sol von Hillesvåg Ullvarefabrikk
Basisfarbe White 400
plus farbiges Restgarn

Garn: Luna von Hillesvåg Ullvarefabrikk
Petrol 443
Hellorange 428
Mintgrün 444
Helles Rostorange 445
Ungebleichtes Weiß 400

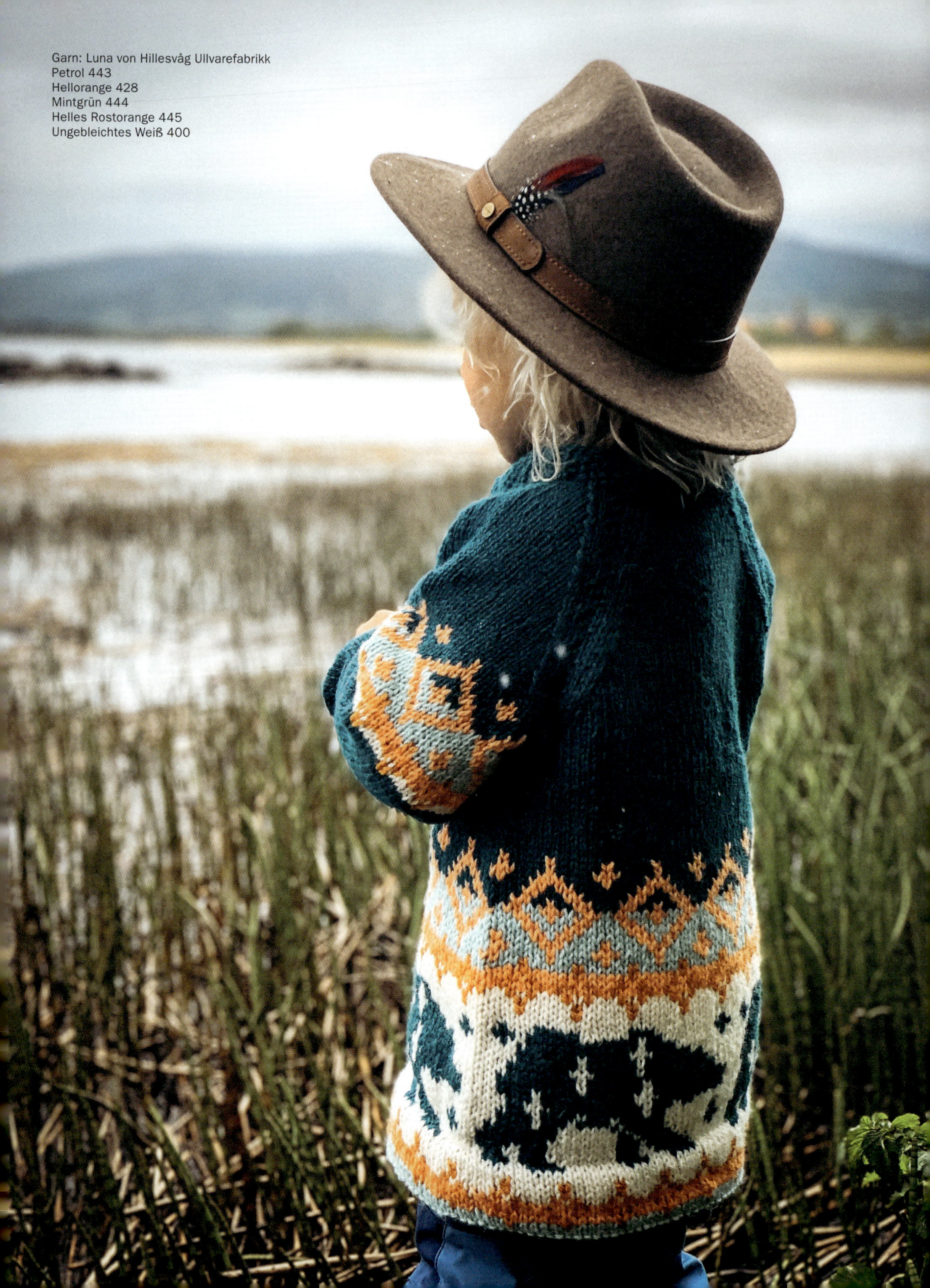

Eisbär Polar

Pullover

Ich wollte schon lange ein Eisbär-Modell für Kinder aus dickem Garn erstellen, und hier ist das Ergebnis. Nicht zuletzt ist dies ein prima Pullover, um Wollreste zu verarbeiten. Beim Stricken des Eisbären kann man sich leicht verzählen, daher empfehle ich, ein Blatt Papier oder ein Lineal über die noch nicht gestrickten Reihen des Zählmusters zu legen und zeilenweise nach oben zu verschieben.

Die Anleitung dieses Pullovers für Erwachsene findest du im Buch *Einfach nordisch stricken* von 2021.

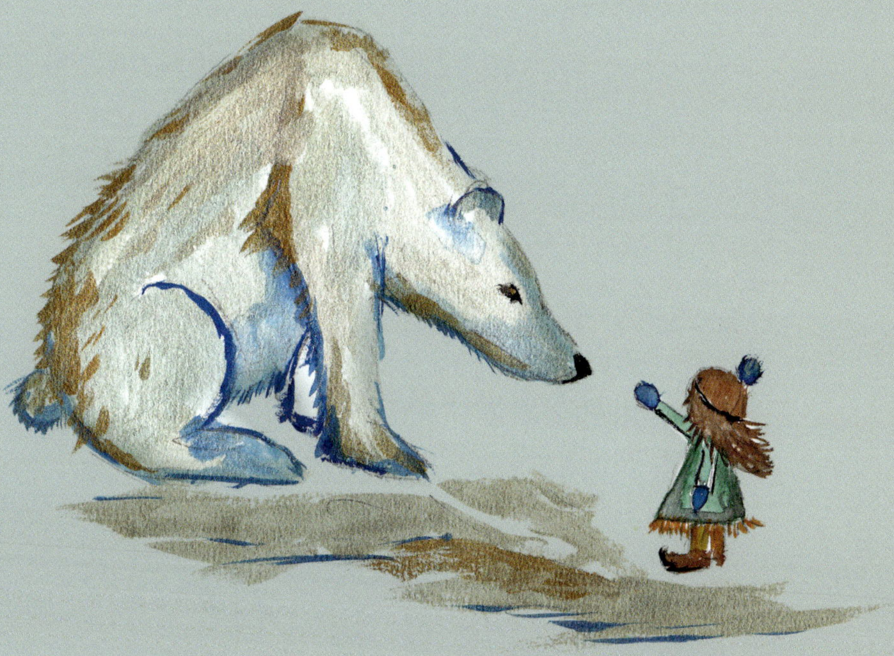

EISBÄR POLAR Pullover

Größen
1 (2) 4 (6) 8 (10) Jahre

Maschenprobe
Die Größe wird durch die Maschenprobe/Nadelstärke bestimmt.
10 cm einfarbig glatt rechts mit Nadel Nr. 4 (4,5) 5 (4) 4,5 (5) = 19 (18) 17 (19) 18 (17) M
10 cm mehrfarbig mit Nadel Nr. 4,5 (5) 5,5 (4,5) 5 (5,5) = 19 (18) 17 (19) 18 (17) M

Garn
Léttlopi. Garnalternativen auf Seite 10.

Garnmenge

B Basisfarbe: 200 (200) 250 (250) 300 (350) g
1 Musterfarbe 1: 50 g
2 Musterfarbe 2: 50 g
3 Musterfarbe 3: 50 g
4 Musterfarbe 4: 50 g
5 Musterfarbe 5: 50 g
6 Musterfarbe 6: 50 g
7 Musterfarbe 7: 50 g

Stricknadeln
Nadelspiel Nr. 3,5 und Nr. 4 (4,5) 5 (4) 4,5 (5) und Nr. 4,5 (5) 5,5 (4,5) 5 (5,5)
Rundnadel 50 cm, 60 cm oder 80 cm lang (je nach Größe), Nr. 3,5 (4) 4 (3,5) 4 (4) und Nr. 4 (4,5) 5 (4) 4,5 (5) und Nr. 4,5 (5) 5,5 (4,5) 5 (5,5)
Rundnadel 40 cm lang, Nr. 3,5 (Halsbündchen)

Pullovermaße
Ärmellänge: 19 (25) 29 (31) 35 (38) cm
Saumweite: 69 (73) 78 (88) 93 (98) cm
Brustumfang: 60 (63) 67 (75) 79 (83) cm
Rumpflänge: 24 (28) 32 (33) 37 (40) cm

RUMPF

132 (132) 132 (168) 168 (168) M in Musterfarbe 6 für Größe 1 und 2, in Musterfarbe 2 für Größe 4 und 6 und in der Basisfarbe für Größe 8 und 10 mit Rundnadel Nr. 3,5 (4) 4 (3,5) 4 (4) anschlagen und 5 cm glatt rechts in Rd str. Zu Rundnadel Nr. 4,5 (5) 5,5 (4,5) 5 (5,5) wechseln und 1 Rd linke M für die Umbruchkante str. Gemäß Zählmuster A (S. 83) str, dabei für die gewünschte Größe wie dort angegeben beginnen. Die Nadelstärke ebenfalls wie im Zählmuster angegeben wechseln.

Wenn Zählmuster A fertig gestrickt ist, liegen 114 (114) 114 (142) 142 (142) M auf Nadel Nr. 4 (4,5) 5 (4) 4,5 (5). Am Rd-Anf und nach 57 (57) 57 (71) 71 (71) M einen MM setzen (= Vorder- und Rückenteil). In der Basisfarbe weiterstr, bis der Rumpf 24 (28) 32 (33) 37 (40) cm misst. Je 9 (9) 9 (13) 13 (13) M für die Armlöcher auf einem Hilfsfaden oder Maschenhalter stilllegen (die M beiderseits des MMs).

Das doppelte Bündchen entlang der Umbruchkante nach innen legen und annähen.

ÄRMEL

32 (34) 36 (38) 40 (42) M in der Basisfarbe mit Nadelspiel Nr. 3,5 anschlagen und 4 (4) 5 (5) 6 (6) cm im 1/1-Rippenmuster (1 M re, 1 M li im Wechsel) in Rd str. Zu Nadel Nr. 4 (4,5) 5 (4) 4,5 (5) wechseln und glatt rechts str. In der 1. Rd gleichmäßig verteilt auf 42 (42) 42 (48) 48 (48) M zun. Die mittlere M unter dem Ärmel markieren und alle 1,5 (2) 2 (2) 2 (2) cm beidseitig des MMs 1 M zun, bis 54 (54) 54 (64) 64 (64) M vorhanden sind. (Hinweise: Der Rapport geht unter dem Ärmel nicht auf. Bei einigen Größen werden die Zun nach dem Beginn des Musters noch fortgesetzt. Die zugenommenen M ins Muster integrieren).

Wenn der Ärmel 10 (16) 20 (22) 26 (29) cm misst, zu Nadel Nr. 4,5 (5) 5,5 (4,5) 5 (5,5) wechseln und gemäß Zählmuster B str. Der Ärmel ist danach 19 (25) 29 (31) 35 (38) cm lang. 8 (8) 8 (13) 13 (13) M unter dem Ärmel auf einem Hilfsfaden oder Maschenhalter stilllegen (die M beiderseits des MMs).

Den zweiten Ärmel genauso str.

PASSE (Raglanabnahmen)

Die Ärmel-M auf die Rundnadel mit den Rumpf-M str: 1. Ärmel, Vorderteil, 2. Ärmel, Rückenteil = 186 (186) 186 (218) 218 (218) M. Vor Beginn der Raglan-Abn noch 0 (4) 4 (6) 6 (6) Runden str. Der erste Übergang (linke Schulter hinten) bildet den Rd-Anf/das Rd-Ende. 8 MM setzen: 2 MM an jedem Übergang. Zwischen den 2 MM liegen 5 M, die gemäß Zählmuster C (S. 84) gearbeitet werden. Die Abn in jeder 2. Rd wdh, bis noch 74 (74) 74 (82) 82 (82) M übrig sind. Zu Nadel Nr. 3,5 wechseln und gleichmäßig verteilt auf 68 (72) 72 (76) 80 (80) M abn.

HOHES HALSBÜNDCHEN (Rollkragen)

Im 2/2-Rippenmuster (2 M re, 2 M li im Wechsel) 12 (14) 16 (16) 18 (18) cm in Rd str. Mustergemäß abk, dazu Nadel Nr. 5,5 verwenden, damit die Abkettkante nicht zu eng wird.

HALSAUSSCHNITT MIT SCHLITZ

Wenn die Passe 2 (2) 3 (3) 4 (5) cm misst, gemäß Zählmuster D (S. 84) für den Halsausschnitt arbeiten und 1 M in der vorderen Mitte wie angegeben abketten.

Bis zum Rd-Anf str, der sich hinter der linken Schulter befindet. Alle M von der linken auf die rechte Nadel heben bis zu der abgeketteten M = neuer Rd-Anf. Ab jetzt wird in R gestrickt und auf der rechten Seite der Arbeit abgenommen. Denke daran, dass in Rück-R rechte M in Zählmustern und Strickschrift links gestrickt werden und linke M rechts.

Die Raglan-Abn in jeder 2. Rd wdh, bis noch 65 (65) 65 (73) 73 (73) M übrig sind.

Zu Nadel Nr. 3,5 wechseln und 5 cm im Perlmuster str (Strickschrift unten). Die M locker abketten, das Bündchen nach innen falten und annähen. Die beiden kleinen Öffnungen vorne zunähen.

Für den Halsausschnitt dieses Modells waren ursprünglich Kordeln zum Zubinden vorgesehen. Unter Berücksichtigung des EU-Sicherheitsstandards für Kinderbekleidung wurde jedoch entschieden, diese wegzulassen.

Nach Belieben stattdessen am Halsausschnitt einen hübschen Knopf annähen und an der gegenüberliegenden Seite eine passende Schlaufe aus Luftmaschen häkeln.

FERTIGSTELLEN

Alle Fäden vernähen und die Öffnung unter den Ärmeln zus-str oder -nähen. Den Pullover ausspülen, in Form ziehen und liegend trocknen lassen.

STRICKSCHRIFT

Perlmuster (Halsbündchen)

	2	1
2		X
1	X	

☐ Rechte M

☒ Linke M

ZÄHLMUSTER A

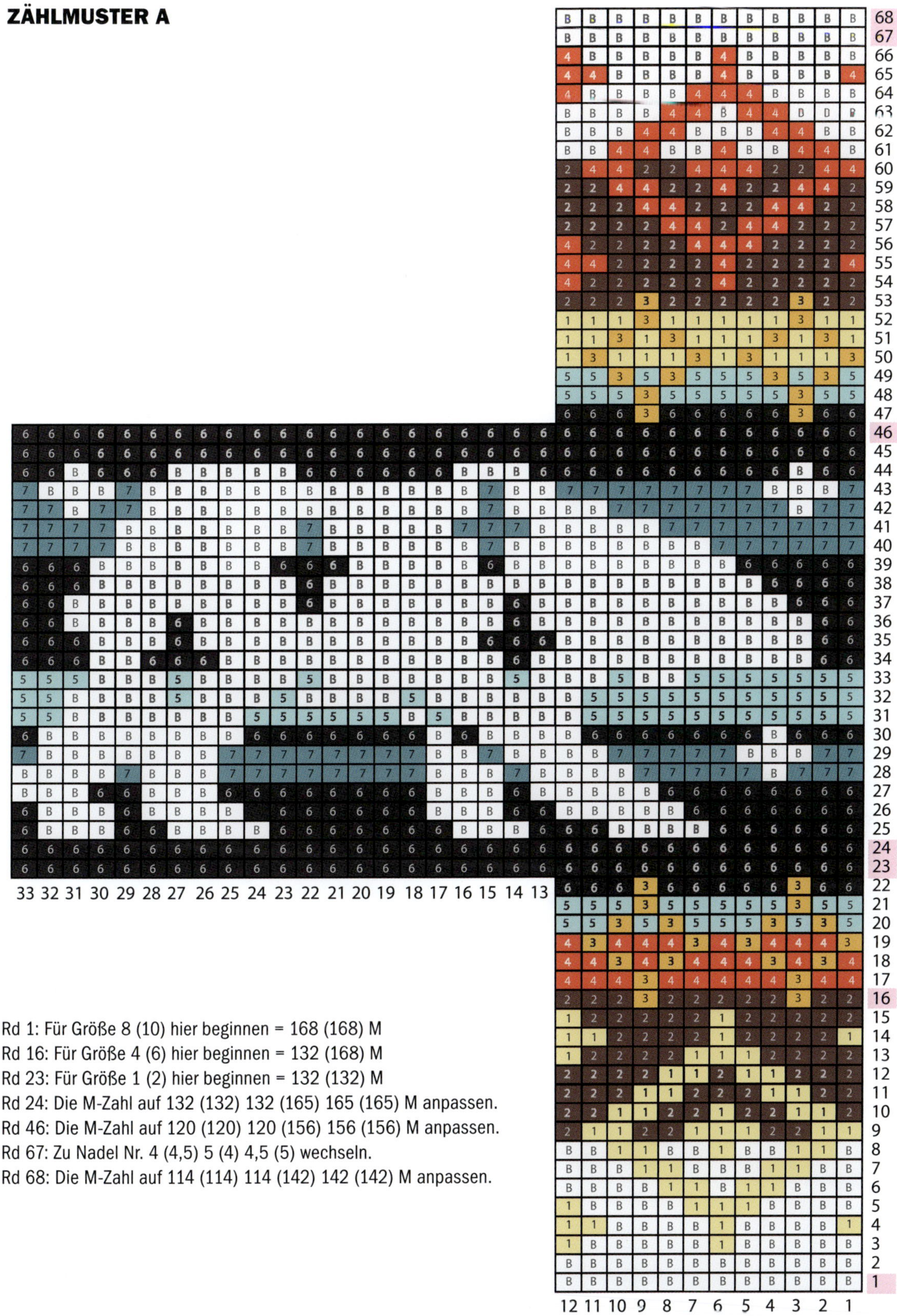

Rd 1: Für Größe 8 (10) hier beginnen = 168 (168) M
Rd 16: Für Größe 4 (6) hier beginnen = 132 (168) M
Rd 23: Für Größe 1 (2) hier beginnen = 132 (132) M
Rd 24: Die M-Zahl auf 132 (132) 132 (165) 165 (165) M anpassen.
Rd 46: Die M-Zahl auf 120 (120) 120 (156) 156 (156) M anpassen.
Rd 67: Zu Nadel Nr. 4 (4,5) 5 (4) 4,5 (5) wechseln.
Rd 68: Die M-Zahl auf 114 (114) 114 (142) 142 (142) M anpassen.

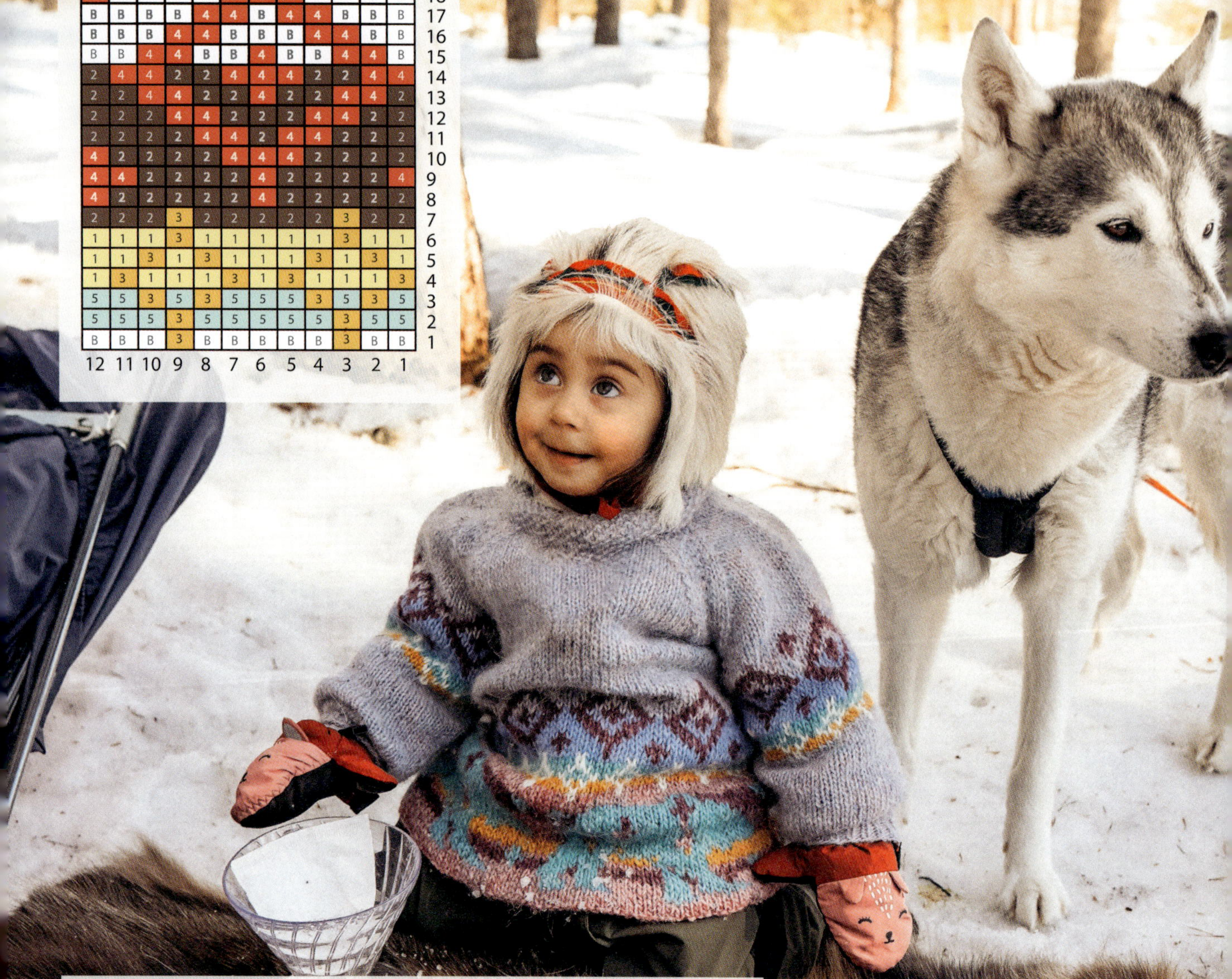

ZÄHLMUSTER B

12	11	10	9	8	7	6	5	4	3	2	1	
4	B	B	B	B	B	4	B	B	B	B	B	20
4	4	B	B	B	B	4	B	B	B	B	4	19
4	B	B	B	B	4	4	4	B	B	B	B	18
B	B	B	B	4	4	B	4	4	B	B	B	17
B	B	B	4	4	B	B	B	4	4	B	B	16
B	B	4	4	B	B	4	B	B	4	4	B	15
2	4	4	2	2	4	4	4	2	2	4	4	14
2	2	4	4	2	2	4	2	2	4	4	2	13
2	2	2	4	4	2	2	2	4	4	2	2	12
2	2	2	2	4	4	2	4	4	2	2	2	11
4	2	2	2	2	4	4	4	2	2	2	2	10
4	4	2	2	2	2	4	2	2	2	2	4	9
4	2	2	2	2	2	4	2	2	2	2	2	8
2	2	2	3	2	2	2	2	2	3	2	2	7
1	1	1	3	1	1	1	1	1	3	1	1	6
1	1	3	1	3	1	1	1	3	1	3	1	5
1	3	1	1	1	3	1	3	1	1	1	3	4
5	5	3	5	3	5	5	5	3	5	3	5	3
5	5	5	3	5	5	5	5	5	3	5	5	2
B	B	B	3	B	B	B	B	B	3	B	B	1

Garn: Léttlopi
Hellblauviolett 1702
Gletscherblau 1404
Himmelblau 1402
Weiß 0051
Honigmelone 1703
Rosa 1412
Fuchsia 1705

ZÄHLMUSTER C Raglanabnahme

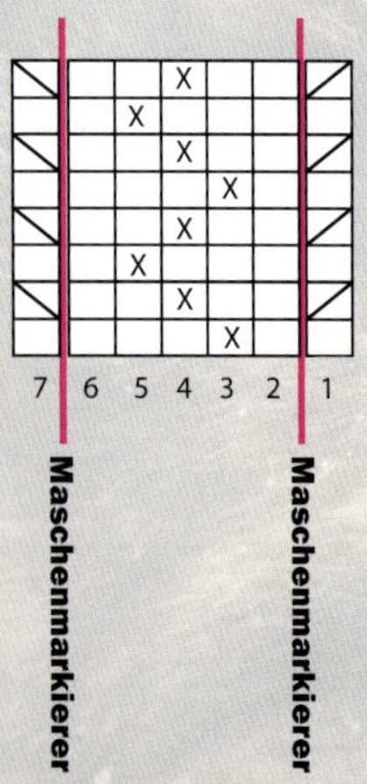

☐ Rechte M
☒ Linke M
◿ Rechtsgeneigt abn: 2 M rechts zus-str
◺ Linksgeneigt abn: 1 M wie zum Re-str abheben, 1 M re und die abgehobene M darüberziehen

ZÄHLMUSTER D

In der vorderen Mitte 1 M abk.

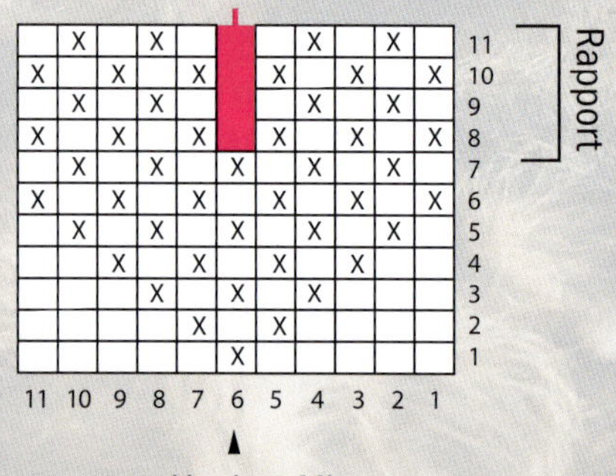

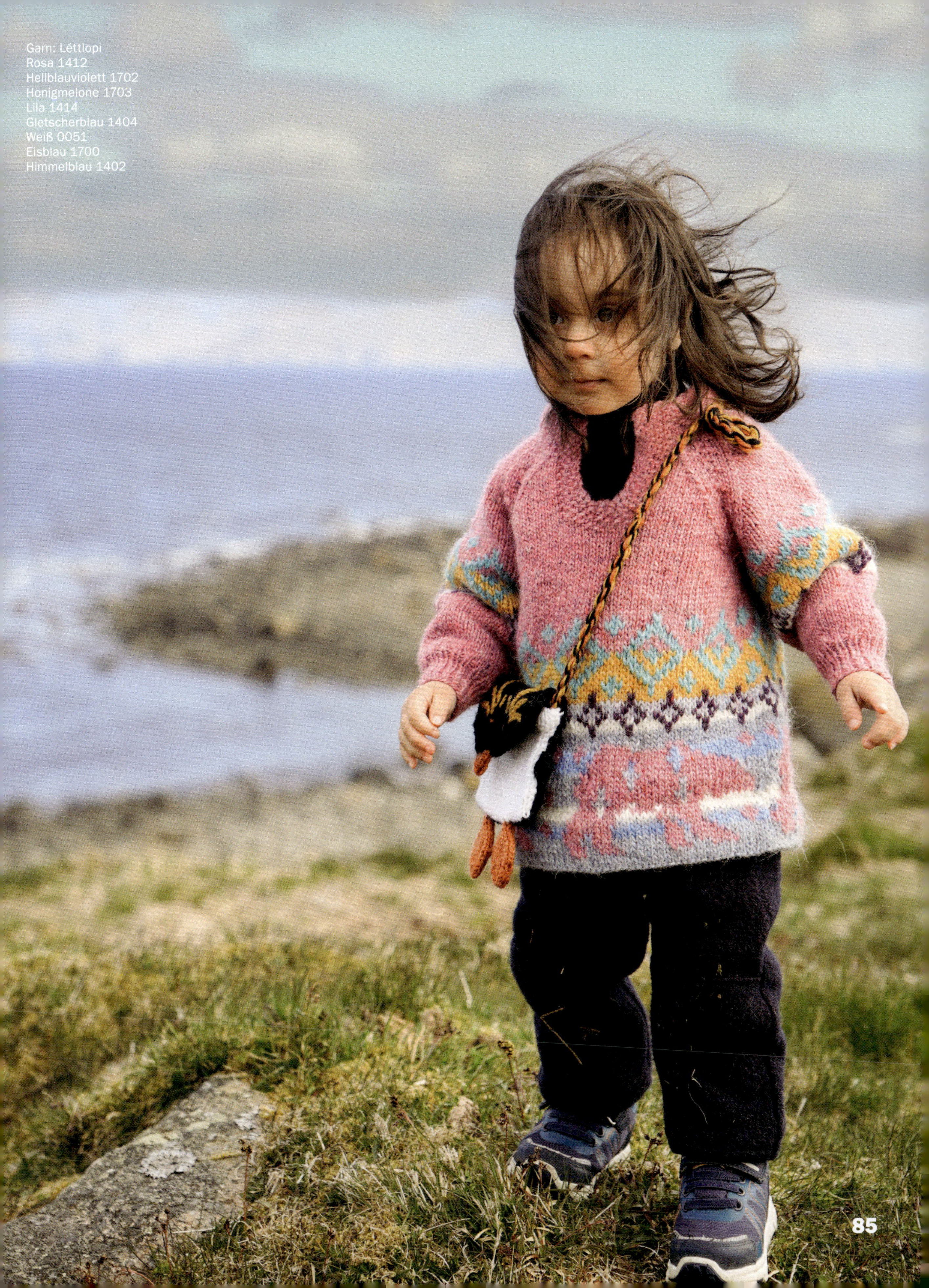

Garn: Léttlopi
Rosa 1412
Hellblauviolett 1702
Honigmelone 1703
Lila 1414
Gletscherblau 1404
Weiß 0051
Eisblau 1700
Himmelblau 1402

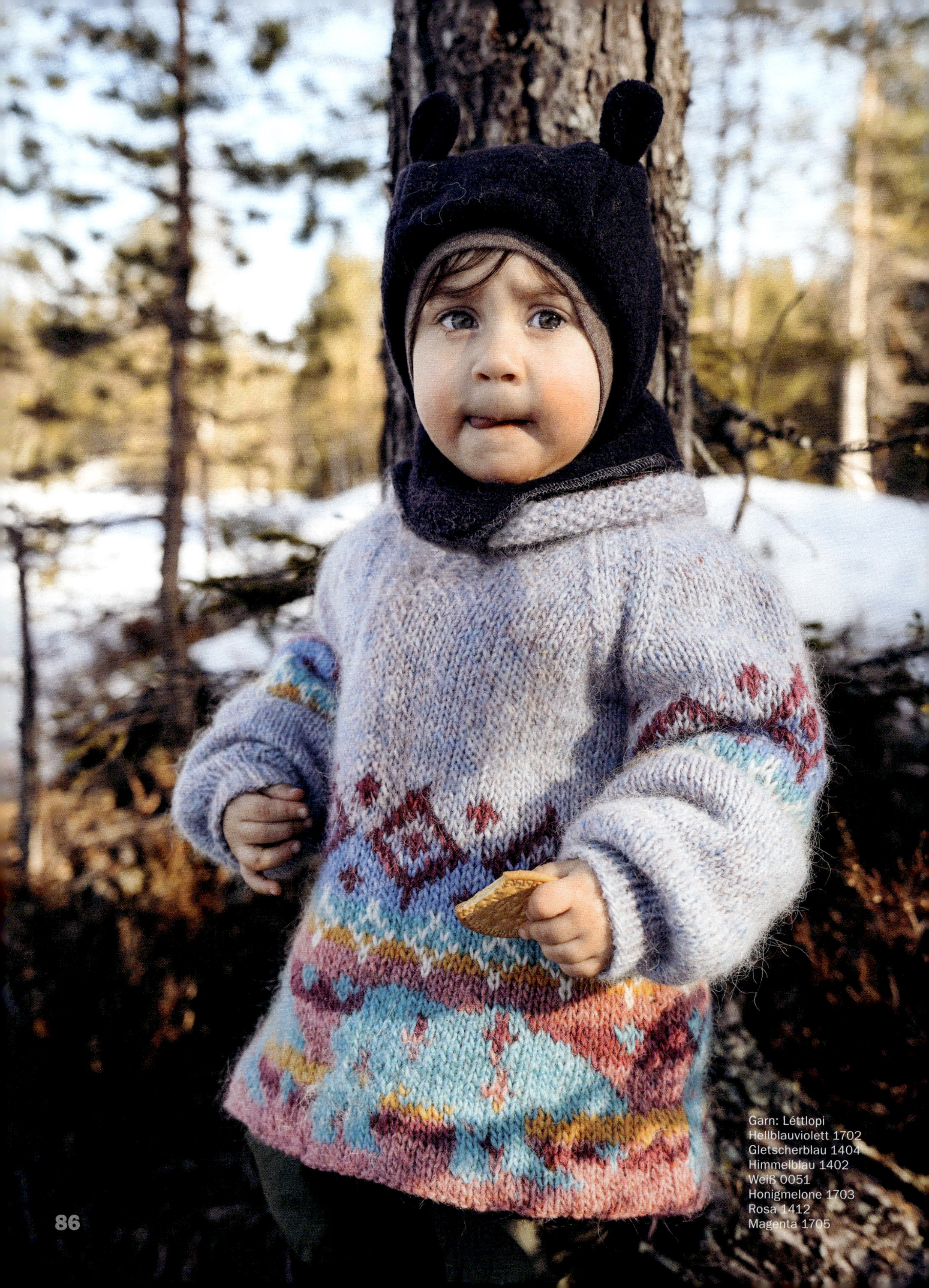

Garn: Léttlopi
Hellblauviolett 1702
Gletscherblau 1404
Himmelblau 1402
Weiß 0051
Honigmelone 1703
Rosa 1412
Magenta 1705

Garn: Léttlopi
Schafschwarz 0052
Gerste 1419
Blaugrün 9423
Chocolate heather 0867
Gelbgrün 9426
Eisblau 1700
Gletscherblau 1404
Himmelblau 1402

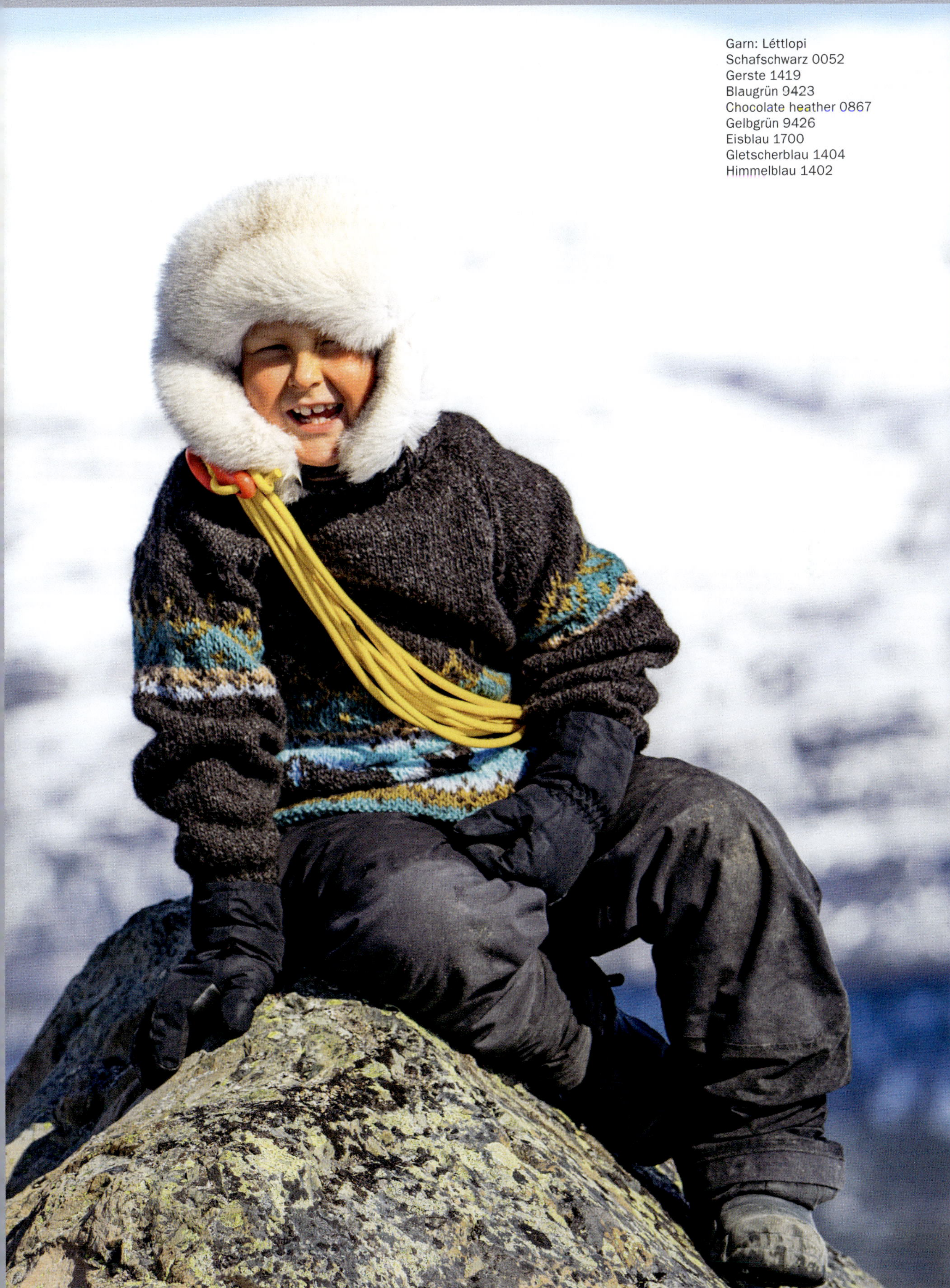

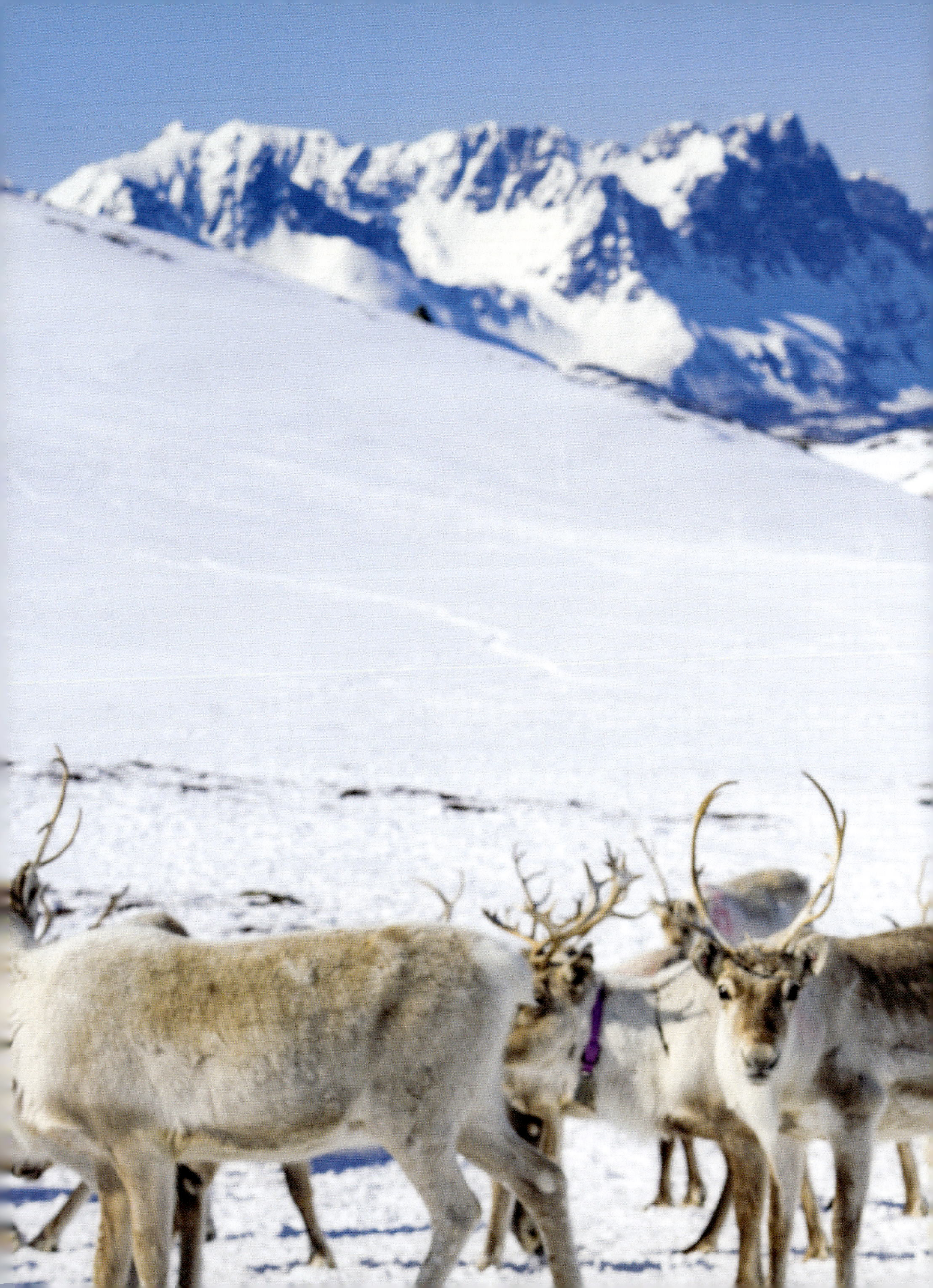

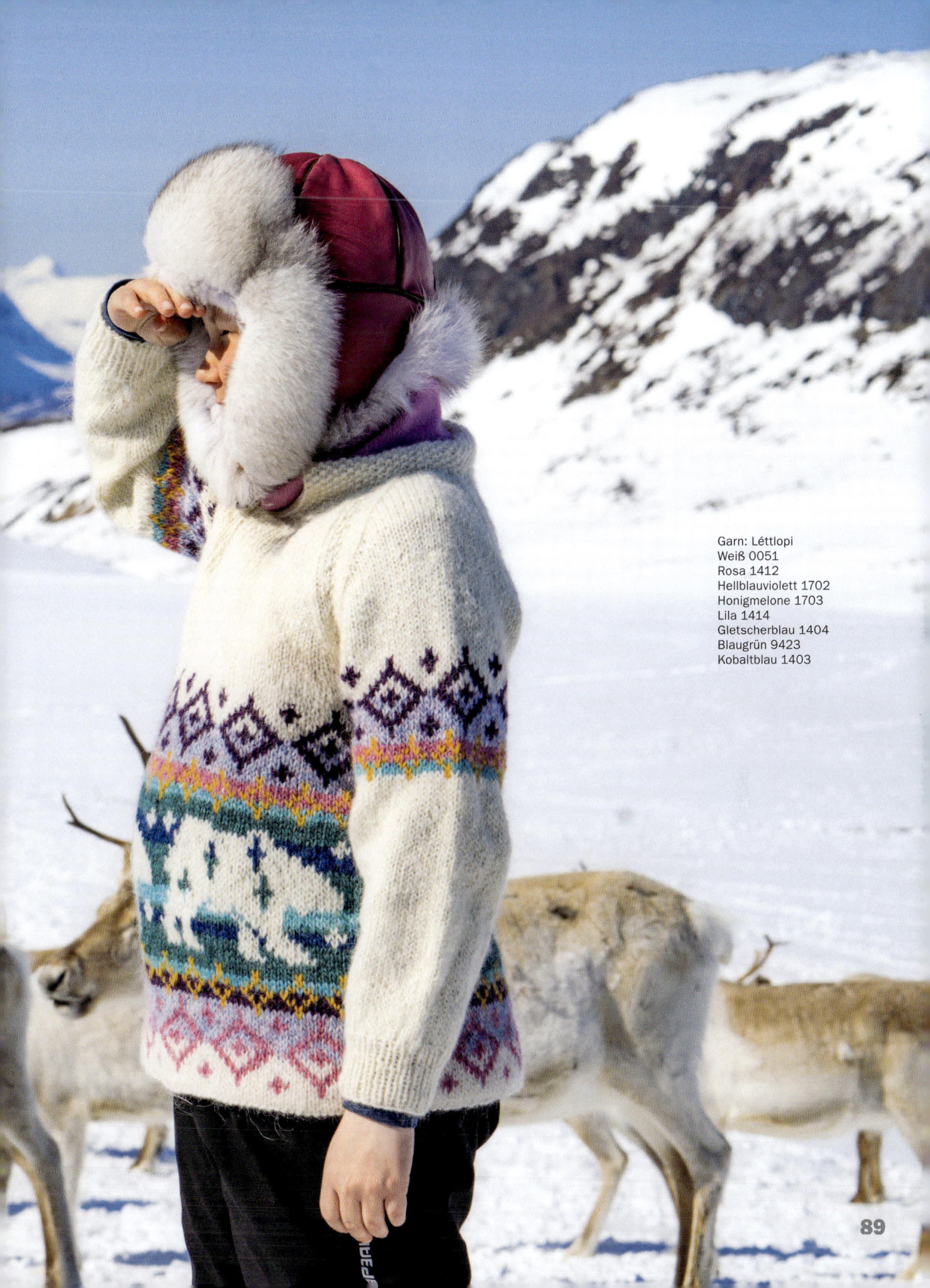

Garn: Léttlopi
Weiß 0051
Rosa 1412
Hellblauviolett 1702
Honigmelone 1703
Lila 1414
Gletscherblau 1404
Blaugrün 9423
Kobaltblau 1403

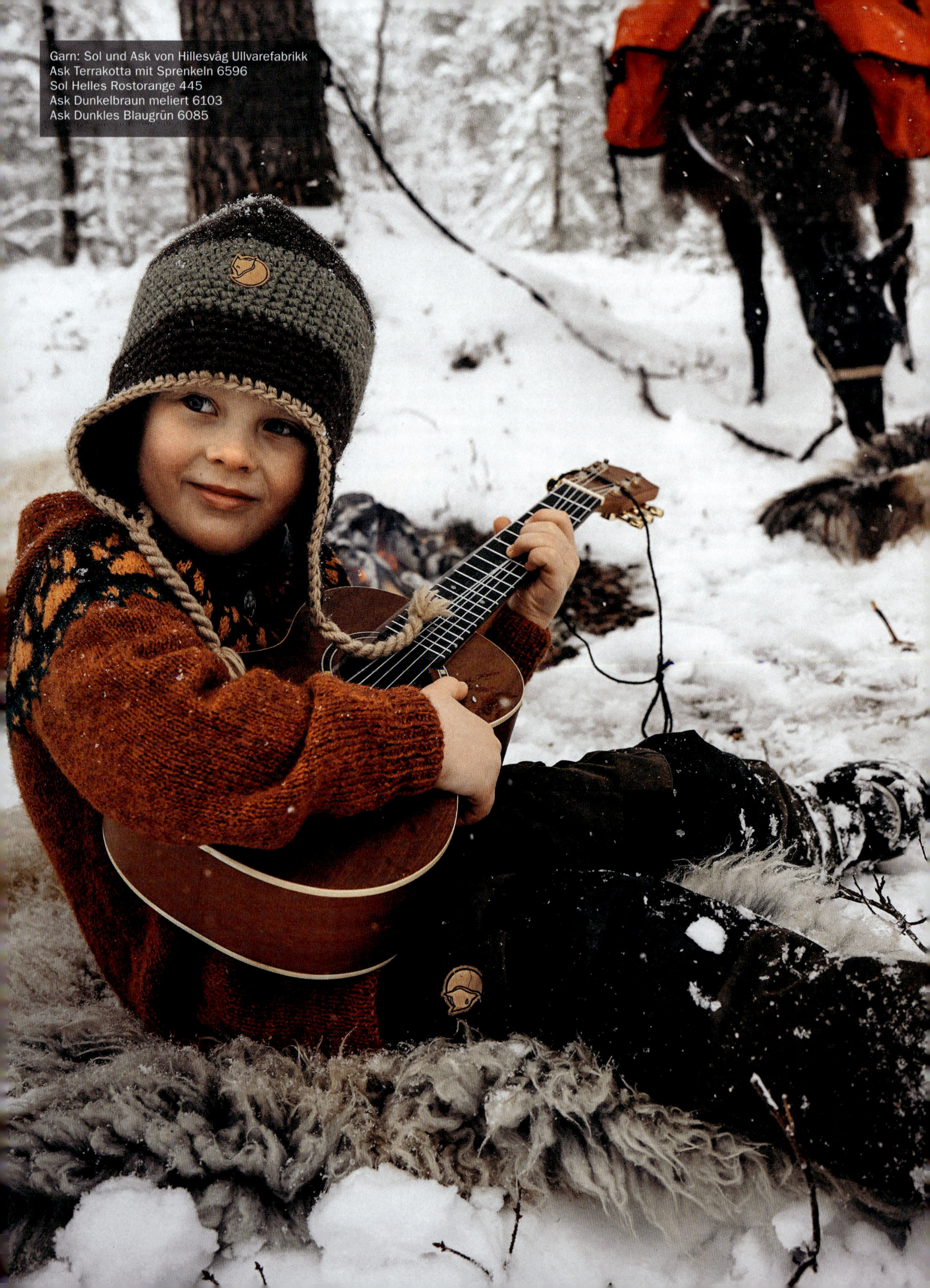

Garn: Sol und Ask von Hillesvåg Ullvarefabrikk
Ask Terrakotta mit Sprenkeln 6596
Sol Helles Rostorange 445
Ask Dunkelbraun meliert 6103
Ask Dunkles Blaugrün 6085

Wildnispullover
mit Kapuze

Als ich dieses Buch schrieb, war das Design des Wildnispullovers schon sechs Jahre alt. Es ist in der Strick-Community immer noch mein beliebtestes Muster und wurde bereits in unzähligen Variationen gestrickt. Ich wollte nun für Ranja eine etwas längere Version mit Kapuze. Wir sind das ganze Jahr über viel draußen, da hält ein Pullover mit einer Kapuze und etwas Extralänge sie schön warm.

Die Anleitung dieses Pullovers für Erwachsene findest du im Buch *Einfach nordisch stricken* aus dem Jahr 2021.

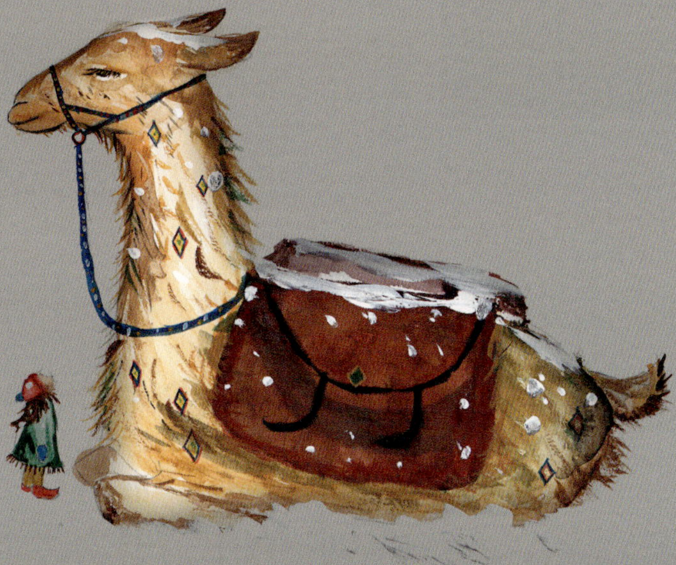

WILDNISPULLOVER mit Kapuze

Größen

1 (2) 4 (6) 8 (10) 12 Jahre

Maschenprobe

Die Größe wird durch die Maschenprobe/Nadelstärke bestimmt.
10 cm einfarbig glatt rechts mit Nadel Nr. 3,5 (4) 4 (4) 3,5 (3,5) 3,5 = 22 (21) 21 (21) 22 (22) 22 M
10 cm mehrfarbig mit Nadel Nr. 4 (4,5) 4,5 (4,5) 4 (4) 4 = 22 (21) 21 (21) 22 (22) 22 M

Garn

Ask von Hillesvåg Ullvarefabrikk. Garnalternativen auf Seite 9.

Garnmenge

B Basisfarbe: 150 (150) 200 (250) 250 (300) 300 g
1 Musterfarbe 1: 50 g
2 Musterfarbe 2: 50 g
3 Musterfarbe 3: 50 g

Knöpfe
2 Stück mit 17–18 mm Durchmesser

Stricknadeln
Nadelspiel Nr. 3 und Nr. 3,5 (4) 4 (4) 3,5 (3,5) 3,5
Nadelspiel Nr. 4 (4,5) 4,5 (4,5) für Größe 1 (2) 4 (6) Jahre
Rundnadel 50 cm oder 60 cm lang, Nr. 3 und Nr. 3,5 (4) 4 (4) 3,5 (3,5) 3,5 und Nr. 4 (4,5) 4,5 (4,5) 4 (4) 4

Pullovermaße
Ärmellänge: 19 (25) 29 (31) 35 (38) 42 cm
Brustumfang: 60 (63) 68 (71) 76 (81) 84 cm
Rumpflänge: 26 (30) 34 (35) 39 (40) 42 cm

RUMPF

132 (132) 144 (150) 168 (180) 186 M in der Basisfarbe mit Rundnadel Nr. 3 anschlagen und 5 cm glatt rechts in Rd str. Zu Rundnadel Nr. 3,5 (4) 4 (4) 3,5 (3,5) 3,5 wechseln und 1 Rd linke M für die Umbruchkante str. 5 cm glatt rechts str, die Kante umschlagen und anstricken (oder später innen annähen). Am Rd-Anf und nach 66 (66) 72 (75) 84 (90) 93 M einen MM setzen (= Vorder- und Rückenteil).

Für Größe 1 (2) 4 (6) Jahre: Wenn der Rumpf 22 (26) 30 (31) cm misst, zu Nadel Nr. 4 (4,5) 4,5 (4,5) wechseln und gemäß Zählmuster A (S. 95) str. Der Rumpf ist danach (ab Umbruchkante) 26 (30) 34 (35) cm lang.

Für Größe 8 (10) 12 Jahre: In der Basisfarbe str, bis der Rumpf 39 (40) 42 cm misst.

Alle Größen: Je 12 (12) 14 (12) 12 (14) 14 M für die Armlöcher auf einem Hilfsfaden oder Maschenhalter stilllegen (die M beiderseits des MMs).

ÄRMEL

34 (36) 38 (38) 40 (42) 42 M in der Basisfarbe mit Nadelspiel Nr. 3 anschlagen und 4 (4) 5 (5) 6 (6) 6 cm im 1/1-Rippenmuster (1 M re, 1 M li im Wechsel) in Rd str. Zu Nadel Nr. 3,5 (4) 4 (4) 3,5 (3,5) 3,5 wechseln und glatt rechts str. In der 1. Rd gleichmäßig verteilt auf 42 (44) 46 (48) 48 (50) 50 M zun. Die mittlere M unter dem Ärmel markieren und alle 1,5 (2) 2 (2) 2 (2) 2 cm beidseitig des MMs 1 M zun, bis 54 (54) 60 (60) 66 (70) 74 M vorhanden sind.

Für Größe 1 (2) 4 (6) Jahre: Wenn der Ärmel 15 (21) 25 (29) cm misst, zu Nadel Nr. 4 (4,5) 4,5 (4,5) wechseln und gemäß Zählmuster A str. Der Ärmel ist danach 19 (25) 29 (31) cm lang.

Für Größe 8 (10) 12 Jahre: In der Basisfarbe str, bis der Ärmel 35 (38) 42 cm misst (an den Ärmeln wird noch nicht mit dem Zählmuster begonnen).

Alle Größen: 12 (12) 14 (11) 12 (14) 15 M unter dem Ärmel auf einem Hilfsfaden oder Maschenhalter stilllegen (die M beiderseits des MMs).

Den zweiten Ärmel genauso str.

PASSE

Die Passe wird mit Nadel Nr. 4 (4,5) 4,5 (4,5) 4 (4) 4 gestrickt. Die Ärmel-M auf die Rundnadel mit den Rumpf-M str: 1. Ärmel, Vorderteil, 2. Ärmel, Rückenteil = 192 (192) 208 (224) 252 (264) 276 M. Gemäß Zählmuster B (B) B (B) C (C) C die Passe str, dabei wie angegeben abn. In der 20. (20.) 20. (20.) 30. (30.) 30. Rd des Zählmusters in der vorderen Mitte des Pullovers 5 M abk. Bis zum Rd-Anf (= linke Schulter hinten) str. Dann alle M von der linken Nadel auf die rechte Nadel heben bis zu den abgeketteten M. Hier ist der neue Rd-Anf. Ab jetzt wird in R gestrickt. Die Nadel wie im Zählmuster angegeben wechseln. Wenn das Zählmuster fertig gestrickt ist, mit der Kapuze fortfahren.

KAPUZE

Die Kapuze mit Nadel Nr. 3,5 (4) 4 (4) 3,5 (3,5) 3,5 str. Es liegen 64 (68) 72 (74) 76 (78) 80 M auf der Nadel. Glatt rechts in R str. Die 2 mittleren M der Kapuze (hinten) markieren und alle 2 cm beidseitig der markierten M 1 M zun, bis 72 (76) 80 (82) 84 (86) 88 M vorhanden sind. Glatt rechts weiterstr, bis die Kapuze 24 (26) 28 (30) 31 (31) 33 cm misst.

Die M auf 2 Nadeln verteilen = 36 (38) 40 (41) 42 (43) 44 M pro Nadel. Die Kapuze links auf links legen und beide Nadeln in der linken Hand halten. Mit einer 3. Nadel 2 M zus-str (1 M von jeder Nadel in der linken Hand). Noch einmal wdh = 2 M auf der rechten Nadel. Die re M über die li M ziehen. Auf diese Weise bis Rd-Ende alle M zus-str und abk (Tutorials gibt es auf YouTube). Alternativ die Naht im Maschenstich schließen oder abk und zusammennähen. Mit der Knopfleiste fortfahren.

KNOPFLEISTE

Mit Nadel Nr. 3 rund um die Kapuze plus Halsausschnitt in der gewünschten Kontrastfarbe M aufnehmen: [3× 1 M pro Rd/R aufnehmen, 1 Rd/R überspringen] stets wdh, mit Ausnahme der 5 M, die in der vorderen Mitte abgekettet wurden.

1,5 cm versetzte Rippen laut Strickschrift (unten) arbeiten. Zwei Knopflöcher im Bereich der Passe wie folgt einarbeiten: 2 M zus-str, 1 Umschlag.

Weitere 1,5 cm im versetzten Rippenmuster str und mustergemäß abk. Die kurzen Kanten der Knopfleisten an der 5er-Abkettkante in der vorderen Mitte annähen. Die Knöpfe mit einer Wollnadel und Garn in der gleichen Farbe wie die Knopfleiste annähen.

FERTIGSTELLEN

Alle Fäden vernähen und die Öffnung unter den Ärmeln zus-str oder -nähen. Den Pullover ausspülen, in Form ziehen und liegend trocknen lassen.

STRICKSCHRIFT

Versetzte Rippen

2	1	
	X	4
	X	3
X		2
X		1

□ Rechte M

☒ Linke M

ZÄHLMUSTER A Größe 1 (2) 4 (6) Jahre

Zählmuster A für Größe 8 (10) 12 Jahre NICHT stricken.

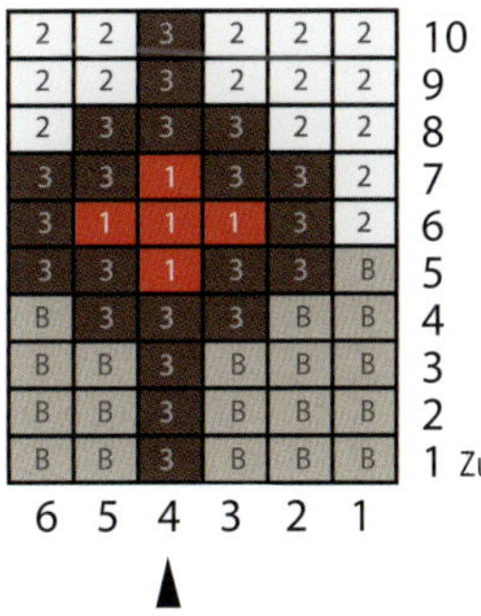

1 Zu Nadel Nr. 4 (4,5) 4,5 (4,5) wechseln.

Vordere Mitte

ZÄHLMUSTER B Größe 1 (2) 4 (6) Jahre

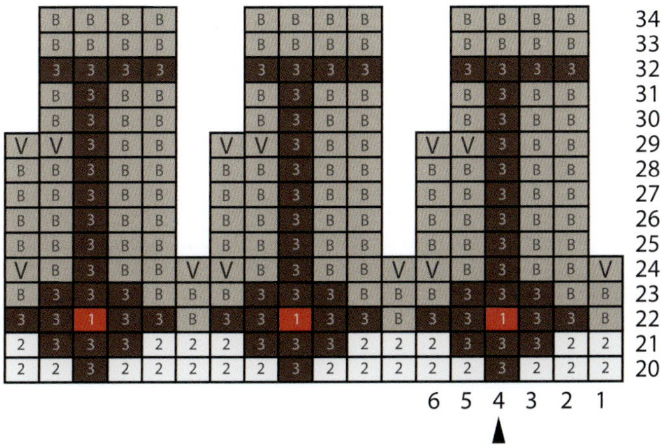

34 Gleichmäßig verteilt abn auf 64 (68) 72 (74) M.

32 Zu Nadel Nr. 3,5 (4) 4 (4) wechseln.

31 Für Gr. 1 (2) überspringen.

30 Für Gr. 1 (2) überspringen.

29 Wie angegeben abn = 79 (79) 83 (91) M

28 Für Gr. 1 (2) überspringen.

24 Wie angegeben abn = 100 (100) 105 (115) M

20 5 M in der vorderen Mitte des Pullovers abk.

Vordere Mitte

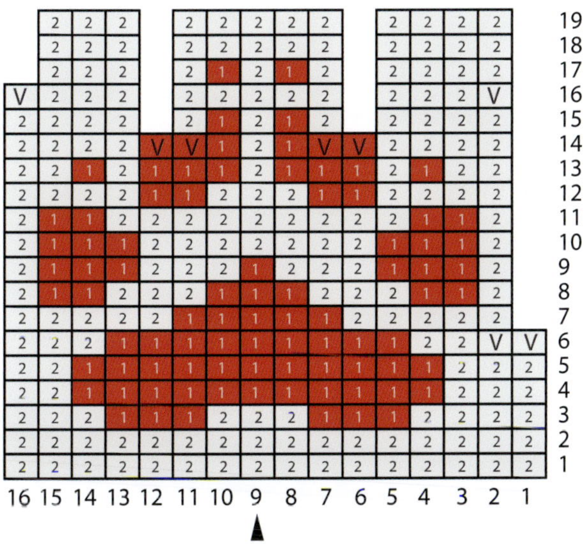

19 Gleichmäßig verteilt 18 (18) 24 (24) M abn = 126 (126) 132 (144) M

16 Wie angegeben abn = 144 (144) 156 (168) M

14 Wie angegeben abn = 156 (156) 169 (182) M

6 Wie angegeben abn = 180 (180) 195 (210) M

2 Für Gr. 1 (2) überspringen.

1 192 (192) 208 (224) M

Vordere Mitte

V 1 M

V V Diese 2 M re zus-str.

ZÄHLMUSTER C Größe 8 (10) 12 Jahre

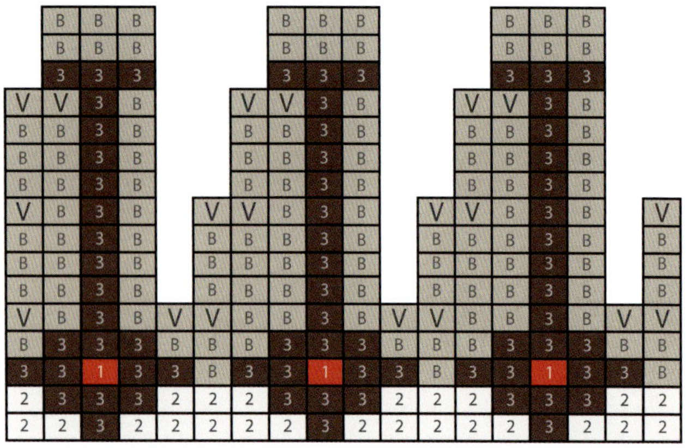

45 Die M-Zahl anpassen auf 76 (78) 80 M.
44
43 Zu Nadel Nr. 3,5 wechseln.
42 Wie angegeben abn = (73) 79 (85) M
41
40
39
38 Wie angegeben abn = (99) 107 (115) M
37
36
35
34 Wie angegeben abn = (125) 135 (145) M
33
32
31
30 In der vorderen Mitte des Pullovers 5 M abk.

6 5 4 3 2 1

Vordere Mitte

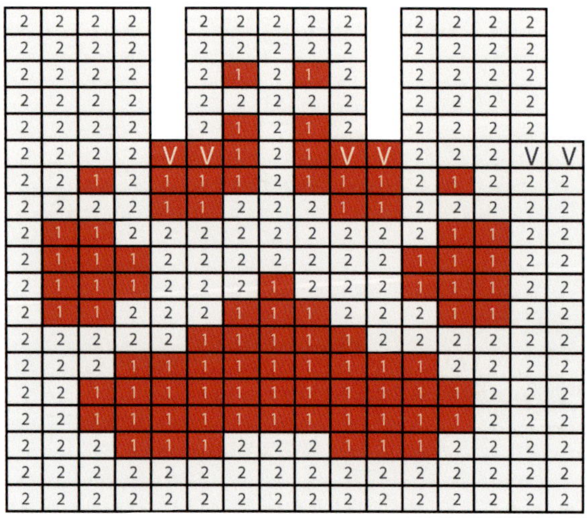

29 Gleichmäßig verteilt 26 (27) 28 M abn = 156 (168) 180 M
28
27
26
25
24 Wie angegeben abn = (182) 195 (208) M
23
22
21
20
19
18
17
16
15
14
13
12 Gleichmäßig verteilt 28 (24) 20 M abn = 224 (240) 256 M
11 Für Gr. (8) 10 überspringen.

16 15 14 13 12 11 10 9 8 7 6 5 4 3 2 1

Vordere Mitte

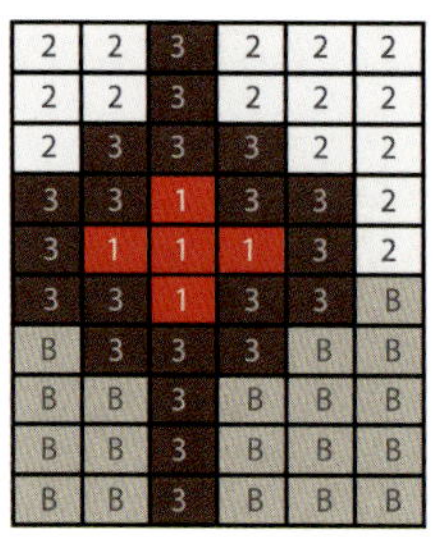

10
9
8
7
6
5
4
3
2
1 252 (264) 276 M

6 5 4 3 2 1

Vordere Mitte

V 1 M

V V Diese 2 M re zus-str.

Garn: Sol und Ask von Hillesvåg Ullvarefabrikk
Ask Dunkles Blaugrün 6085
Ask Terrakotta 6096
Sol Dunkelkamel meliert 448
Sol Burgunder 419

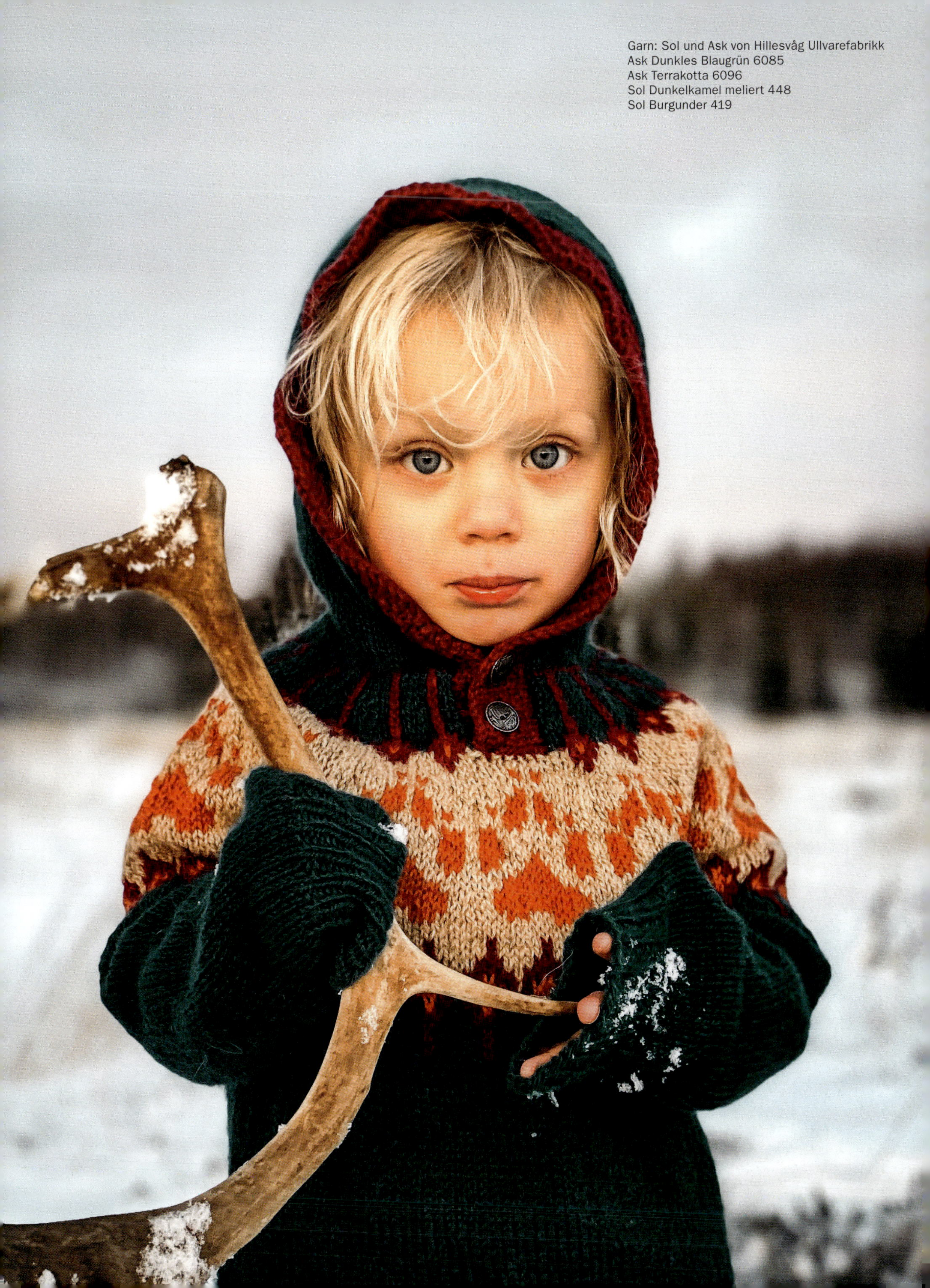

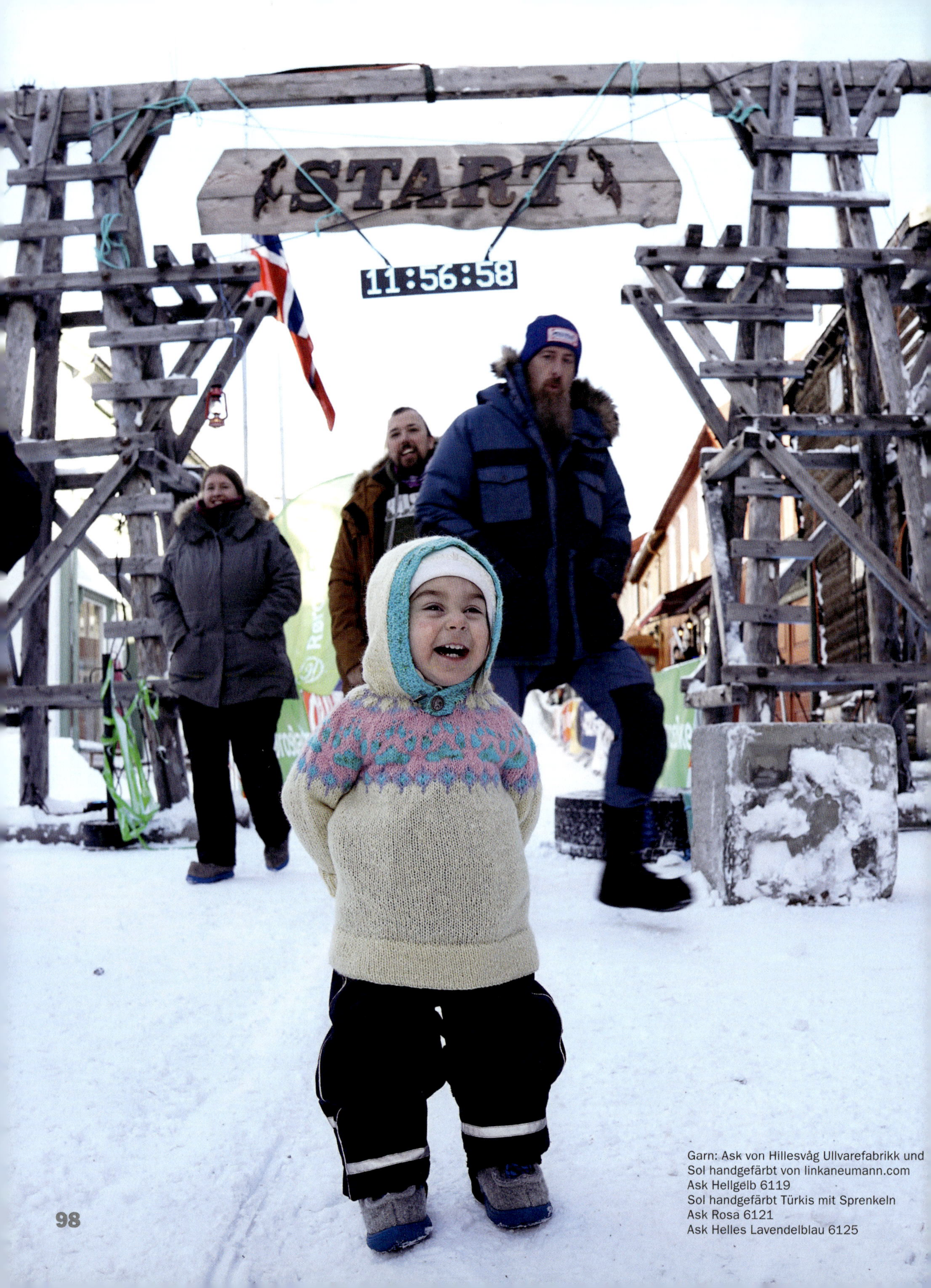

Garn: Ask von Hillesvåg Ullvarefabrikk und Sol handgefärbt von linkaneumann.com
Ask Hellgelb 6119
Sol handgefärbt Türkis mit Sprenkeln
Ask Rosa 6121
Ask Helles Lavendelblau 6125

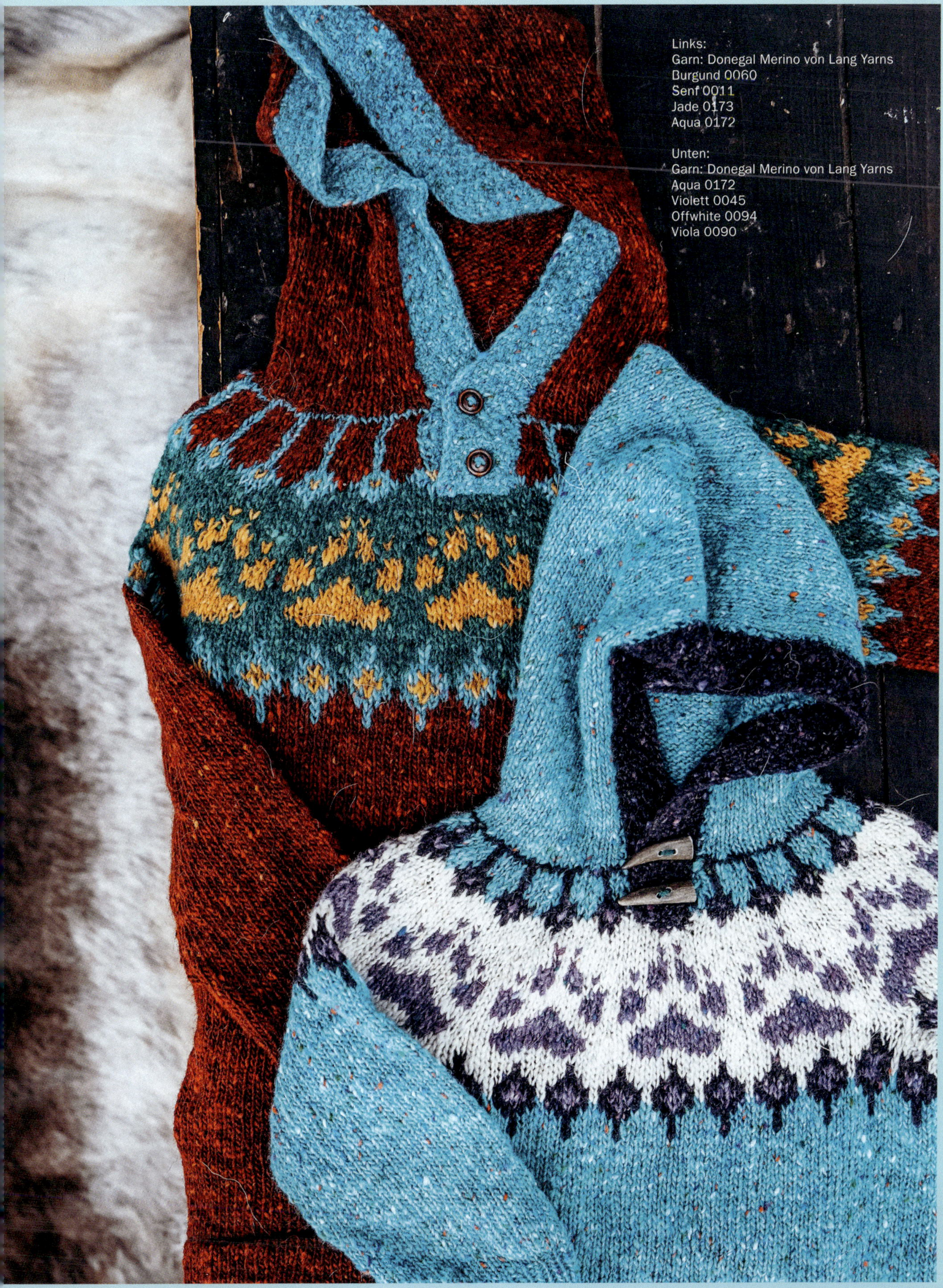

Links:
Garn: Donegal Merino von Lang Yarns
Burgund 0060
Senf 0011
Jade 0173
Aqua 0172

Unten:
Garn: Donegal Merino von Lang Yarns
Aqua 0172
Violett 0045
Offwhite 0094
Viola 0090

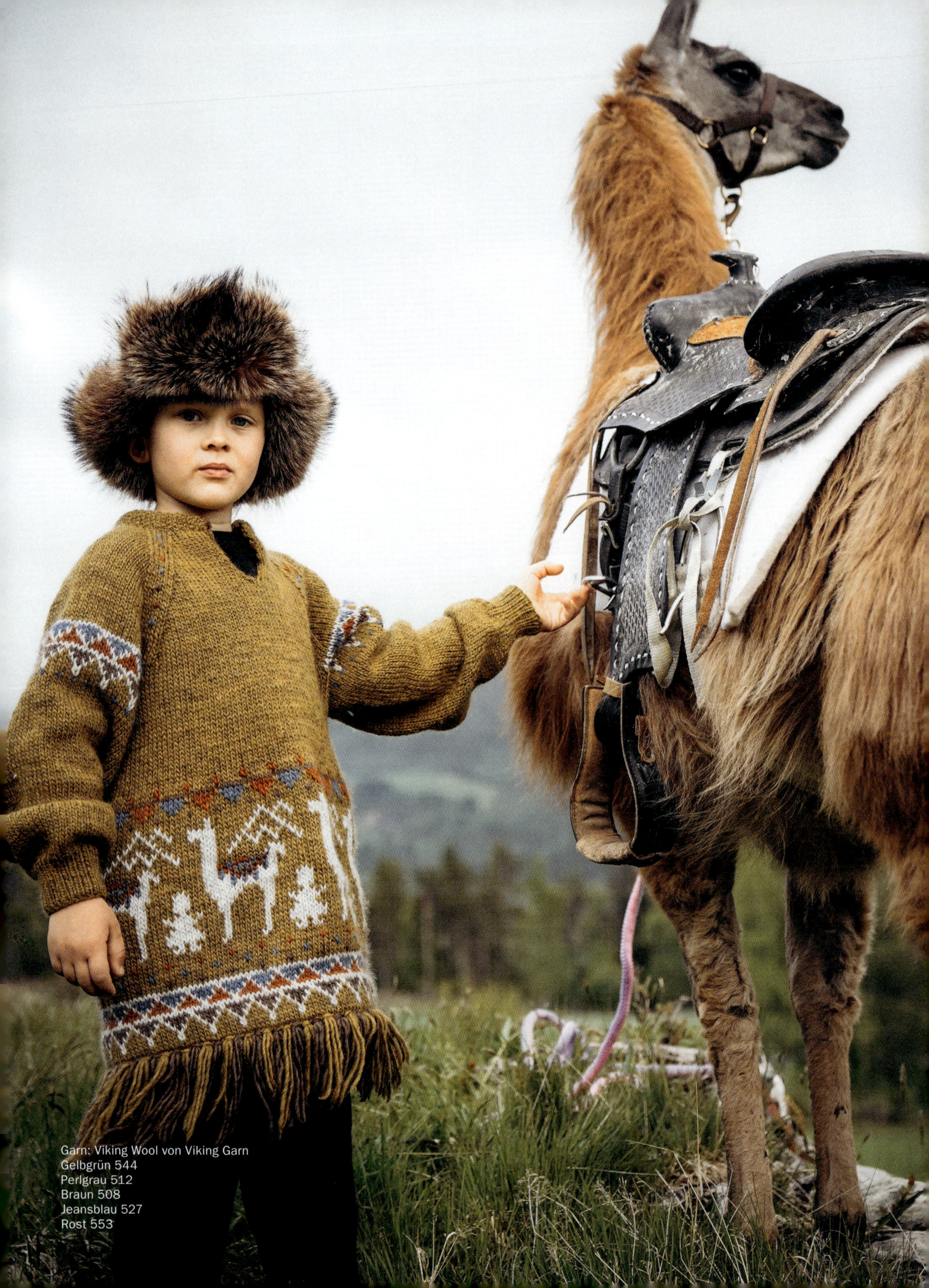

Garn: Viking Wool von Viking Garn
Gelbgrün 544
Perlgrau 512
Braun 508
Jeansblau 527
Rost 553

Abenteuerlama
Pullover

Dieser Pullover ist das aktuellste Design, das ich für dieses Buch entworfen habe. Die Lamas in Naustdal hatten wohl einen bleibenden Eindruck bei mir hinterlassen, so beschloss ich kurz vor dem Abgabetermin für das Buch, dass wir noch ein Lamamotiv brauchen. Die Bordüre zeigt ein Lama und ein Kind im Wechsel. Vielleicht stehen sie am Fuße eines Fjells in Norwegen oder sind auf Entdeckungsreise in den Anden in Peru.

Dank meiner eifrigen Teststrickerinnen haben wir tatsächlich noch weitere Fotoshootings in Naustdal geschafft. Wieder waren Sandra, Per Tore (@fjeldfolk) und die Kinder begeistert bei der Sache. Und obwohl das Wetter nicht ganz auf unserer Seite war, habe ich genau die Fotos bekommen, die ich mir gewünscht hatte.

Der Pullover Abenteuerlama wird aus Lamawolle und/oder Lamatweed von CaMaRose oder Viking Wool von Viking Garn gestrickt.

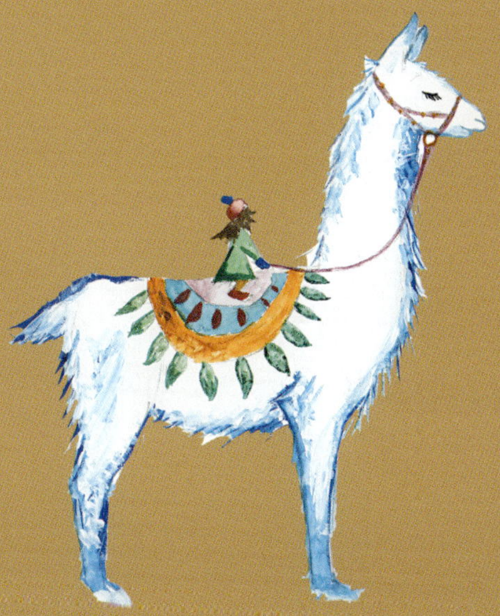

ABENTEUERLAMA Pullover

Größen

1 (2) 4 (6) 8 (10) Jahre

Maschenprobe

Die Größe wird durch die Maschenprobe/Nadelstärke bestimmt.
10 cm einfarbig glatt rechts mit Nadel Nr. 4 (4,5) 5 (4) 4,5 (5) = 19 (18) 17 (19) 18 (17) M
10 cm mehrfarbig mit Nadel Nr. 4,5 (5) 5,5 (4,5) 5 (5,5) = 19 (18) 17 (19) 18 (17) M

Garn

Lamawolle und/oder Lamatweed von CaMaRose oder Viking Wool von Viking Garn.
Garnalternativen auf Seite 9.

Garnmenge

B Basisfarbe: 200 (250) 250 (300) 350 (400) g
1 Musterfarbe 1: 50 (50) 100 (100) 100 (100) g
2 Musterfarbe 2: 50 g
3 Musterfarbe 3: 50 g
4 Musterfarbe 4: 50 g

Stricknadeln

Nadelspiel Nr. 3,5 und Nr. 4 (4,5) 5 (4) 4,5 (5) und Nr. 4,5 (5) 5,5 (4,5) 5 (5,5)
Rundnadel 50 cm, 60 cm oder 80 cm lang (je nach Größe), Nr. 3,5 (4) 4 (3,5) 4 (4) und Nr. 4 (4,5) 5 (4) 4,5 (5) und Nr. 4,5 (5) 5,5 (4,5) 5 (5,5)
Wollnadel zum Sticken im Maschenstich

Pullovermaße

Ärmellänge: 19 (25) 29 (31) 35 (38) cm
Saumweite: 75 (80) 84 (88) 93 (99) cm
Brustumfang: 63 (66) 70 (75) 80 (84) cm
Rumpflänge: 22 (26) 30 (31) 35 (38) cm

RUMPF

144 (144) 144 (168) 168 (168) M in der Basisfarbe mit Rundnadel Nr. 3,5 (4) 4 (3,5) 4 (4) anschlagen und 5 cm glatt rechts in Rd str. Zu Rundnadel Nr. 4,5 (5) 5,5 (4,5) 5 (5,5) wechseln und 1 Rd linke M für die Umbruchkante str. Gemäß Zählmuster A (S. 105) str (Beginn wie dort angegeben). Ich empfehle, beim Arbeiten nach Zählmuster ein Blatt Papier über die noch ungestrickten Rd zu legen und es im Verlauf des Strickens nach und nach hochzuschieben.

Das Lama wird in Musterfarbe 1 gestrickt und die Satteldecke wird am Schluss im Maschenstich aufgestickt. Nach Zählmuster A sind 114 (114) 114 (142) 142 (142) M auf Nadel Nr. 4 (4,5) 5 (4) 4,5 (5). Am Rd-Anf und nach 57 (57) 57 (71) 71 (71) M einen MM setzen (= Vorder- und Rückenteil). In der Basisfarbe weiterstr, bis der Rumpf 22 (26) 30 (31) 35 (38) cm misst. Je 9 (9) 9 (14) 14 (14) M für die Armlöcher auf einem Hilfsfaden oder Maschenhalter stilllegen (die M beiderseits des MMs). Zum Schluss die Satteldecke im Maschenstich (siehe S. 13) aufsticken. Die aufzustickenden M sind im Zählmuster zusätzlich mit »M« markiert.

Der Maschenstich wird auch auf YouTube unter dem Stichwort Maschenstich/duplicate stitch erklärt.

Das doppelte Bündchen entlang der Umbruchkante nach innen legen und annähen.

ÄRMEL

32 (34) 36 (38) 40 (42) M in der Basisfarbe mit Nadelspiel Nr. 3,5 anschlagen und 4 (4) 5 (5) 6 (6) cm im 1/1-Rippenmuster (1 M re, 1 M li im Wechsel) in Rd str. Zu Nadel Nr. 4 (4,5) 5 (4) 4,5 (5) wechseln und glatt rechts str. In der 1. Rd gleichmäßig verteilt auf 42 (42) 42 (50) 50 (50) M zun. Die mittlere M unter dem Ärmel markieren und alle 1,5 (2) 2 (2) 2 (2) cm beidseitig des MMs 1 M zun, bis 54 (54) 54 (66) 66 (66) M vorhanden sind. Wenn der Ärmel 13 (19) 24 (26) 29 (32) cm misst, zu Nadel Nr. 4,5 (5) 5,5 (4,5) 5 (5,5) wechseln und gemäß Zählmuster B str. Der Ärmel ist danach 19 (25) 29 (31) 35 (38) cm lang. 9 (9) 9 (14) 14 (14) M unter dem Ärmel auf einem Hilfsfaden oder Maschenhalter stilllegen (die M beiderseits des MMs).

Den zweiten Ärmel genauso str.

PASSE (Raglanabnahmen)

Die Ärmel-M auf die Rundnadel mit den Rumpf-M str: 1. Ärmel, Vorderteil, 2. Ärmel, Rückenteil = 186 (186) 186 (218) 218 (218) M. Vor Beginn der Raglan-Abn noch 1 (1) 1 (4) 4 (4) Rd str.

Der erste Übergang (linke Schulter hinten) bildet den Rd-Anf/das Rd-Ende. 8 MM setzen: 2 MM an jedem Übergang. Zwischen diesen 2 MM liegen 3 M, die re gestrickt werden. Wenn die Raglanabnahmen fertig gestrickt sind, diese im Maschenstich gemäß Zählmuster C besticken.

Wenn die Passe 4 (4) 5 (5) 6 (7) cm misst, 1 M in der vorderen Mitte abk.

Bis zum Rd-Anf str, der sich hinten an der linken Schulter befindet. Alle M von der linken auf die rechte Nadel heben, bis zu der abgeketteten M = neuer Rd-Anf. Ab jetzt wird in R gestrickt und immer in Hin-R (rechts) abgenommen.

Für eine hübsche Kante die 1. M wie zum Re-str abheben, ohne sie zu str. In den Rück-R die 1. M wie zum Li-str abheben, ohne sie zu str.

Die Abn in jeder 2. R (Hin-R) wdh, bis 65 (65) 65 (73) 73 (73) M übrig sind.

Zu Nadel Nr. 3,5 wechseln und 5 cm im Perlmuster str (Strickschrift S. 106). Die M locker abketten, das Bündchen nach innen falten und annähen. Die beiden kleinen Öffnungen vorne zunähen.

Für den Halsausschnitt dieses Modells waren ursprünglich Kordeln zum Zubinden vorgesehen. Unter Berücksichtigung des EU-Sicherheitsstandards für Kinderbekleidung wurde jedoch entschieden, diese wegzulassen.

Nach Belieben stattdessen am Halsausschnitt einen hübschen Knopf annähen und an der gegenüberliegenden Seite eine passende Schlaufe aus Luftmaschen häkeln.

FRANSEN

Für die Fransen aus dem übrig gebliebenen Garn Fäden auf eine Länge von 12 (12) 14 (14) 16 (16) cm zuschneiden und wie auf Seite 12 beschrieben in den Saum knüpfen.

FERTIGSTELLEN

Alle Fäden vernähen und die Öffnung unter den Ärmeln zus-str oder -nähen. Den Pullover ausspülen, in Form ziehen und liegend trocknen lassen.

ZÄHLMUSTER A

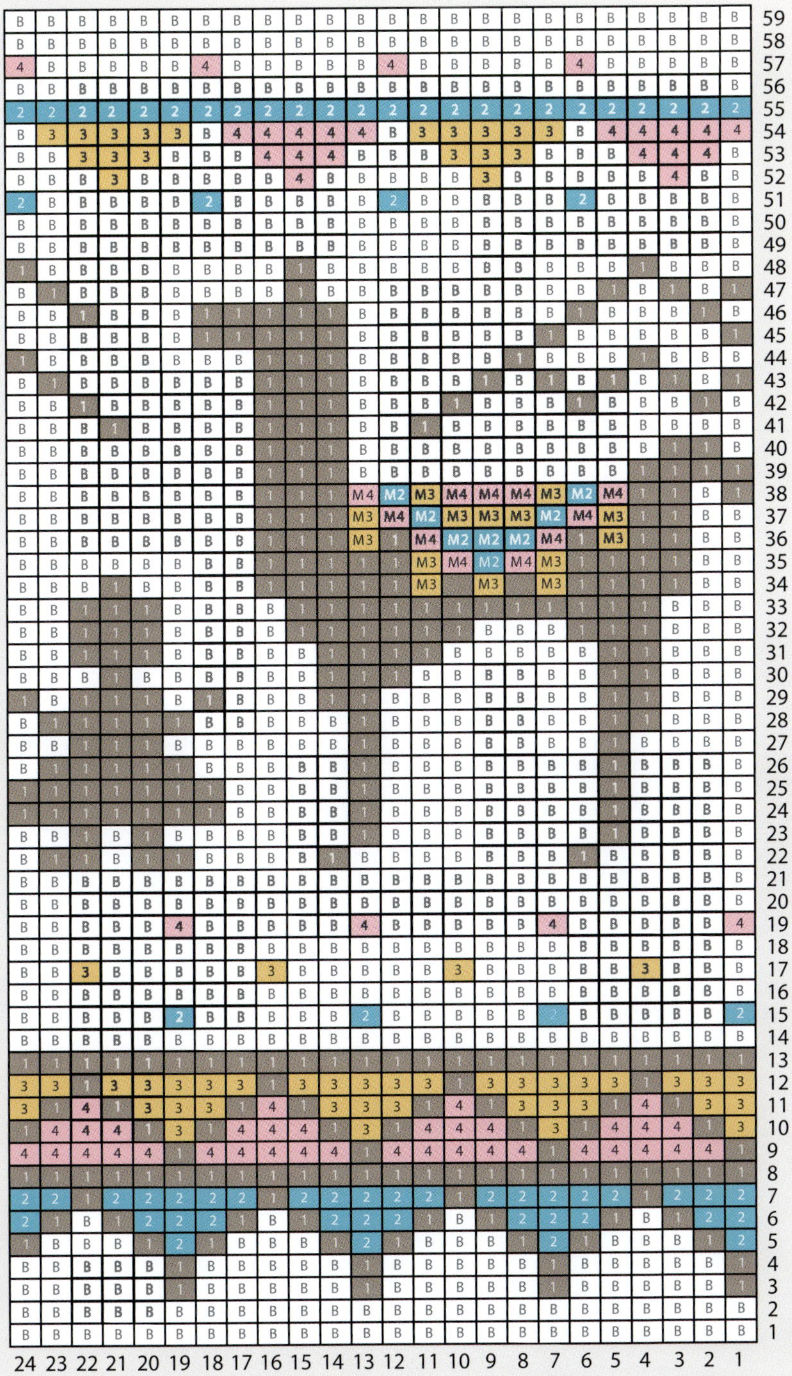

59 Gleichmäßig verteilt abn auf 114 (114) 114 (142) 142 (142) M.

50 Gleichmäßig verteilt abn auf 126 (126) 126 (150) 150 (150) M.

20 Hier beginnen für Gr. 1 = 144 M

14 Hier beginnen für Gr. 2 = 144 M

1 Hier beginnen für Gr. 4 (6) 8 (10) = 144 (168) 168 (168) M

ZÄHLMUSTER B

	6	5	4	3	2	1
14	1	1	1	1	1	1
13	3	3	1	3	3	3
12	3	1	4	1	3	3
11	1	4	4	4	1	3
10	4	4	4	4	4	1
9	1	1	1	1	1	1
8	2	2	1	2	2	2
7	2	1	B	1	2	2
6	1	B	B	B	1	2
5	B	B	B	B	B	1
4	B	B	B	B	B	1
3	B	B	B	B	B	B
2	B	B	3	B	B	3
1	B	B	B	B	B	B

ZÄHLMUSTER C

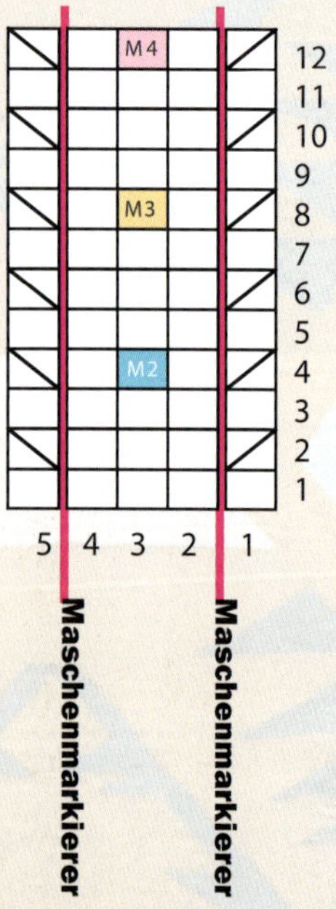

- ☐ Rechte M
- M Maschenstich: Wird zum Schluss in der angegebenen Musterfarbe aufgestickt.
- ⧄ Rechtsgeneigt abn: 2 M rechts zus-str
- ⧅ Linksgeneigt abn: 1 M wie zum Re-str abheben, 1 M re und die abgehobene M darüberziehen

STRICKSCHRIFT

Perlmuster (Halsbündchen)

	2	1
2		X
1	X	

- ☐ Rechte M
- X Linke M

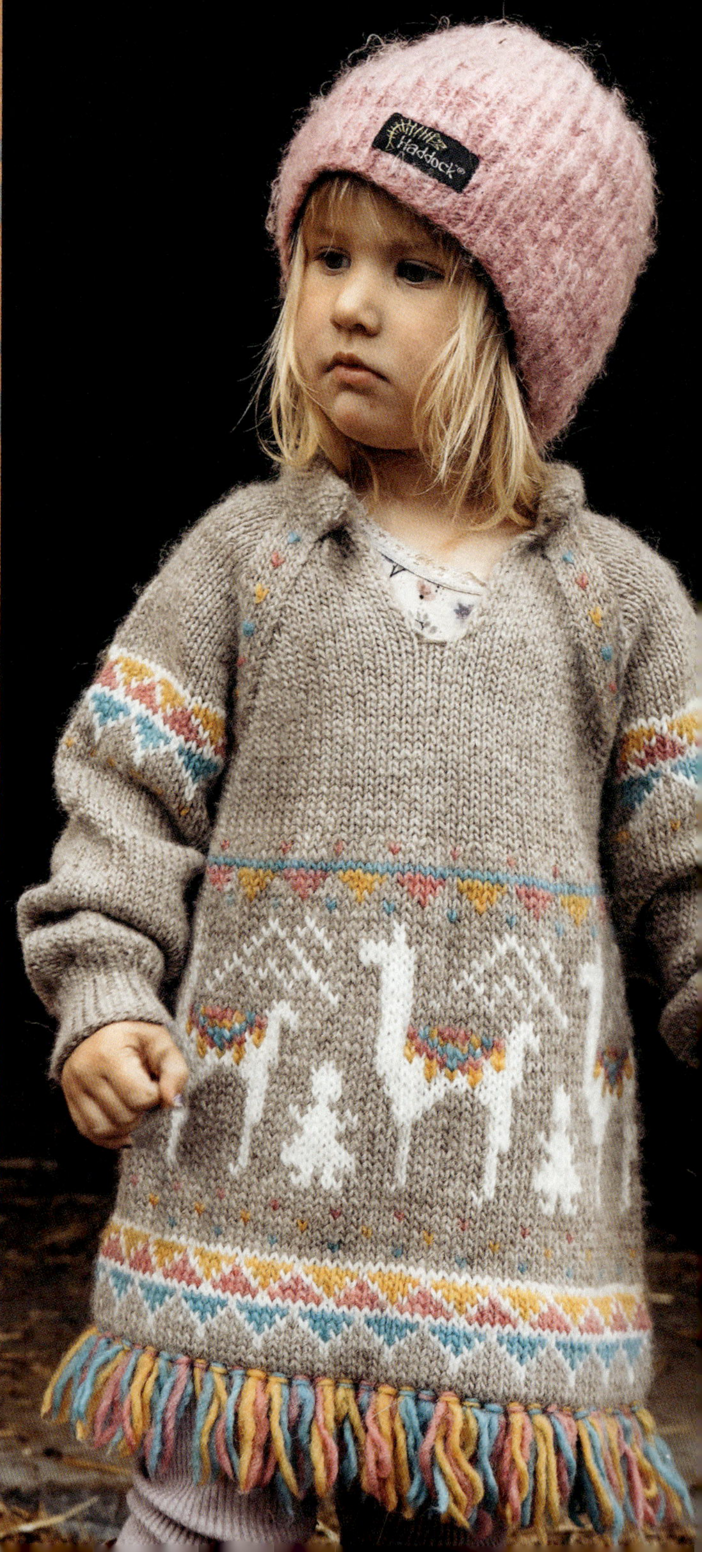

Garn: Viking Wool von Viking Garn
Beige 507
Weiß 500
Türkis 529
Gelb 545
Rosa 561

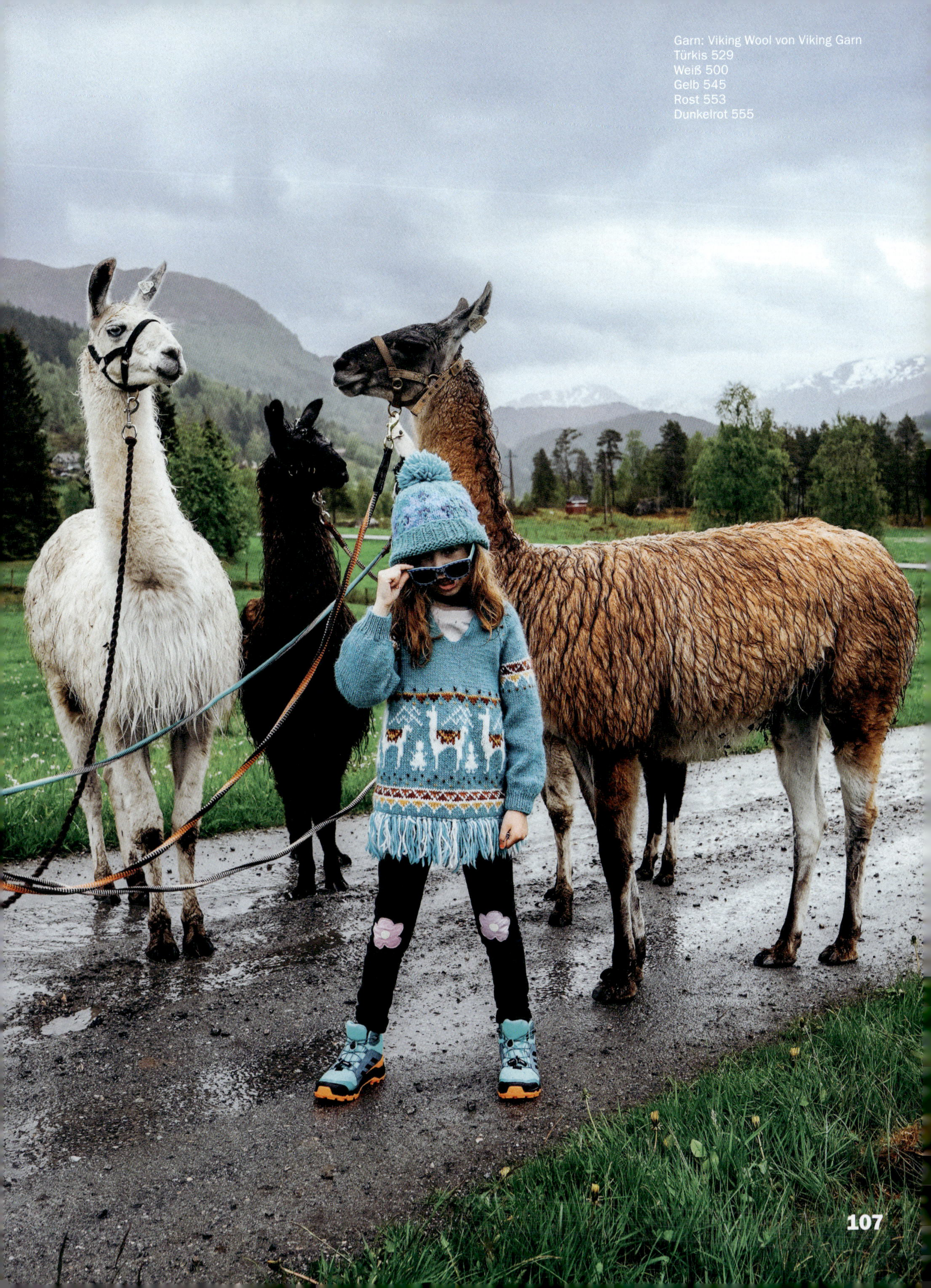

Garn: Viking Wool von Viking Garn
Türkis 529
Weiß 500
Gelb 545
Rost 553
Dunkelrot 555

Garn: Lamauld von CaMaRose
Helle Koralle 6557
Jeansblau 6831
Türkisgrün 6018
Curry 6400
Gebranntes Orange 6010

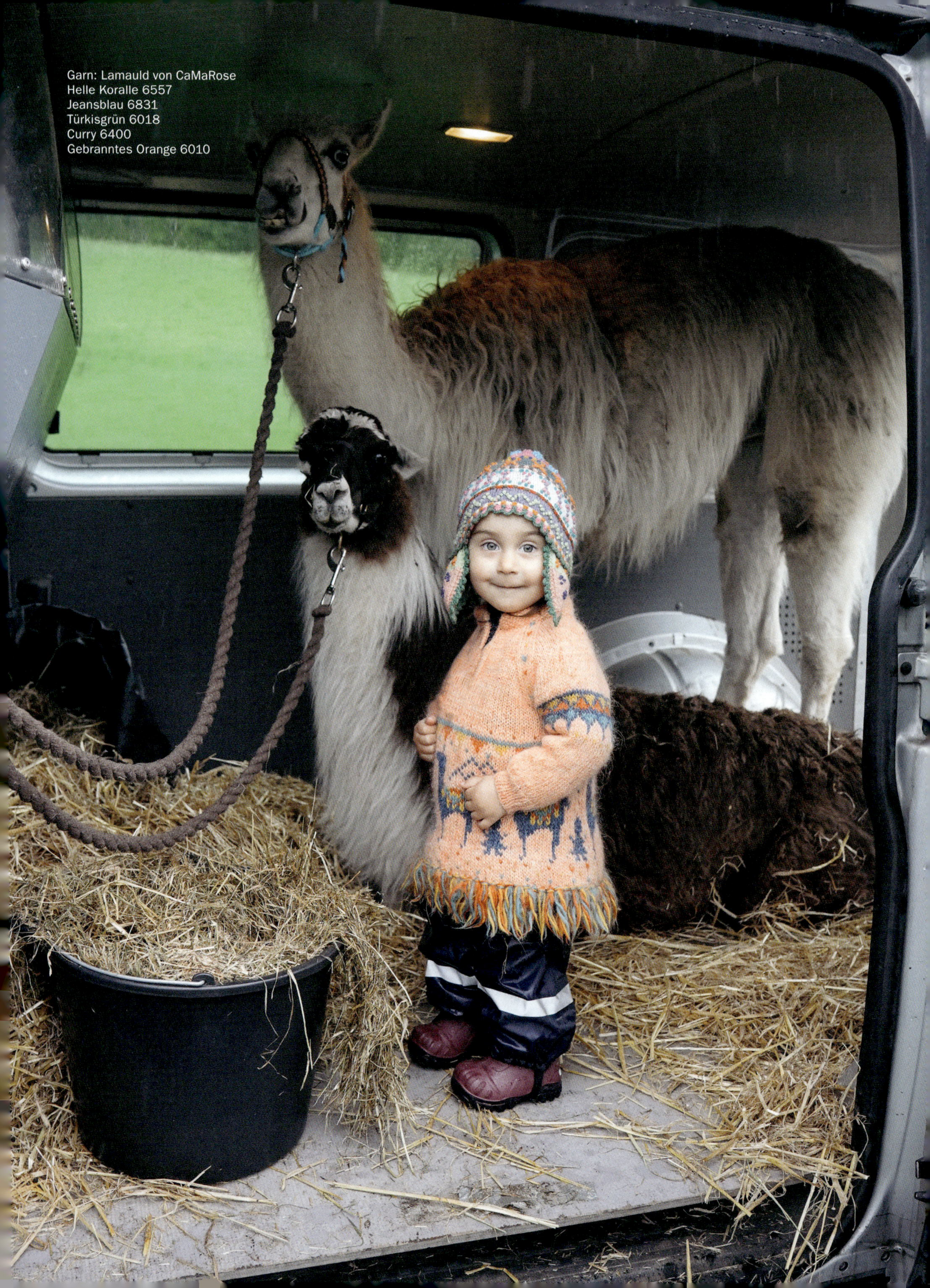

Garn: Lamauld und Lamatweed von CaMaRose
Lamatweed Granit 6170
Lamauld Dunkelbraun 6202
Lamauld Meergrün 6655
Lamauld Dunkelsenf 6092
Lamauld Helle Koralle 6557

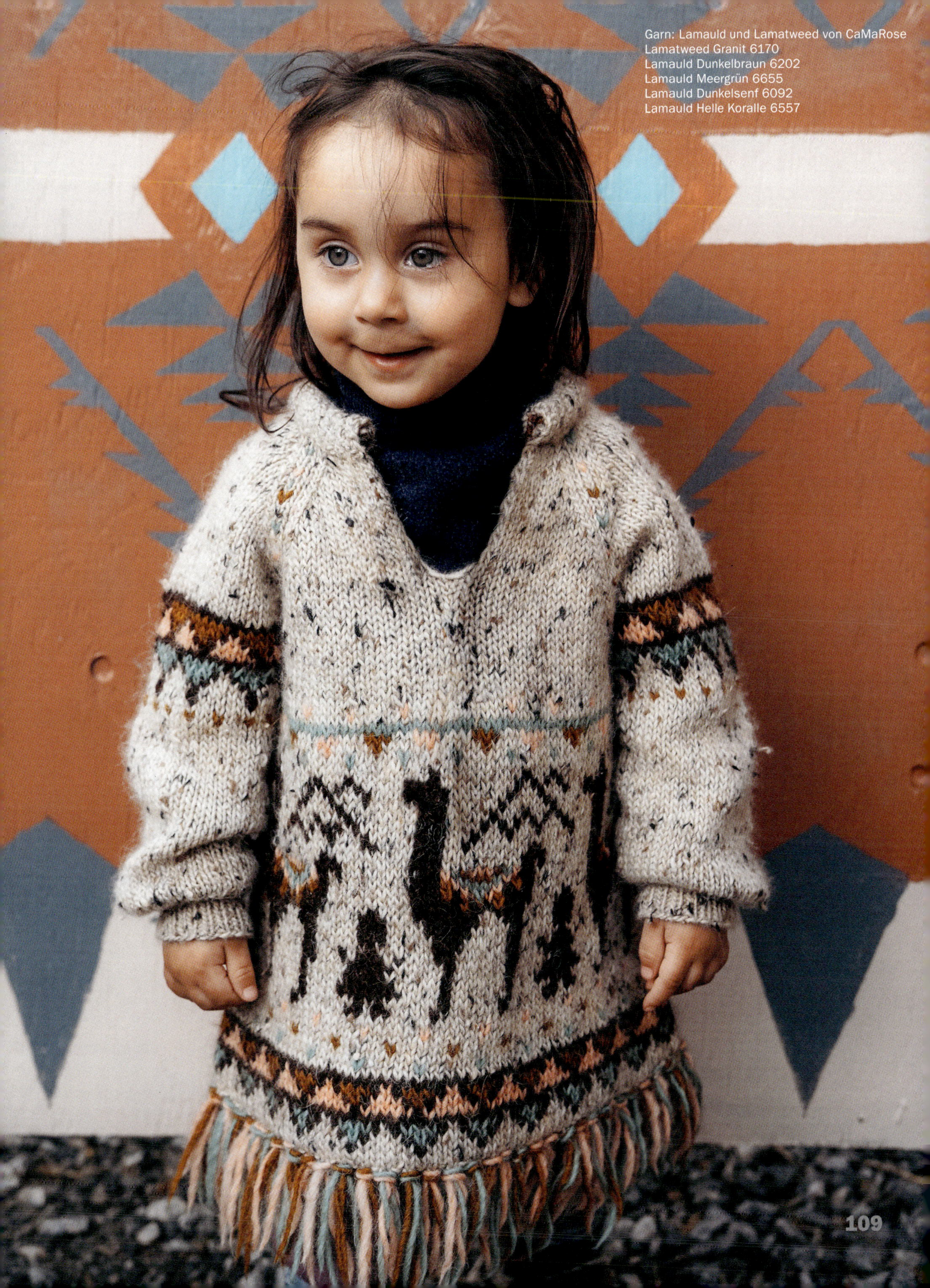

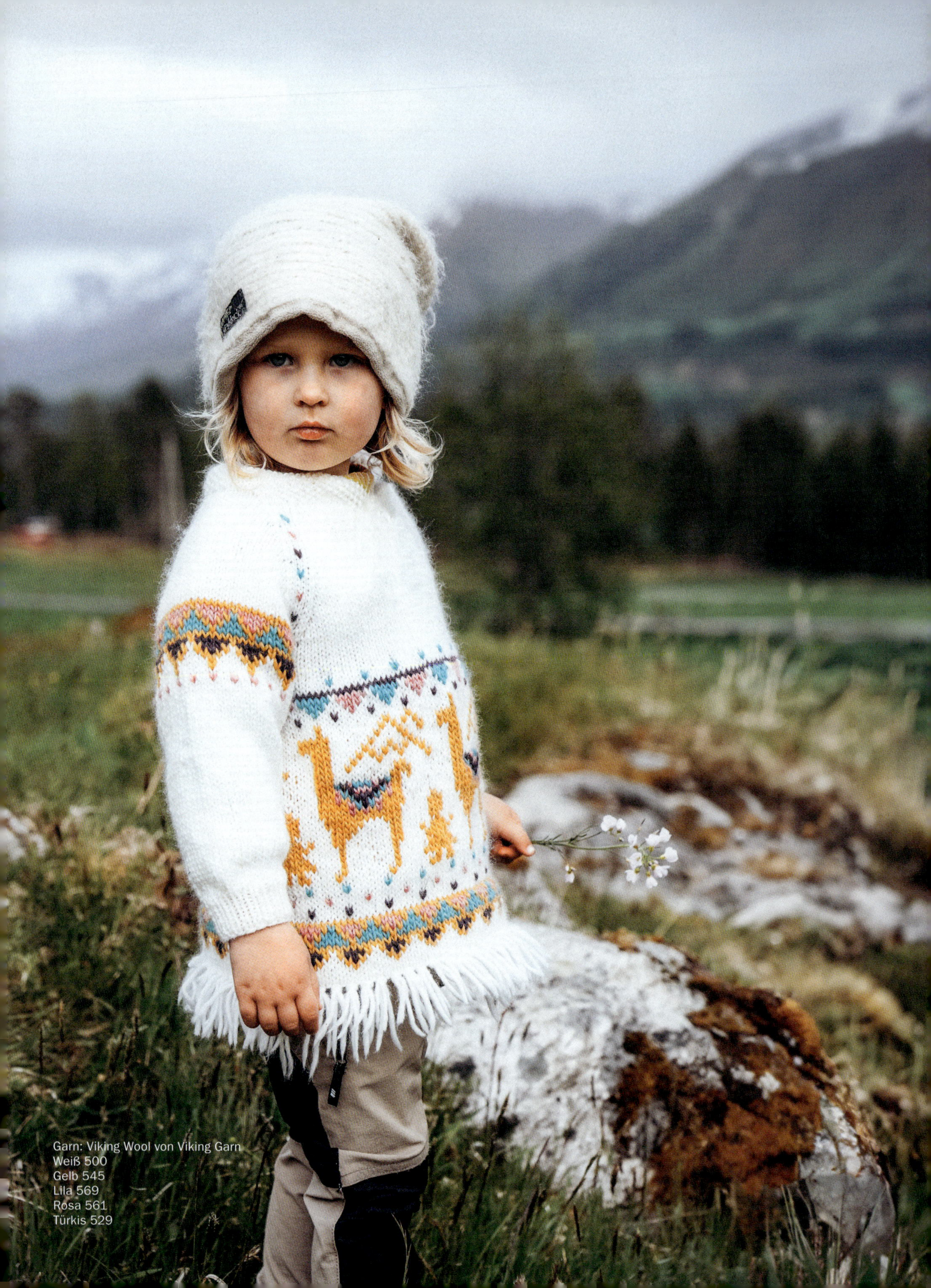

Garn: Viking Wool von Viking Garn
Weiß 500
Gelb 545
Lila 569
Rosa 561
Türkis 529

Garn: Viking Wool von Viking Garn
Jeansblau 527
Hellbeige 507
Gelbgrün 544
Türkis 529
Rost 553

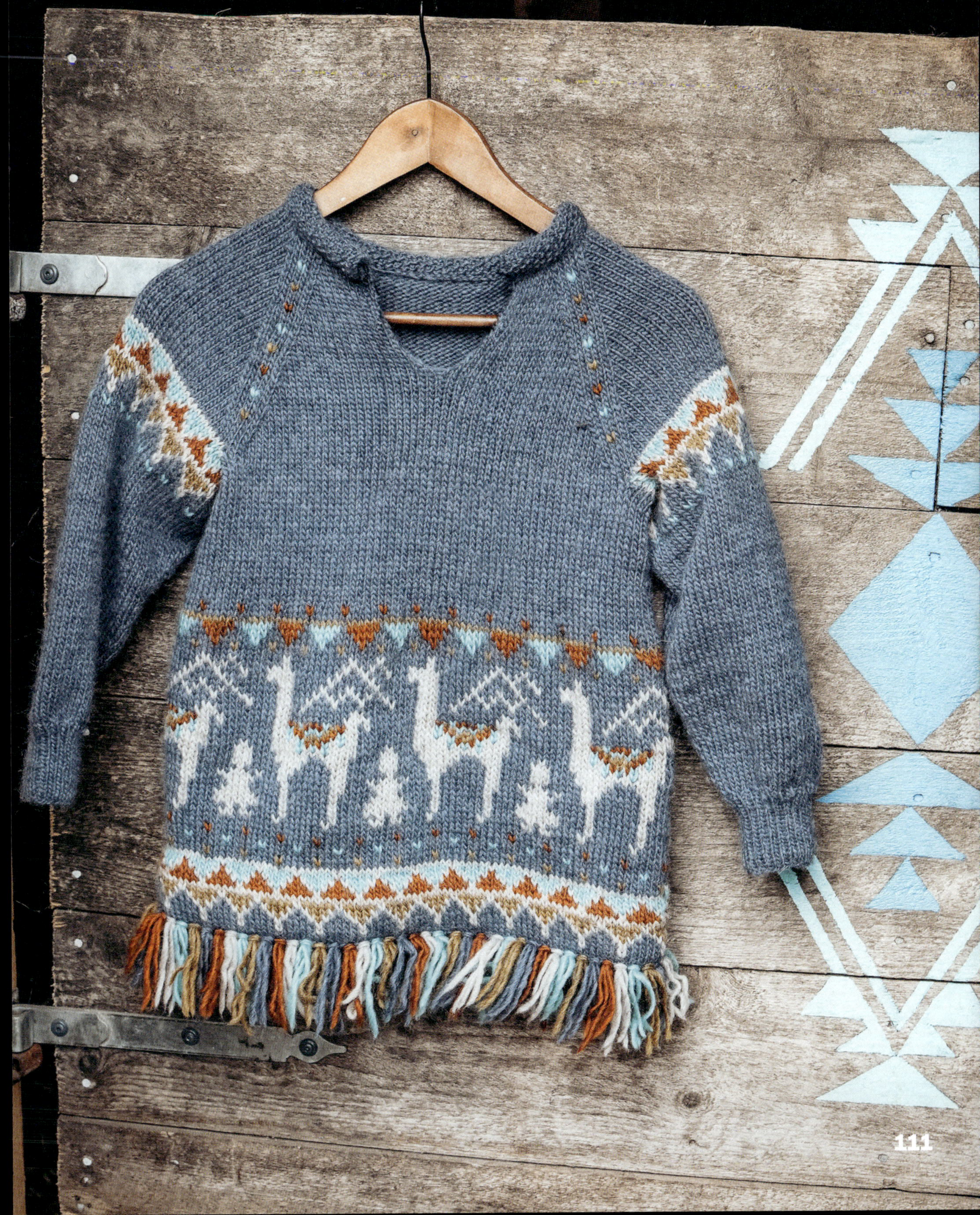

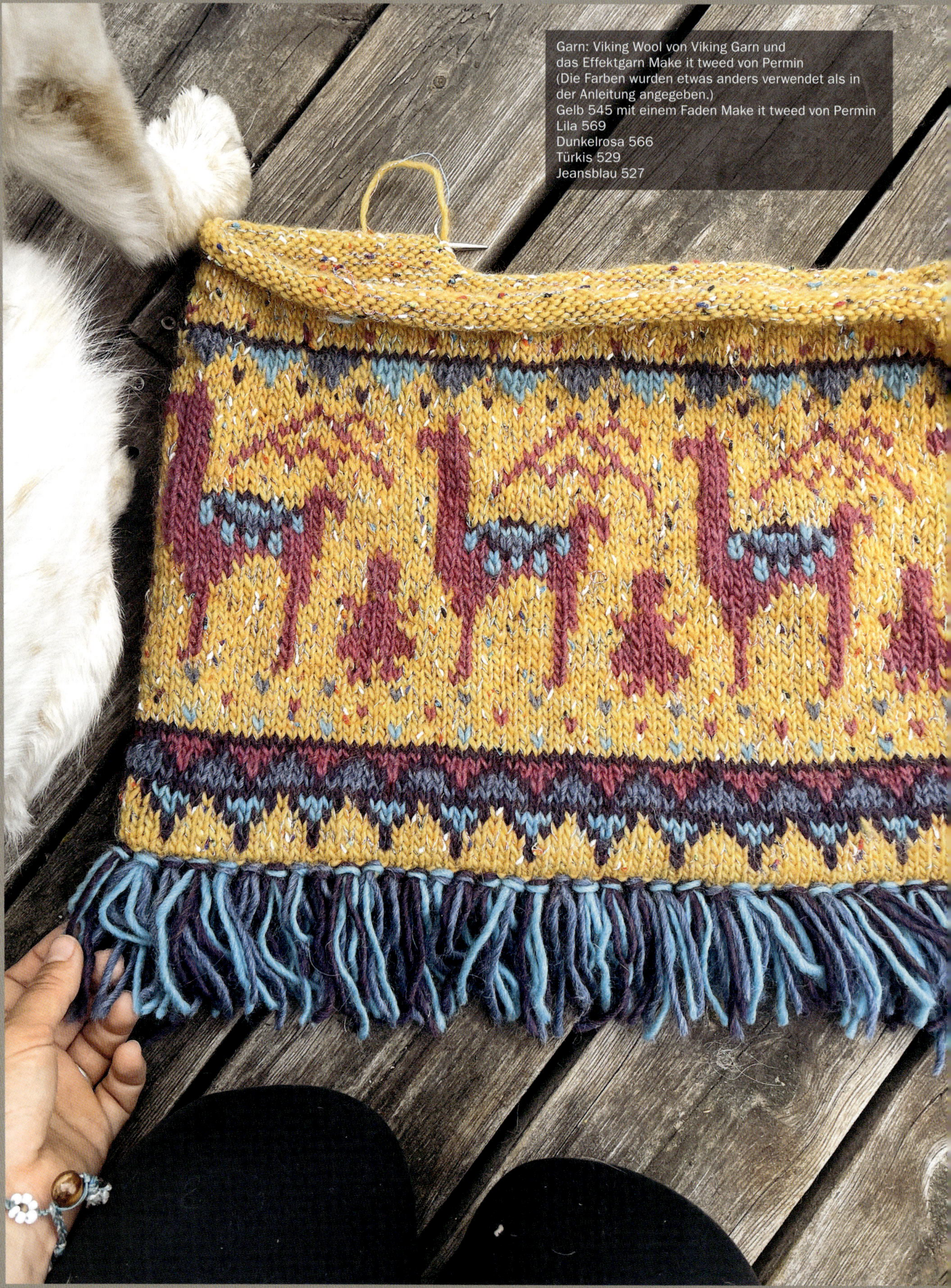

Garn: Viking Wool von Viking Garn und
das Effektgarn Make it tweed von Permin
(Die Farben wurden etwas anders verwendet als in
der Anleitung angegeben.)
Gelb 545 mit einem Faden Make it tweed von Permin
Lila 569
Dunkelrosa 566
Türkis 529
Jeansblau 527

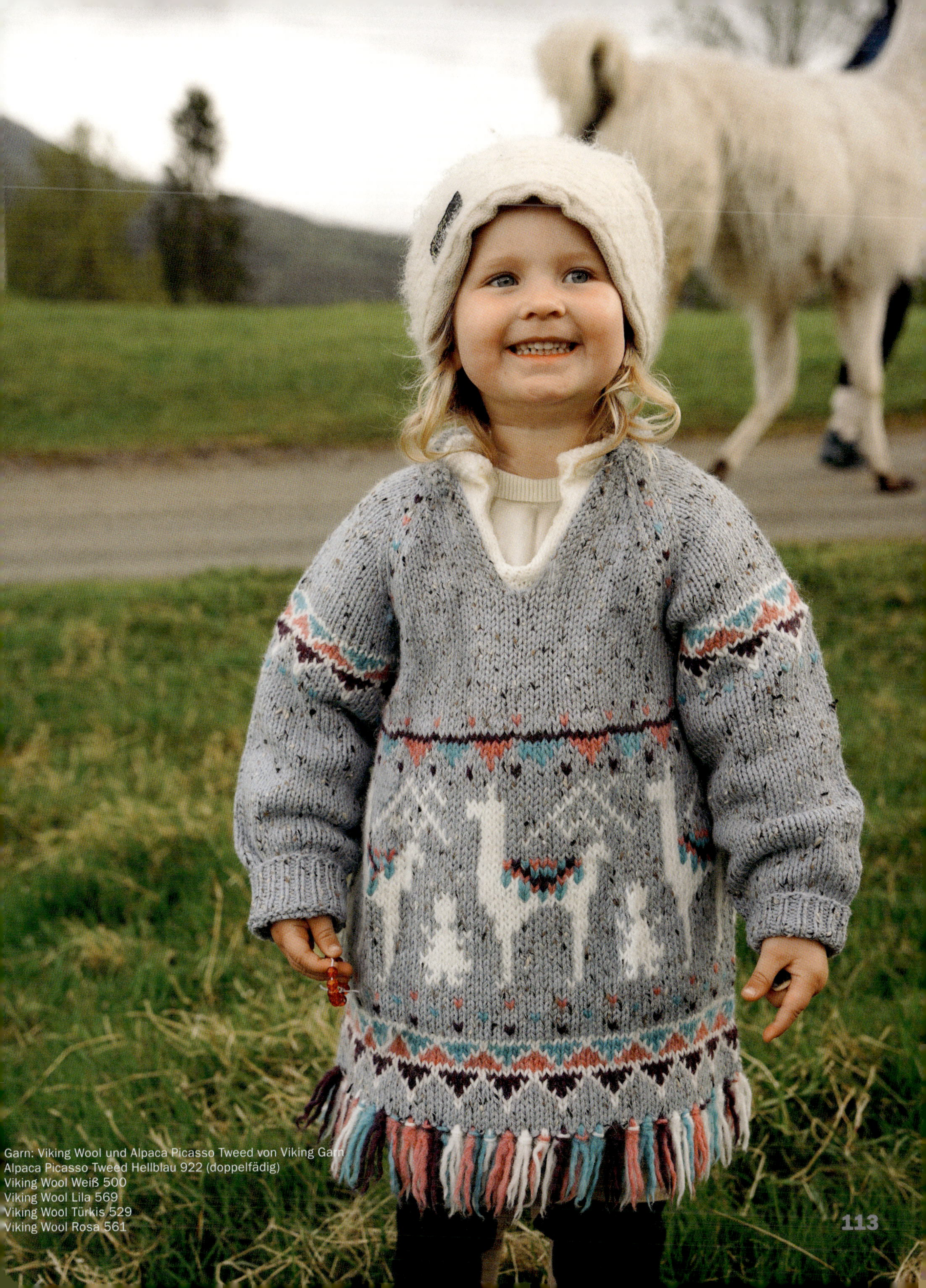

Garn: Viking Wool und Alpaca Picasso Tweed von Viking Garn
Alpaca Picasso Tweed Hellblau 922 (doppelfädig)
Viking Wool Weiß 500
Viking Wool Lila 569
Viking Wool Türkis 529
Viking Wool Rosa 561

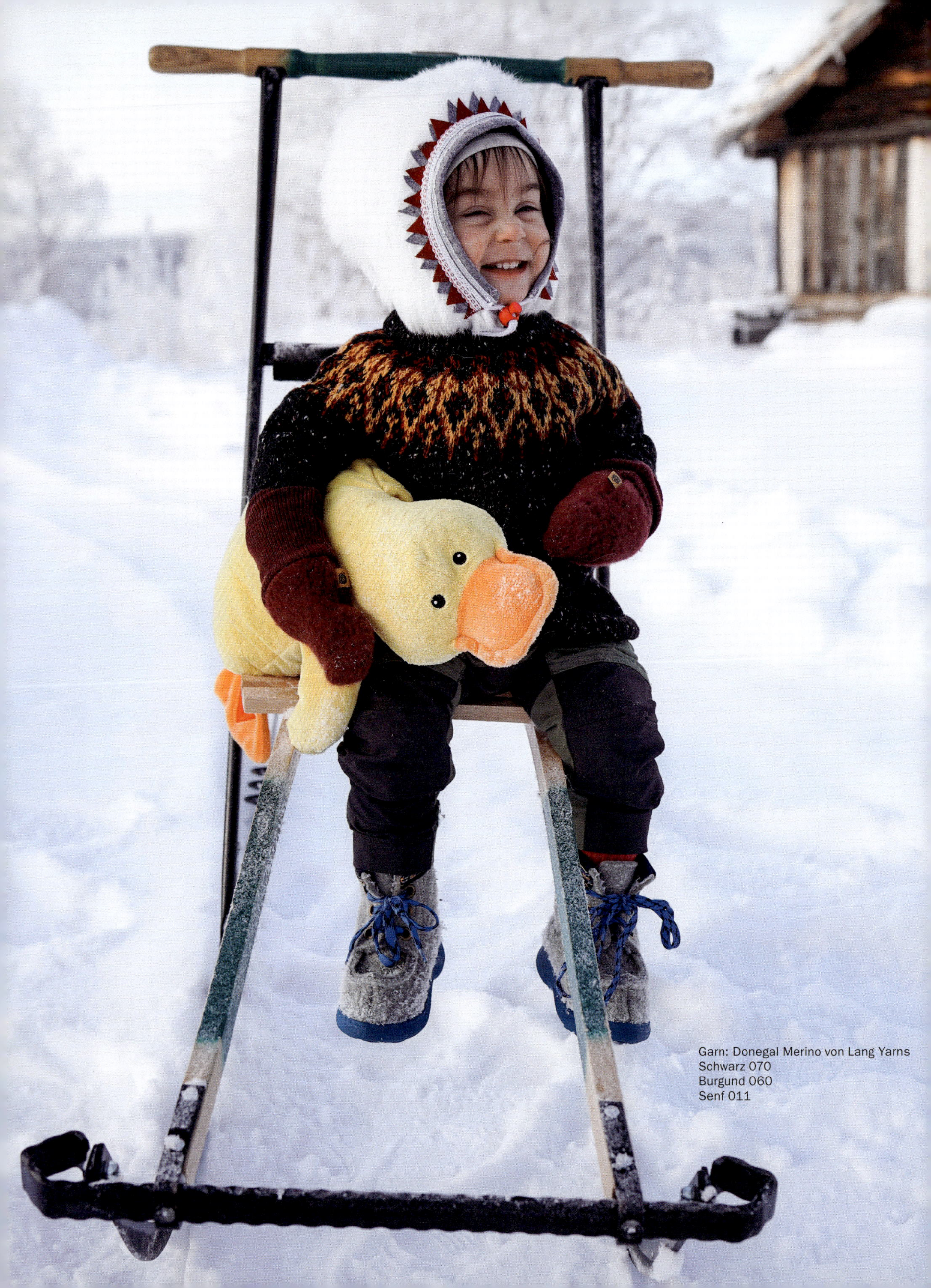

Garn: Donegal Merino von Lang Yarns
Schwarz 070
Burgund 060
Senf 011

Tusseladd
Pullover

Dieser Pullover ist eines meiner ersten Designs und ein echter Evergreen. Diese Kinderversion ist mit Donegal Merino von Lang Yarns gestrickt, kann aber auch aus norwegischer Wolle gearbeitet werden, dann ist der Pullover strapazierfähiger.

Donegal Merino ist ein herrlich leichtes und weiches Garn in vielen wunderschönen Tweedfarben. Wenn du ein anderes Garn wählst, musst du möglicherweise eine halbe Nadelstärke kleiner nehmen, da Donegal Merino ziemlich dünn ist.

Die Anleitung dieses Pullovers für Erwachsene findest du im Buch *Einfach nordisch stricken* von 2021.

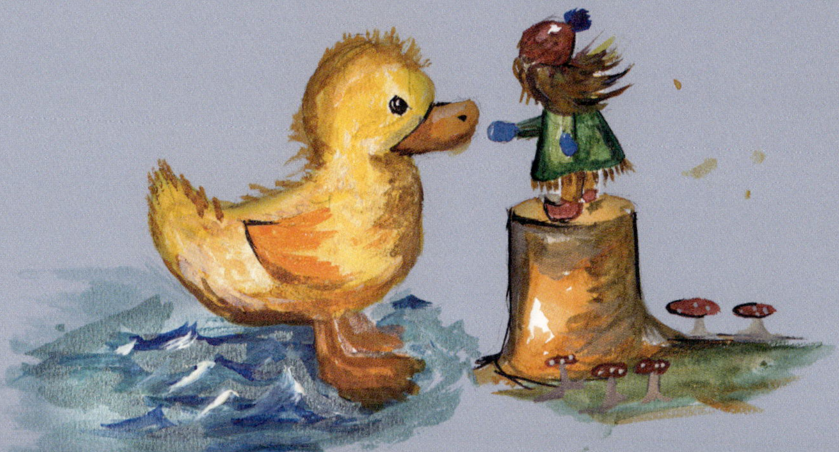

TUSSELADD Pullover

Größen
1 (2) 4 (6) 8 (10) 12 Jahre

Maschenprobe
10 cm einfarbig glatt rechts mit Nadel Nr. 4 = 22 M
10 cm mehrfarbig mit Nadel Nr. 4,5 = 22 M

Garn
Donegal Merino von Lang Yarns. Garnalternativen auf Seite 9.

Garnmenge

B Basisfarbe: 100 (100) 150 (150) 200 (200) 250 g

1 Musterfarbe 1: 50 g

2 Musterfarbe 2: 50 g

Stricknadeln
Nadelspiel Nr. 3 und Nr. 4
Rundnadel 50 cm oder 60 cm lang (je nach Größe), Nr. 3, 4 und 4,5
Rundnadel 40 cm lang, Nr. 4,5

Pullovermaße
Ärmellänge: 19 (25) 29 (31) 35 (38) 42 cm
Brustumfang: 60 (65) 68 (71) 76 (81) 84 cm
Rumpflänge: 22 (27) 29 (31) 35 (36) 37 cm
Gesamtlänge: 33 (38) 42 (45) 50 (52) 54 cm

RUMPF

132 (142) 150 (158) 166 (178) 184 M in der Basisfarbe mit Rundnadel Nr. 3 anschlagen und 4 (4) 4 (5) 5 (6) 6 cm im 1/1-Rippenmuster (1 M re, 1 M li im Wechsel) in Rd str. Zu Rundnadel Nr. 4 wechseln. Glatt rechts str, bis der Rumpf 22 (27) 29 (31) 35 (36) 37 cm misst. Am Rd-Anf und nach 66 (71) 75 (79) 83 (89) 92 M jeweils einen MM setzen (= Vorder- und Rückenteil).

Je 9 (11) 10 (11) 9 (12) 13 M für die Armlöcher auf einem Hilfsfaden oder Maschenhalter stilllegen (die M beiderseits des MMs).

ÄRMEL

34 (36) 38 (40) 40 (42) 42 M in der Basisfarbe mit Nadelspiel Nr. 3 anschlagen und 4 (4) 4 (5) 5 (6) 6 cm im 1/1-Rippenmuster (1 M re, 1 M li im Wechsel) in Rd str. Zu Nadel Nr. 4 wechseln und ab jetzt glatt rechts str. In der 1. Rd gleichmäßig verteilt 8 M zun = 42 (44) 46 (48) 48 (50) 50 M. Die mittlere M unter dem Ärmel markieren und alle 2 cm beidseitig des MMs 1 M zun, bis 52 (56) 60 (64) 66 (70) 74 M vorhanden sind. In der Basisfarbe weiterstr, bis der Ärmel 19 (25) 29 (31) 35 (38) 42 cm misst. 9 (11) 10 (12) 10 (12) 13 M unter dem Ärmel auf einem Hilfsfaden oder Maschenhalter stilllegen (die M beiderseits des MMs).

Den zweiten Ärmel genauso str.

PASSE

Die Ärmel-M auf die Rundnadel mit den Rumpf-M str: 1. Ärmel, Vorderteil, 2. Ärmel, Rückenteil = 200 (210) 230 (240) 260 (270) 280 M. Zu Nadel Nr. 4,5 wechseln. Der erste Übergang (linke Schulter hinten) bildet den Rd-Anf/das Rd-Ende. Gemäß Zählmuster A (A) A (A) B (B) B str. Zu Nadel Nr. 3 wechseln wie im Zählmuster angegeben. Mit dem Halsbündchen fortfahren.

HALSBÜNDCHEN

Es liegen 80 (80) 84 (86) 88 (88) 90 M auf Nadel Nr. 3. Im 1/1-Rippenmuster (1 M re, 1 M li im Wechsel) 5 (6) 6 (7) 7 (7) 7 cm in Rd str und wie folgt elastisch abk: 2 M str. Beide M zurück auf die linke Nadel heben und durch den hinteren Maschenbogen (= rechts verschränkt) zus-str. [1 M str, die M zurück auf die linke Nadel heben, mit der M links daneben durch den hinteren Maschenbogen (= rechts verschränkt) zus-str] stets wdh, bis noch 1 M übrig ist. Den Faden abschneiden und durch diese M ziehen.

Das Bündchen nach innen falten und locker annähen.

FERTIGSTELLEN

Alle Fäden vernähen und die Öffnung unter den Ärmeln zus-str oder -nähen. Den Pullover ausspülen, in Form ziehen und liegend trocknen lassen.

ZÄHLMUSTER A Größe 1 (2) 4 (6) Jahre

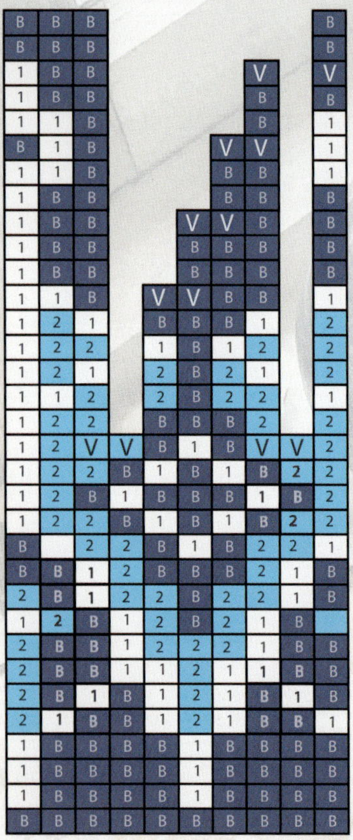

33 Gleichmäßig verteilt abn auf 80 (80) 84 (86) M.
32 Zu Nadel Nr. 3 wechseln.
31 Wie angegeben abn = 80 (84) 92 (96) M
30 Für Gr. 1 (2) 4 überspringen.
29
28 Wie angegeben abn = 100 (105) 115 (120) M
27
26 Für Gr. 1 (2) 4 überspringen.
25 Wie angegeben abn = 120 (126) 138 (144) M
24 Für Gr. 1 (2) überspringen.
23
22 Wie angegeben abn = 140 (147) 161 (168) M
21
20
19
18
17 Für Gr. 1 (2) überspringen.
16 Wie angegeben abn = 160 (168) 184 (192) M
15
14
13
12
11
10
9
8
7 Für Gr. 1 (2) überspringen.
6
5
4
3
2
1 200 (210) 230 (240) M

10 9 8 7 6 5 4 3 2 1

▲ Vordere Mitte

V 1 M

V V Diese 2 M re zus-str.

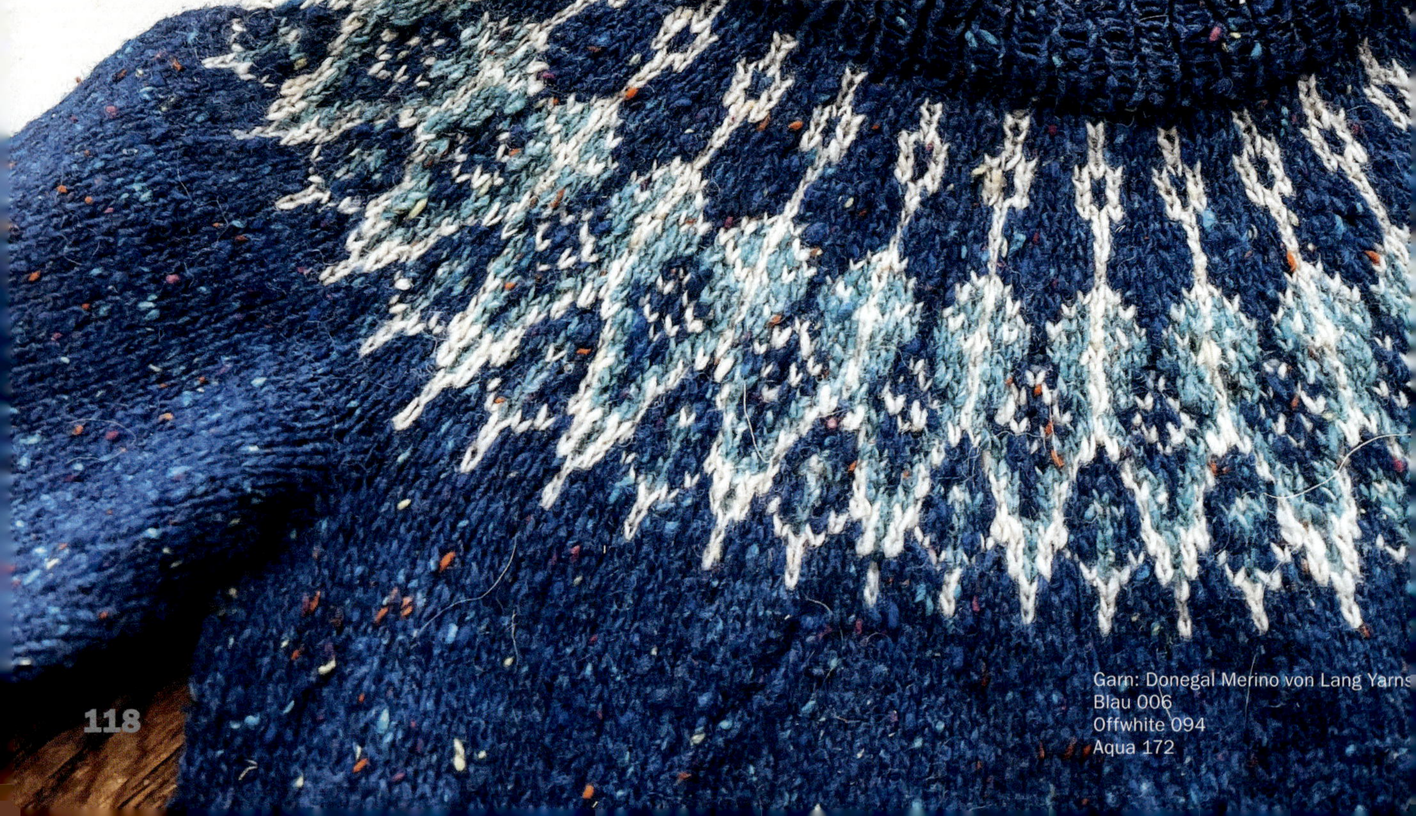

Garn: Donegal Merino von Lang Yarns
Blau 006
Offwhite 094
Aqua 172

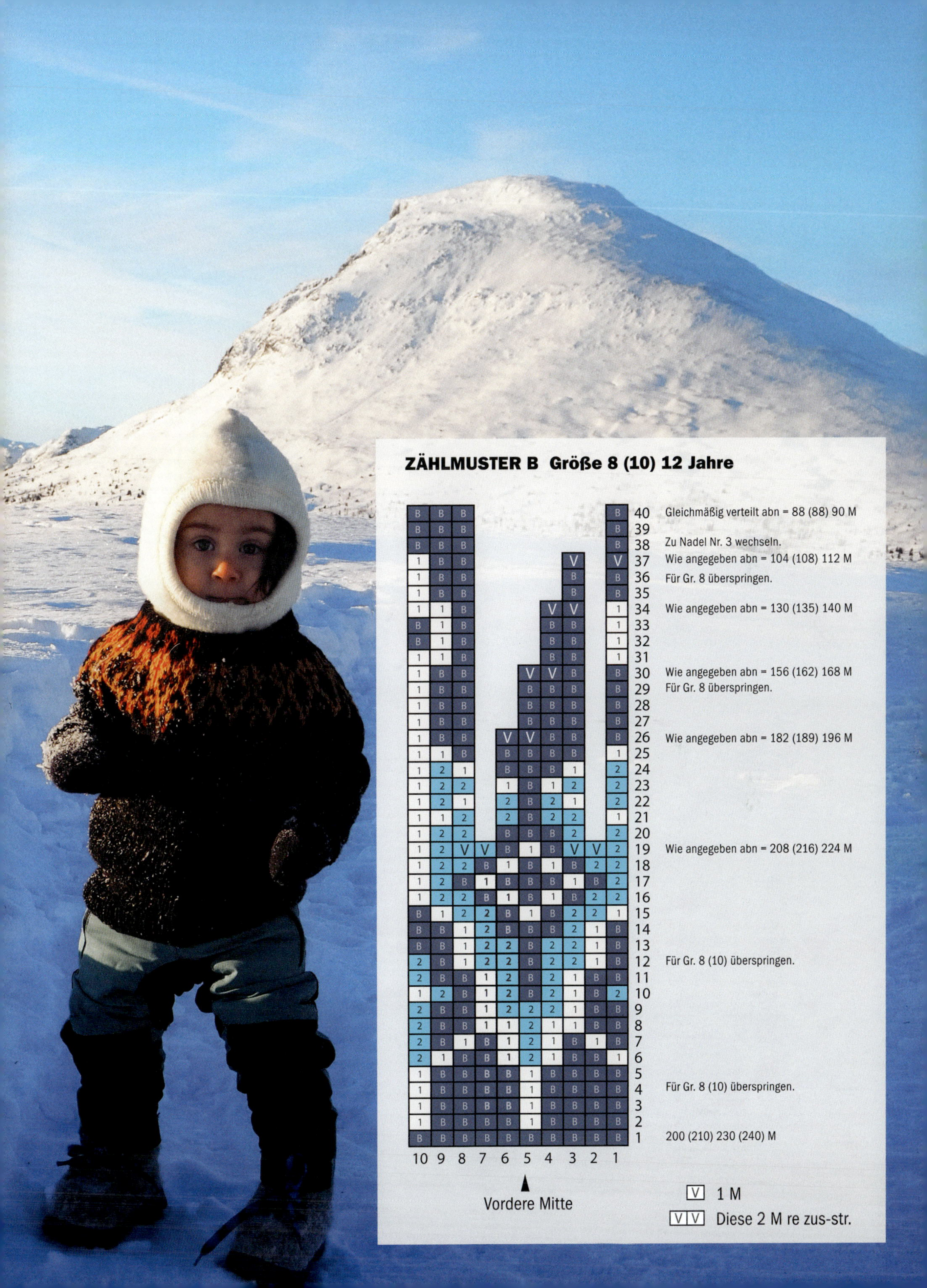

ZÄHLMUSTER B Größe 8 (10) 12 Jahre

40 Gleichmäßig verteilt abn = 88 (88) 90 M

38 Zu Nadel Nr. 3 wechseln.

37 Wie angegeben abn = 104 (108) 112 M

36 Für Gr. 8 überspringen.

34 Wie angegeben abn = 130 (135) 140 M

30 Wie angegeben abn = 156 (162) 168 M

29 Für Gr. 8 überspringen.

26 Wie angegeben abn = 182 (189) 196 M

19 Wie angegeben abn = 208 (216) 224 M

12 Für Gr. 8 (10) überspringen.

4 Für Gr. 8 (10) überspringen.

1 200 (210) 230 (240) M

▲ Vordere Mitte

V 1 M

V V Diese 2 M re zus-str.

Garn: Rauma 3-fädig und Sol handgefärbt von linkaneumann.com
Rauma 3-fädig Natur 101
Sol handgefärbt Vogelgesang
Rauma 3-fädig Dunkelorange 177

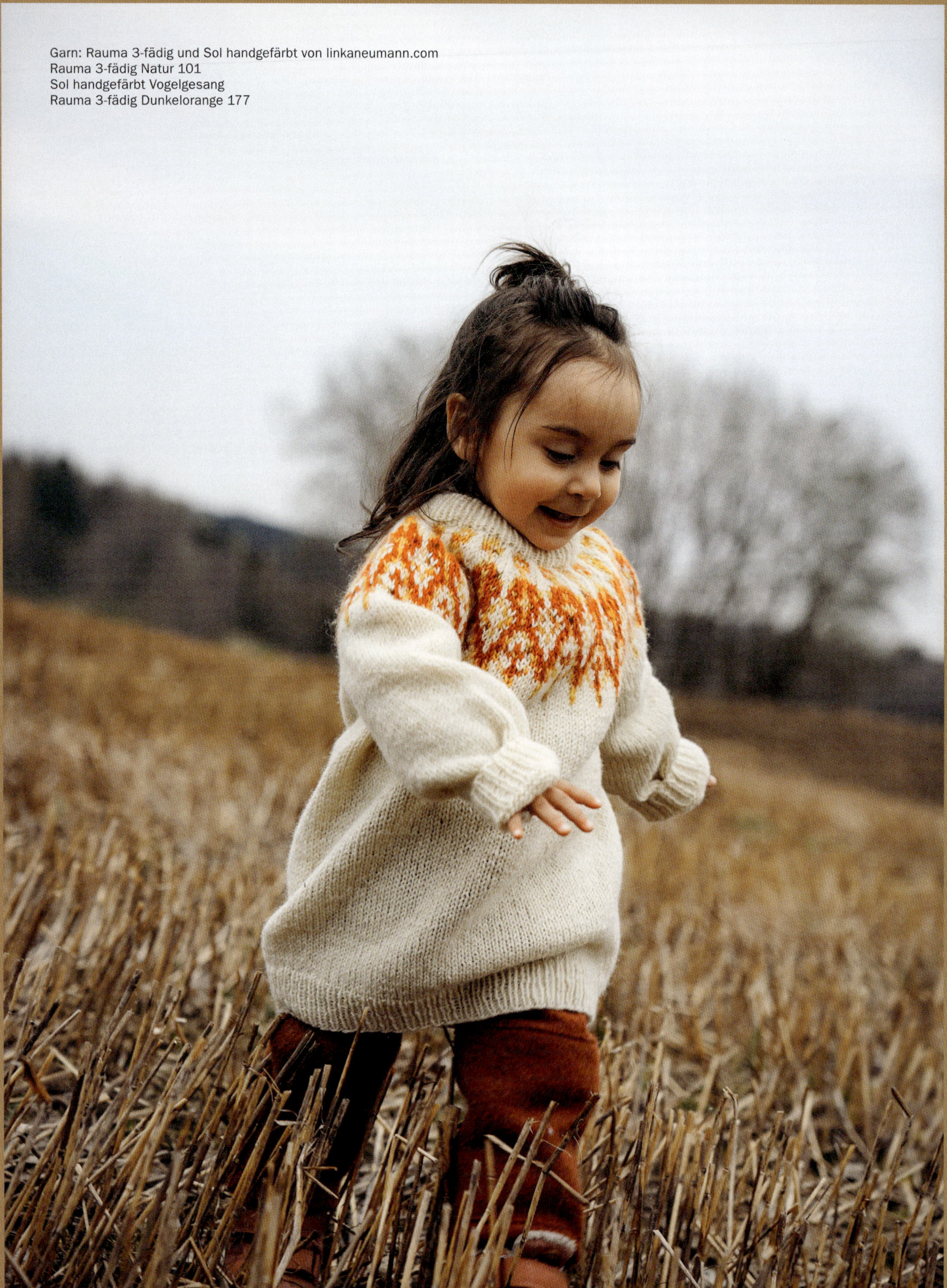

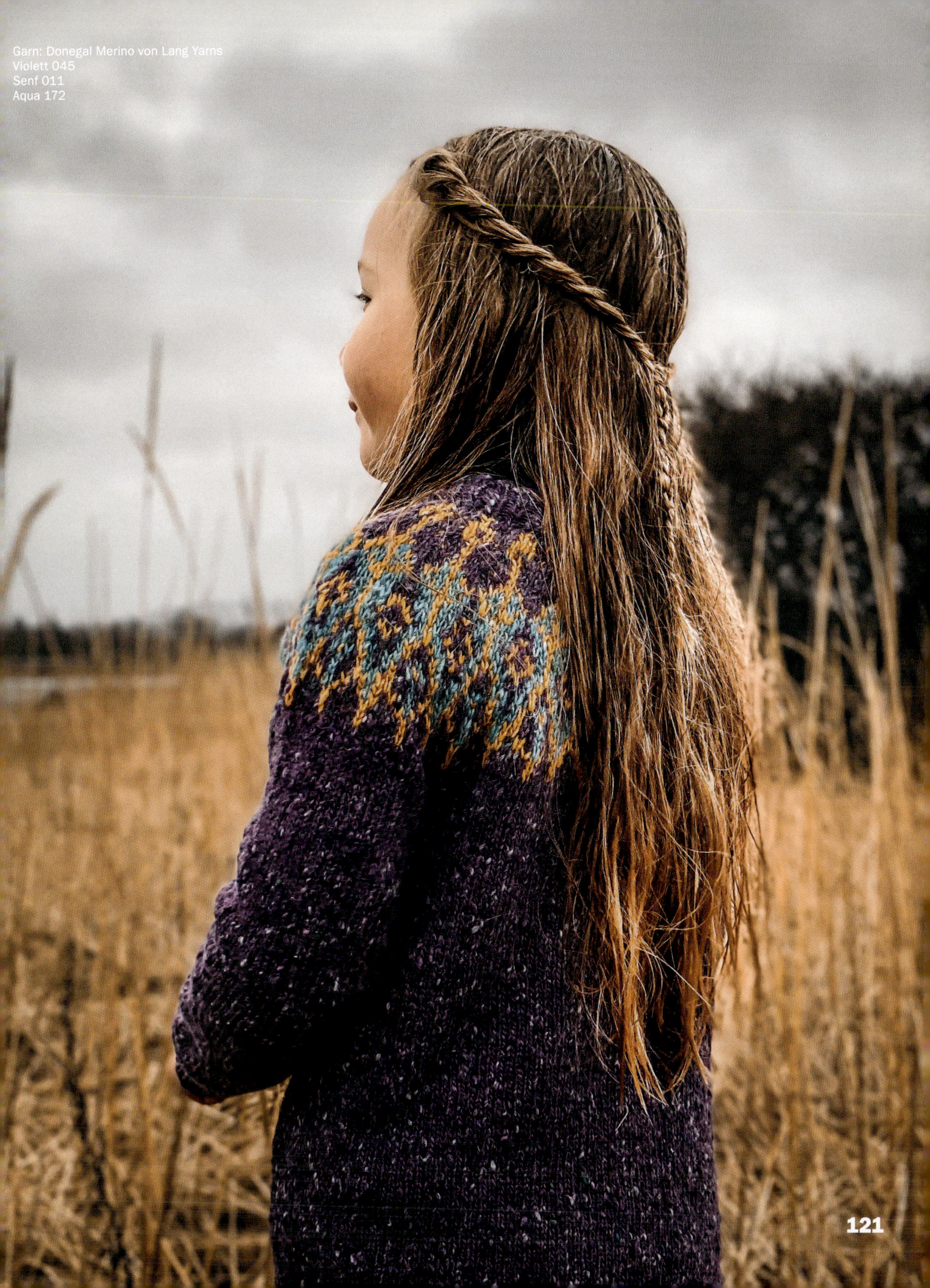

Garn: Donegal Merino von Lang Yarns
Violett 045
Senf 011
Aqua 172

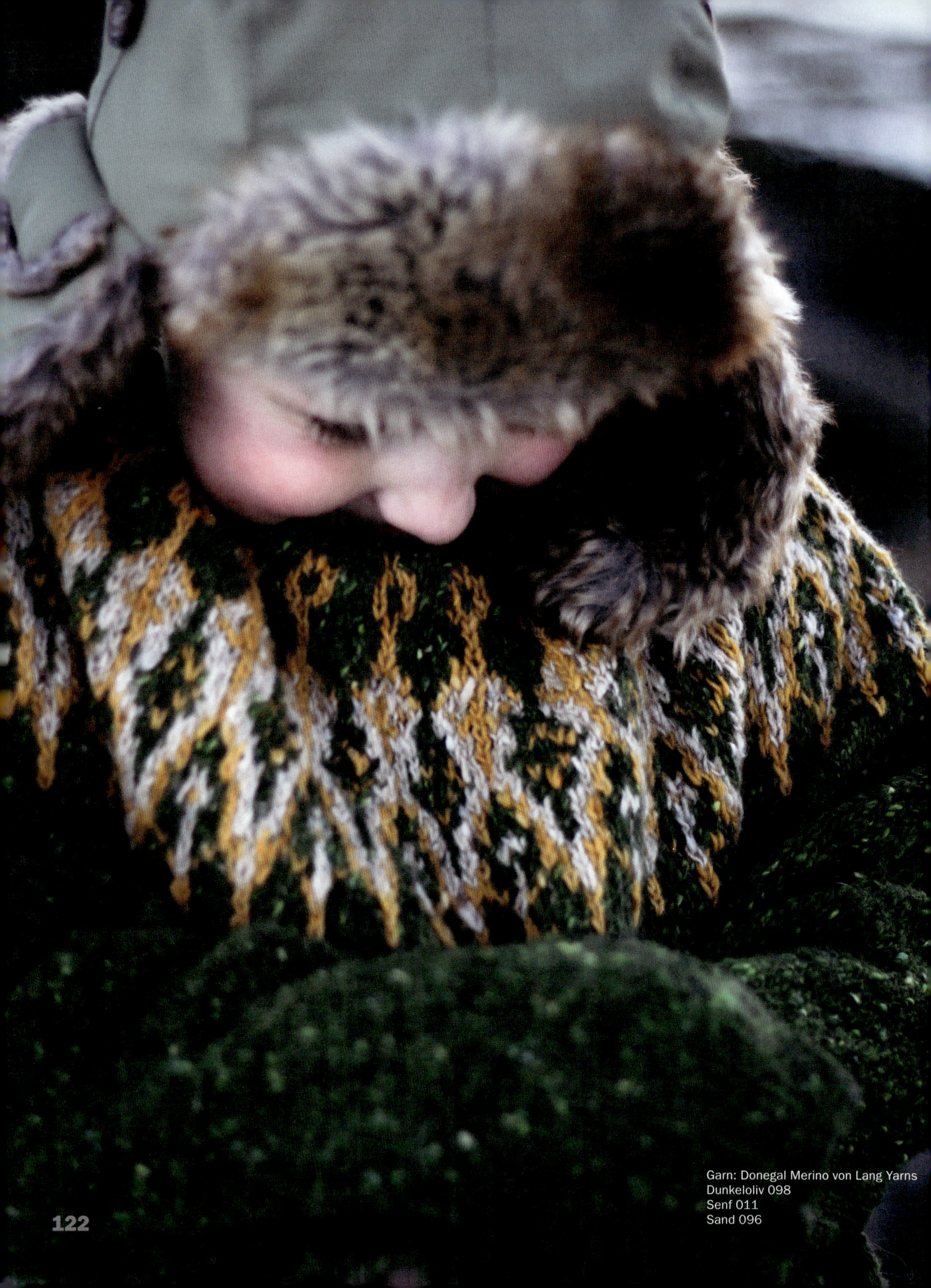

Garn: Donegal Merino von Lang Yarns
Dunkeloliv 098
Senf 011
Sand 096

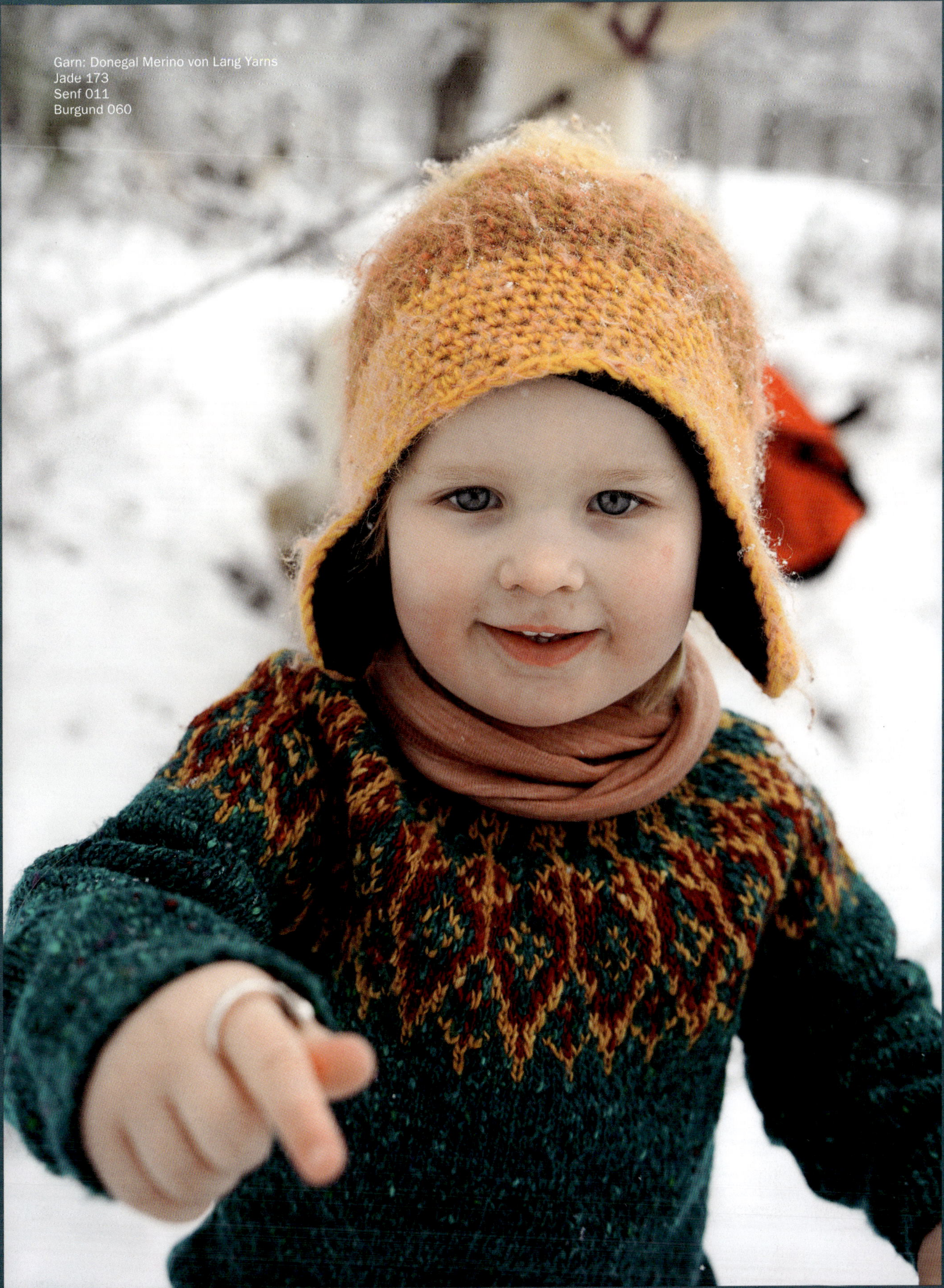

Garn: Donegal Merino von Lang Yarns
Jade 173
Senf 011
Burgund 060

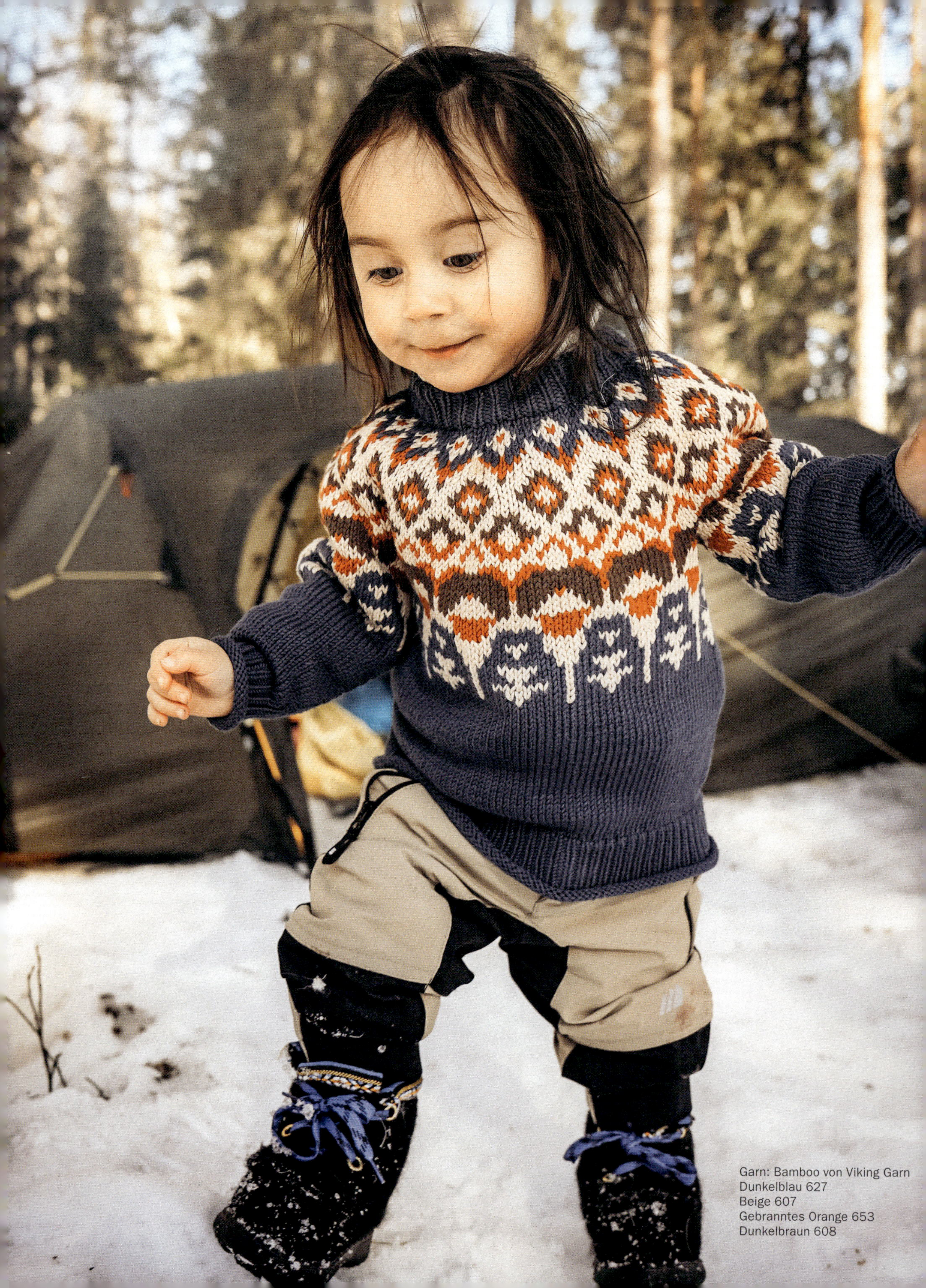

Garn: Bamboo von Viking Garn
Dunkelblau 627
Beige 607
Gebranntes Orange 653
Dunkelbraun 608

Matoaka
Pullover

Matoaka ist der richtige Name von Pocahontas. So wird klarer, dass ich mich bei diesem Design von den amerikanischen Ureinwohnern inspirieren ließ. Dieses Muster erscheint mir niemals langweilig. Das gleichnamige Modell für Erwachsene hat eingenähte Ärmel, mich erreichten jedoch Anfragen, ob ich nicht für Kinder eine Version mit Rundpasse entwerfen könne. Bitte schön – hier ist sie!

Die Anleitung dieses Pullovers für Erwachsene findest du im Buch *Einfach nordisch stricken* von 2021.

MATOAKA Pullover

Größen
1 (2) 4 (6) 8 (10) 12 Jahre

Maschenprobe
Die Größe wird durch die Maschenprobe/Nadelstärke bestimmt.
10 cm einfarbig glatt rechts mit Nadel Nr. 3 (3,5) 4 (3) 3,5 (3) 3,5 = 23 (22) 21 (23) 22 (23) 22 M
10 cm mehrfarbig mit Nadel Nr. 3,5 (4) 4,5 (3,5) 4 (3,5) 4 = 23 (22) 21 (23) 22 (23) 22 M

Garn
Ask von Hillesvåg Ullvarefabrikk. Garnalternativen auf Seite 9.

Garnmenge

B Basisfarbe: 100 (150) 150 (150) 200 (200) 200 g
1 Musterfarbe 1: 50 g
2 Musterfarbe 2: 50 g
3 Musterfarbe 3: 50 g

Stricknadeln
Nadelspiel Nr. 2,5 (3) 3 (2,5) 3 (2,5) 3 und Nr. 3 (3,5) 4 (3) 3,5 (3) 3,5 und Nr. 3,5 (4) 4,5 (3,5) 4 (3,5) 4
Rundnadel 50 cm oder 60 cm lang, Nr. 2,5 (3) 3 (2,5) 3 (2,5) 3 und Nr. 3 (3,5) 4 (3) 3,5 (3) 3,5 und Nr. 3,5 (4) 4,5 (3,5) 4 (3,5) 4
Rundnadel 40 cm lang, Nr. 3,5 (4) 4,5 (3,5) 4 (3,5) 4

Pullovermaße
Ärmellänge: 19 (25) 29 (31) 35 (38) 42 cm
Brustumfang: 63 (65) 68 (73) 76 (83) 87 cm
Rumpflänge: 22 (27) 29 (31) 35 (36) 37 cm
Gesamtlänge: 33 (38) 42 (45) 50 (52) 54 cm

RUMPF

144 (144) 144 (168) 168 (192) 192 M in der Basisfarbe mit Rundnadel Nr. 2,5 (3) 3 (2,5) 3 (2,5) 3 anschlagen und für den Rollrand 6 Rd re M str. Anschließend 4 (4) 5 (5) 6 (6) 6 cm im 1/1-Rippenmuster (1 M re, 1 M li im Wechsel) in Rd str. Zu Rundnadel Nr. 3 (3,5) 4 (3) 3,5 (3) 3,5 wechseln und ab jetzt glatt rechts str. Am Rd-Anf und nach 72 (72) 72 (84) 84 (96) 96 M jeweils einen MM setzen (= Vorder- und Rückenteil). Weiterstr, bis der Rumpf 15 (20) 22 (24) 28 (29) 30 cm misst. Zu Nadel Nr. 3,5 (4) 4,5 (3,5) 4 (3,5) 4 wechseln und gemäß Zählmuster A/Rumpf arbeiten. Der Rumpf ist danach 22 (27) 29 (31) 35 (36) 37 cm lang. Je 12 (12) 12 (18) 18 (18) 18 M für die Armlöcher stilllegen (die M beiderseits des MMs). Unten auf der Seite siehst du, welche M du für welche Größe stilllegen sollst.

ÄRMEL

36 (36) 38 (38) 40 (42) 42 M in der Basisfarbe mit Nadelspiel Nr. 2,5 (3) 3 (2,5) 3 (2,5) 3 anschlagen und für den Rollrand 6 Rd re M str. Anschließend 4 (4) 5 (5) 6 (6) 6 cm im 1/1-Rippenmuster (1 M re, 1 M li im Wechsel) in Rd str. Zu Rundnadel Nr. 3 (3,5) 4 (3) 3,5 (3) 3,5 wechseln und ab jetzt glatt rechts str. In der 1. Rd gleichmäßig verteilt auf 48 (48) 48 (50) 50 (52) 52 M zun. Die mittlere M unter dem Ärmel markieren und alle 1,5 (2) 2 (1,5) 2 (2) 2 cm beidseitig des MMs 1 M zun, bis 60 (60) 60 (72) 72 (72) 72 M vorhanden sind. In der Basisfarbe weiterstr, bis der Ärmel 13 (18) 22 (24) 28 (31) 35 cm misst. Zu Nadel Nr. 3,5 (4) 4,5 (3,5) 4 (3,5) 4 wechseln und gemäß Zählmuster A/Ärmel str. Der Ärmel ist danach 19 (25) 29 (31) 35 (38) 42 cm lang.

12 (12) 12 (18) 18 (18) 18 M unter dem Ärmel auf einem Hilfsfaden oder Maschenhalter stilllegen (die M beiderseits des MMs). Unten auf der Seite siehst du, welche M du für welche Größe stilllegen sollst.

Den zweiten Ärmel genauso str.

Größe 1 (2) 4 Jahre

Diese 12 markierten M an Rumpf und Ärmel stilllegen.

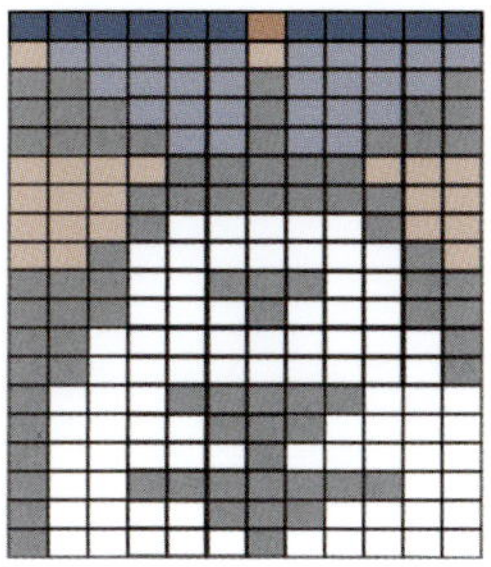

Größe 6 (8) 10 (12) Jahre

Diese 18 markierten M am Rumpf stilllegen.

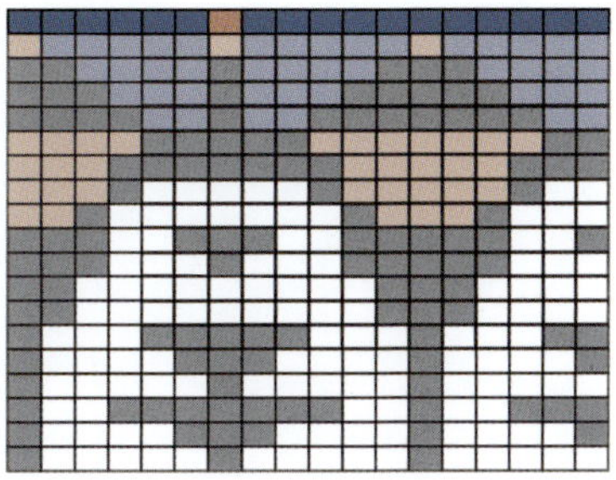

Diese 18 markierten M am Ärmel stilllegen.

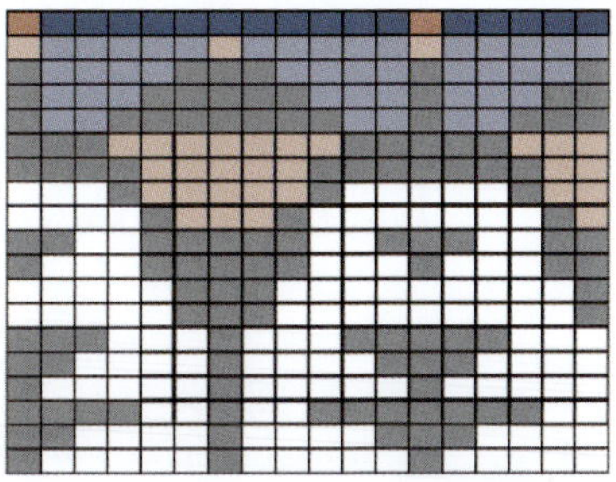

PASSE

Die Ärmel-M auf die Rundnadel mit den Rumpf-M str: 1. Ärmel, Vorderteil, 2. Ärmel, Rückenteil = 216 (216) 216 (240) 240 (264) 264 M. Der erste Übergang (linke Schulter hinten) bildet den Rd-Anf/das Rd-Ende. Gemäß Zählmuster B (B) B (C) C (C) C die Passe str, dabei darauf achten, dass das Muster in der Runde aufgeht, sodass Zählmuster B (B) B (C) C (C) C eine Verlängerung von Zählmuster A ist. Säule 6 von Zählmuster A soll auf Säule 6 von Zählmuster B (B) B (C) C (C) C treffen. Zur kürzeren Rundnadel wechseln, wenn weniger M auf der Nadel sind. Zu Nadel Nr. 3 wechseln wie im Zählmuster angegeben. Mit dem Halsbündchen fortfahren.

HALSBÜNDCHEN

Es liegen 80 (80) 84 (86) 88 (88) 90 M auf der Nadel. 6 (6) 6 (6) 7 (7) 7 cm im 1/1-Rippenmuster (1 M re, 1 M li im Wechsel) in Rd str und wie folgt elastisch abk: 2 M str. Beide M zurück auf die linke Nadel heben und durch den hinteren Maschenbogen (= rechts verschränkt) zus-str. [1 M str, die M zurück auf die linke Nadel heben, mit der M links daneben durch den hinteren Maschenbogen (= rechts verschränkt) zus-str] stets wdh, bis noch 1 M übrig ist. Den Faden abschneiden und durch die M ziehen. Das Bündchen nach innen falten und locker annähen.

FERTIGSTELLEN

Alle Fäden vernähen und die Öffnung unter den Ärmeln zus-str oder -nähen. Den Pullover ausspülen, in Form ziehen und liegend trocknen lassen.

V 1 M

V V Diese 2 M re zus-str.

ZÄHLMUSTER A/Rumpf

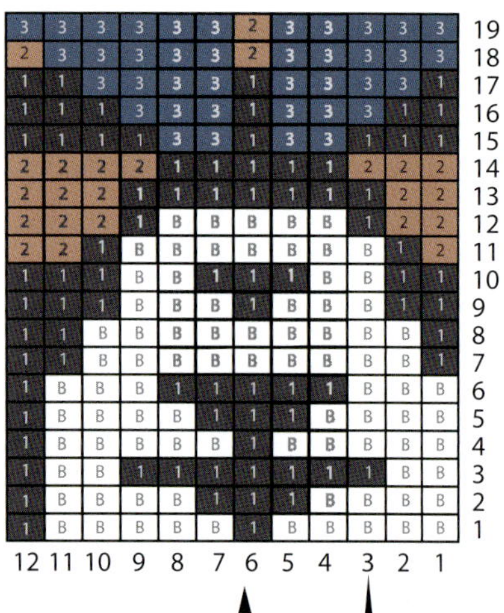

Hier beginnen für Gr. 1 (2) 4.

Hier beginnen für Gr. 6 (8) 10 (12).

ZÄHLMUSTER A/Ärmel

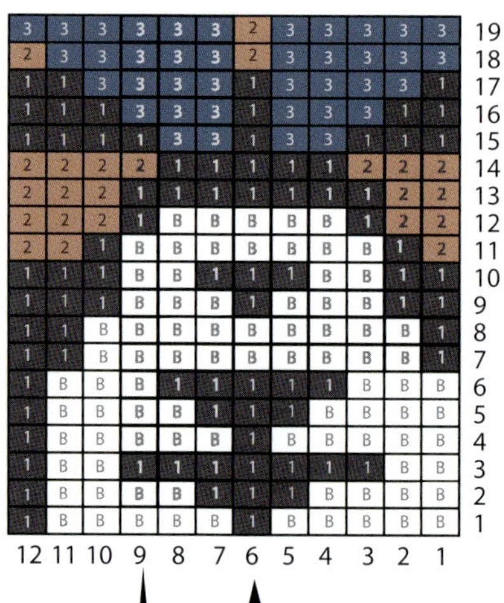

Hier beginnen für Gr. 6 (8) 10 (12).

Hier beginnen für Gr. 1 (2) 4.

ZÄHLMUSTER B Größe 1 (2) 4 Jahre

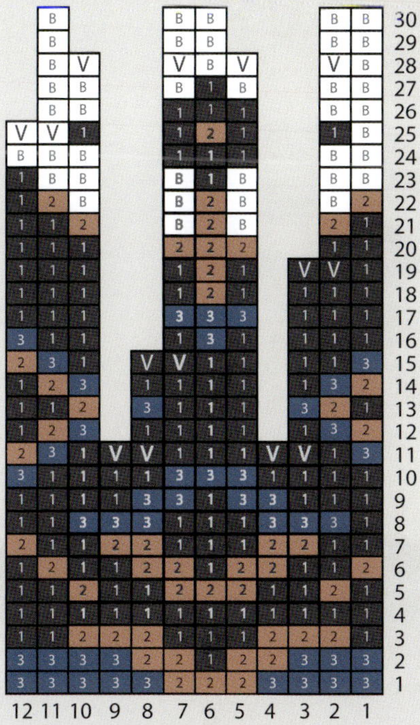

30 Gleichmäßig verteilt abn auf 80 (80) 84 M.
29 Zu Nadel Nr. 3 wechseln.
28 Wie angegeben abn = 90 (90) 90 M
25 Wie angegeben abn = 126 (126) 126 M
19 Wie angegeben abn = 144 (144) 144 M
18 Für Gr. 1 (2) überspringen.
17 Für Gr. 1 (2) überspringen.
15 Wie angegeben abn = 162 (162) 162 M
11 Wie angegeben abn = 180 (180) 180 M
1 216 (216) 216 M

ZÄHLMUSTER C Größe 6 (8) 10 (12) Jahre

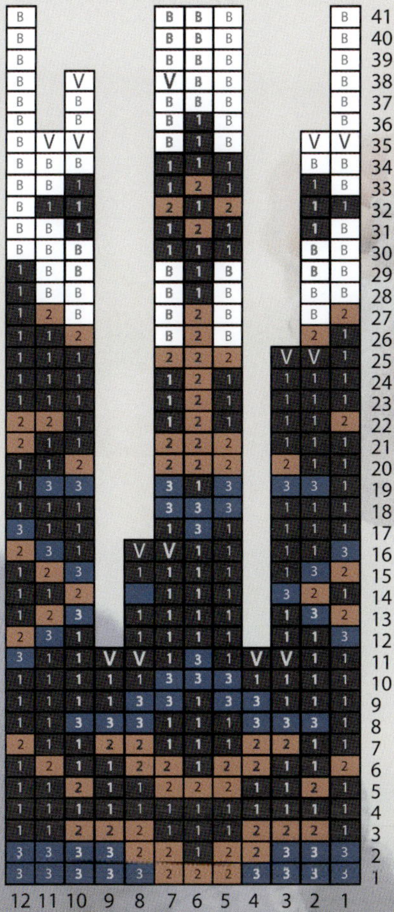

41 Gleichmäßig verteilt abn auf (86) 88 (88) 90 M.
40 Zu Nadel Nr. 3 wechseln.
38 Wie angegeben abn = (100) 100 (110) 110 M
35 Wie angegeben abn = (120) 120 (132) 132 M
25 Wie angegeben abn = (160) 160 (176) 176 M
22 Für Gr. (6) 8 überspringen.
21 Für Gr. (6) 8 überspringen.
20 Für Gr. (6) 8 überspringen.
19 Für Gr. (6) 8 überspringen.
18 Für Gr. (6) überspringen.
16 Wie angegeben abn = (180) 180 (198) 198 M
11 Wie angegeben abn = (200) 200 (220) 220 M
1 (240) 240 (264) 264 M

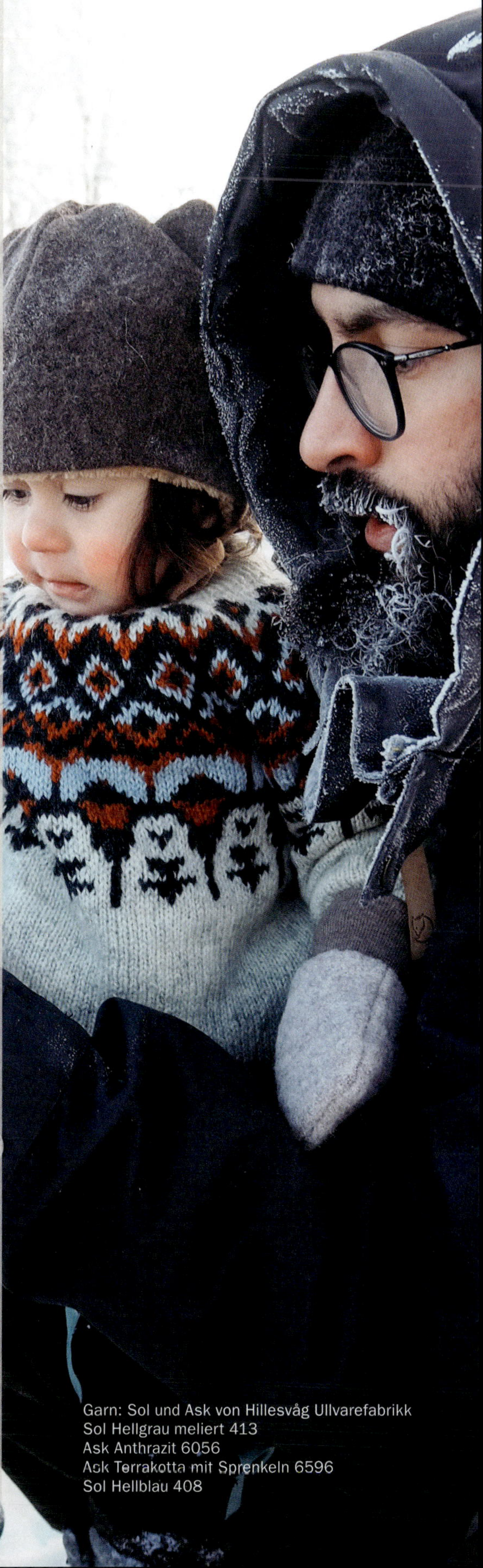

Garn: Sol und Ask von Hillesvåg Ullvarefabrikk
Sol Hellgrau meliert 413
Ask Anthrazit 6056
Ask Terrakotta mit Sprenkeln 6596
Sol Hellblau 408

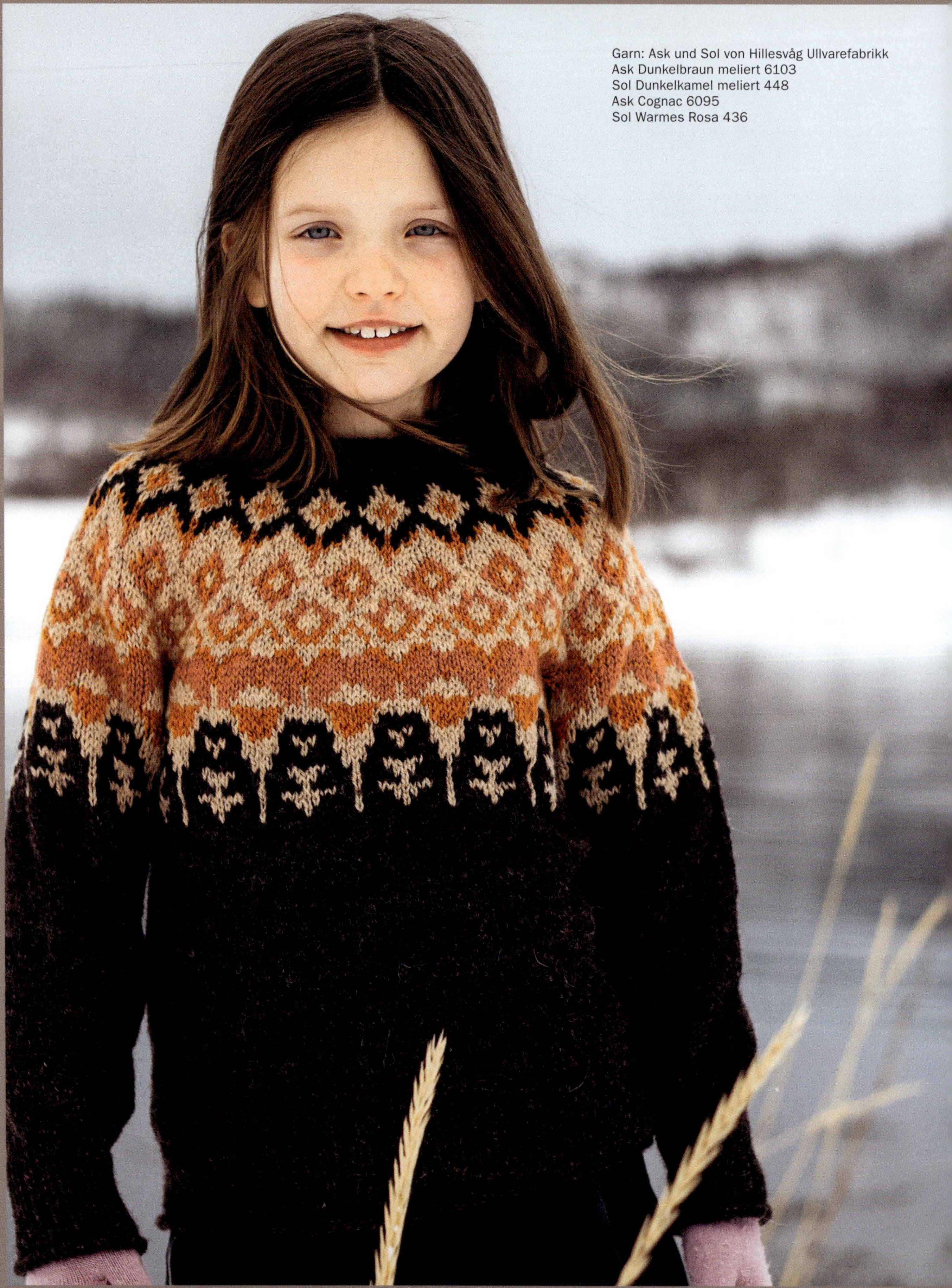

Garn: Ask und Sol von Hillesvåg Ullvarefabrikk
Ask Dunkelbraun meliert 6103
Sol Dunkelkamel meliert 448
Ask Cognac 6095
Sol Warmes Rosa 436

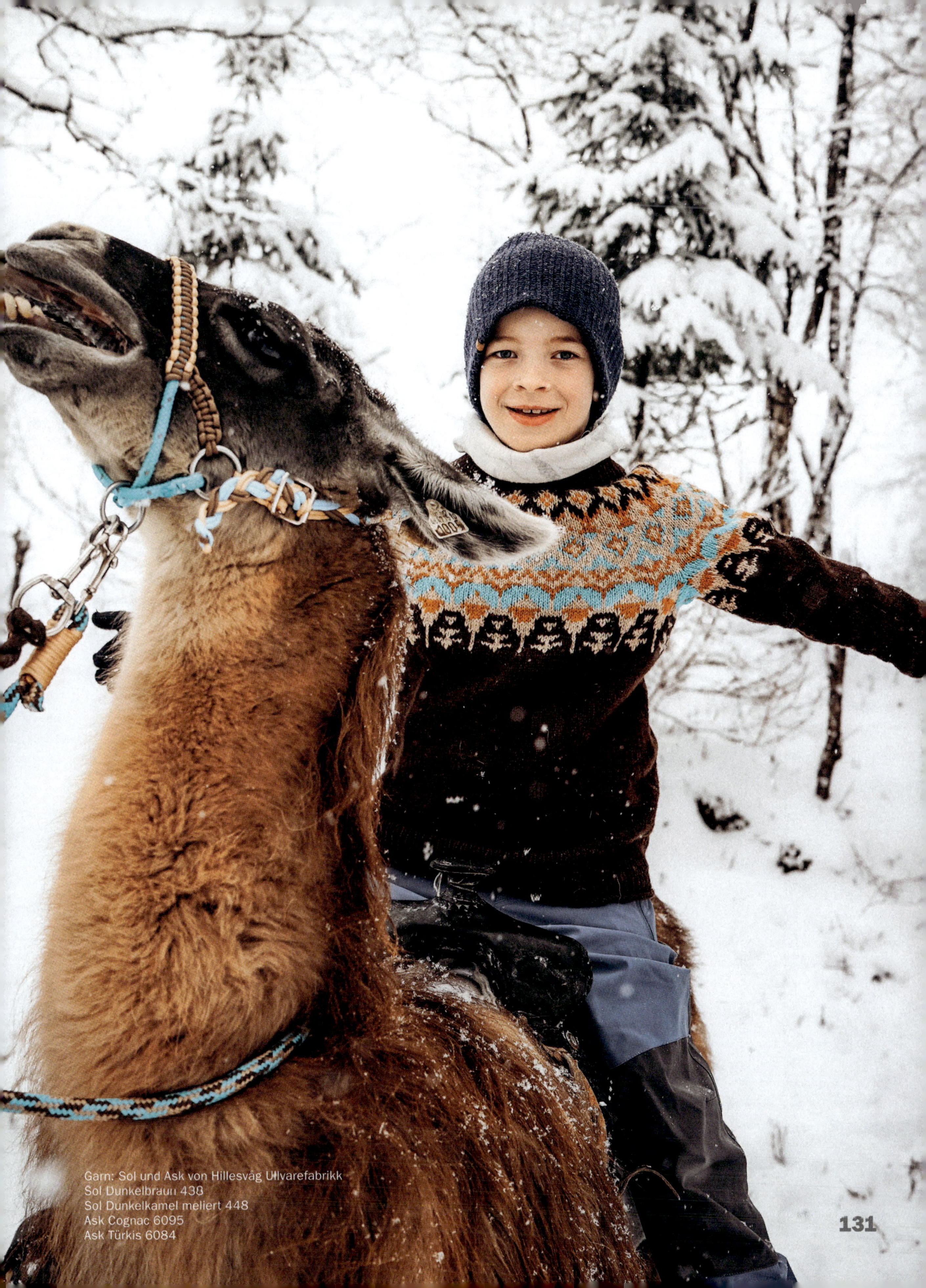

Garn: Sol und Ask von Hillesvåg Ullvarefabrikk
Sol Dunkelbraun 438
Sol Dunkelkamel meliert 448
Ask Cognac 6095
Ask Türkis 6084

Garn: Ask und Sol von Hillesvåg Ullvarefabrikk
Ask Tiefrosa meliert 6568
Ask Eisgrün 6126
Sol Helles Rostorange 445
Ask Meergrün 6029

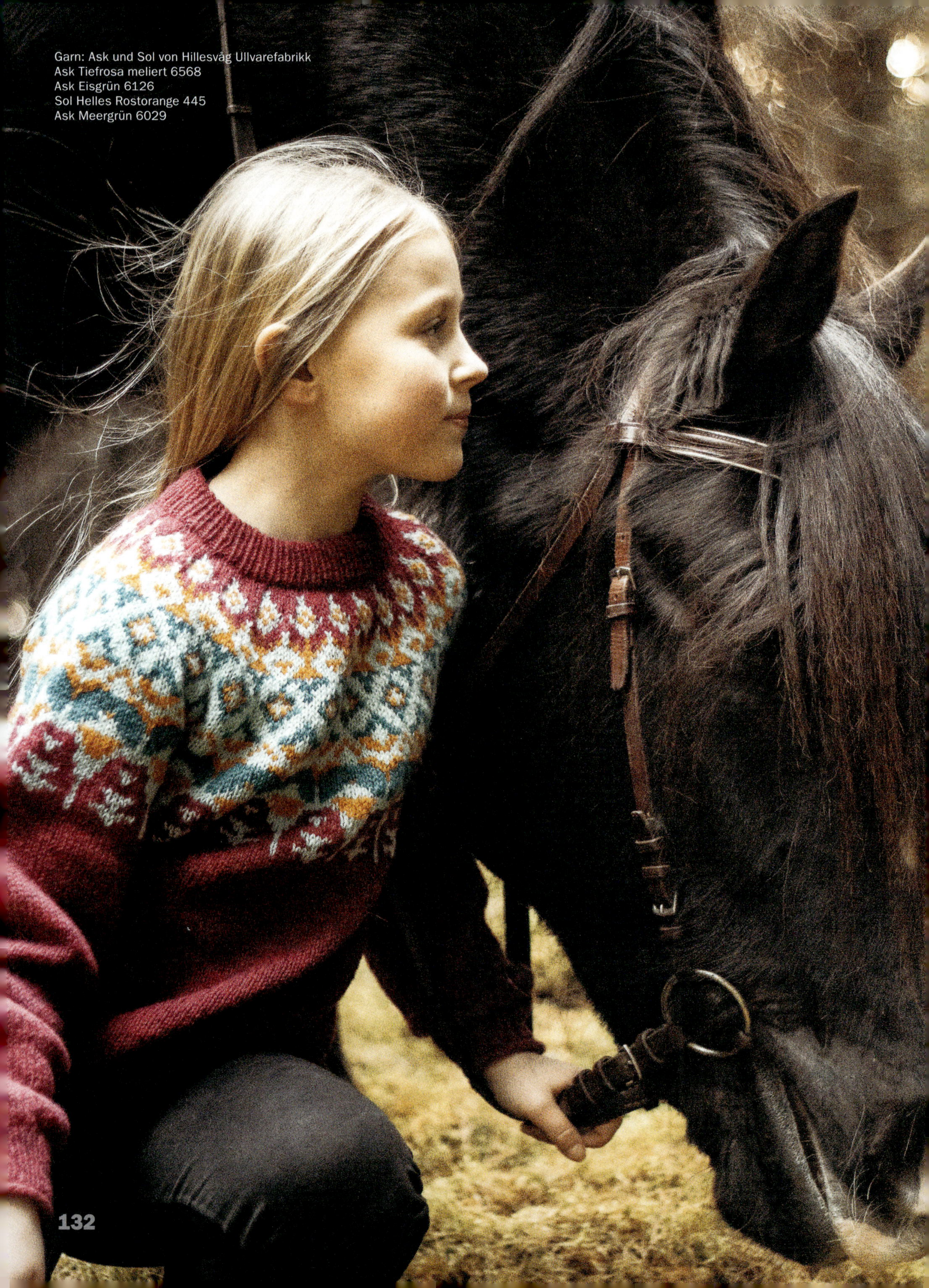

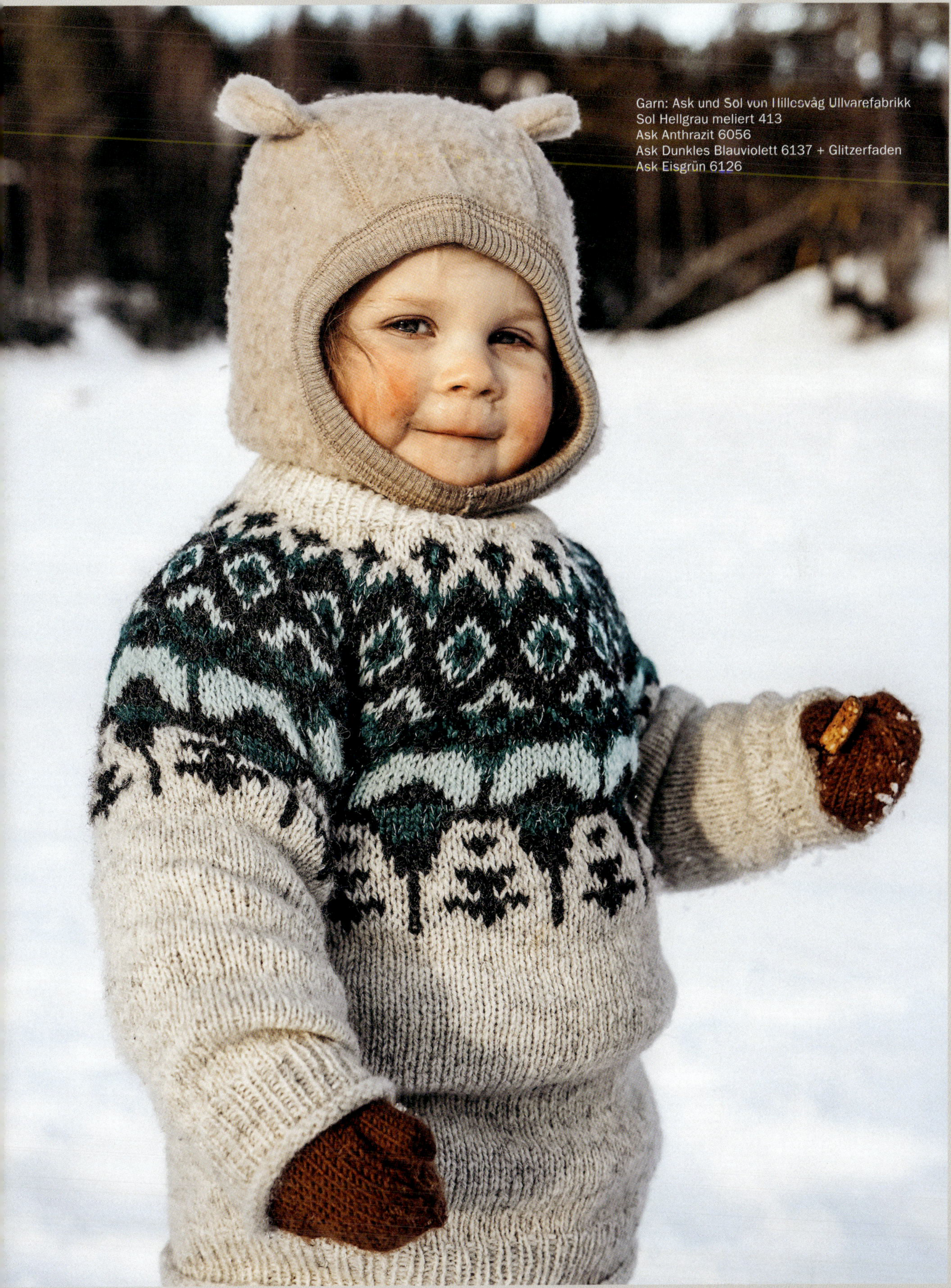

Garn: Ask und Sol von Hillesvåg Ullvarefabrikk
Sol Hellgrau meliert 413
Ask Anthrazit 6056
Ask Dunkles Blauviolett 6137 + Glitzerfaden
Ask Eisgrün 6126

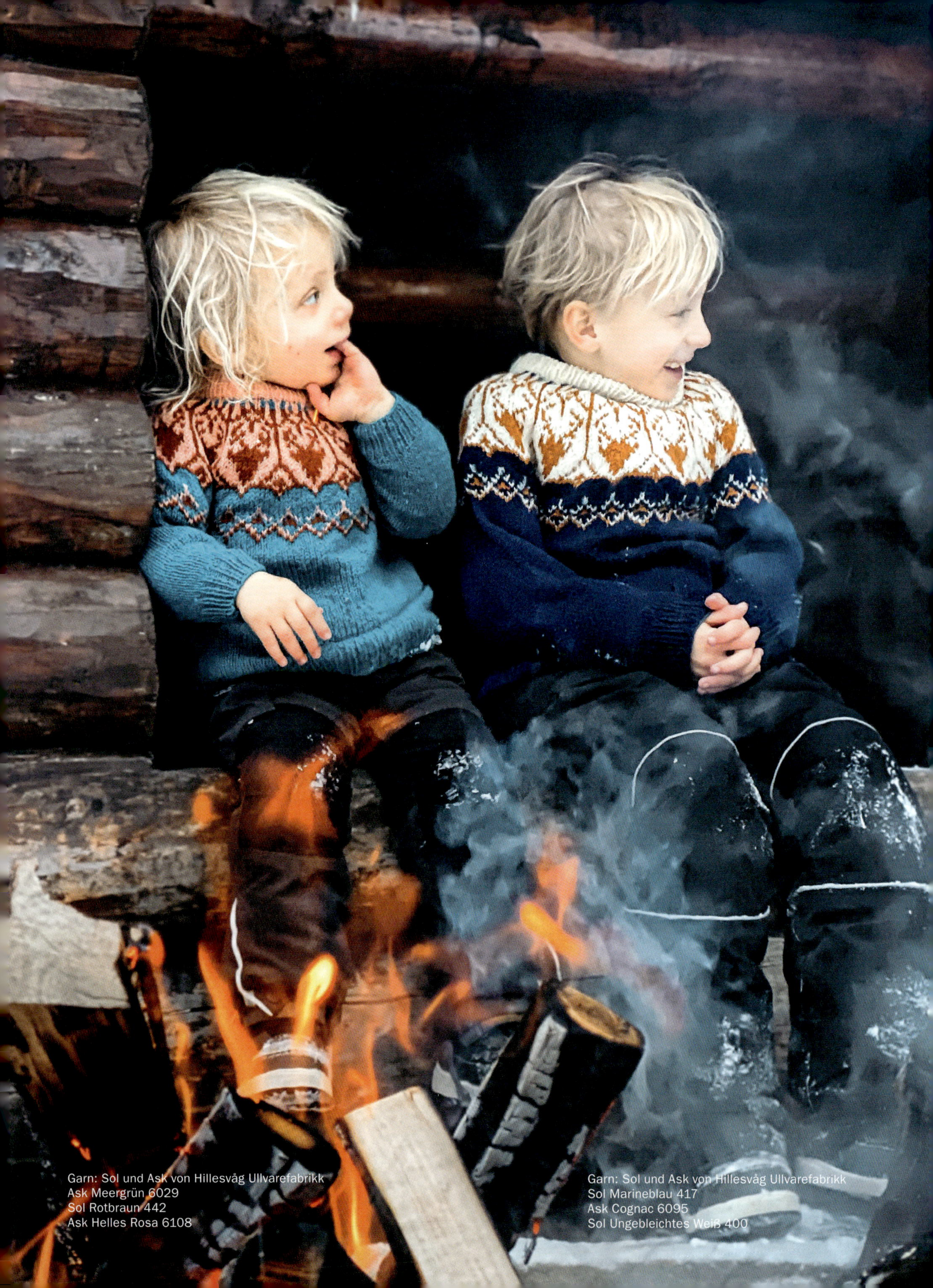

Garn: Sol und Ask von Hillesvåg Ullvarefabrikk
Ask Meergrün 6029
Sol Rotbraun 442
Ask Helles Rosa 6108

Garn: Sol und Ask von Hillesvåg Ullvarefabrikk
Sol Marineblau 417
Ask Cognac 6095
Sol Ungebleichtes Weiß 400

Nordkalotte

Pullover

Es hat mir viel Spaß gemacht, eine Kinderversion dieses Pullovers zu entwerfen und außerdem einige Varianten mit handgefärbtem Garn auszuprobieren.

Die Anleitung dieses Pullovers für Erwachsene findest du im Buch *Einfach nordisch stricken* von 2021.

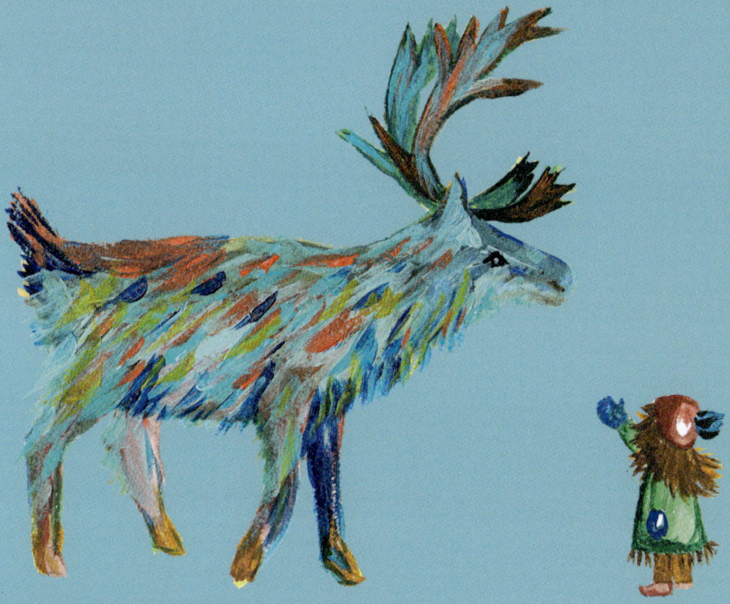

NORDKALOTTE Pullover

Größen
1 (2) 4 (6) 8 (10) 12 Jahre

Maschenprobe
Die Größe wird durch die Maschenprobe/Nadelstärke bestimmt.
10 cm einfarbig glatt rechts mit Nadel Nr. 3,5 (4) 3,5 (4) 3,5 (3,5) 4 = 22 (21) 22 (21) 22 (22) 21 M
10 cm mehrfarbig mit Nadel Nr. 4 (4,5) 4 (4,5) 4 (4) 4,5 = 22 (21) 22 (21) 22 (22) 21 M

Garn
Ask von Hillesvåg Ullvarefabrikk. Garnalternativen auf Seite 9.

Garnmenge

B Basisfarbe: 100 (150) 150 (150) 200 (200) 200 g

1 Musterfarbe 1: 50 g

2 Musterfarbe 2: 50 g

Stricknadeln
Nadelspiel Nr. 3 und Nr. 3,5 (4) 3,5 (4) 3,5 (3,5) 4 und Nr. 4 (4,5) 4 (4,5) 4 (4) 4,5
Rundnadel 50 cm oder 60 cm lang, Nr. 3 und Nr. 3,5 (4) 3,5 (4) 3,5 (3,5) 4 und
Nr. 4 (4,5) 4 (4,5) 4 (4) 4,5
Rundnadel 40 cm lang, Nr. 4 (4,5) 4 (4,5) 4 (4) 4,5

Pullovermaße
Ärmellänge: 19 (25) 29 (31) 35 (38) 42 cm
Brustumfang: 60 (63) 68 (71) 76 (82) 86 cm
Rumpflänge: 22 (27) 29 (31) 35 (36) 37 cm
Gesamtlänge: 33 (38) 42 (45) 50 (52) 54 cm

RUMPF

132 (132) 150 (150) 168 (180) 180 M in der Basisfarbe mit Rundnadel Nr. 3 anschlagen und 4 (4) 5 (5) 6 (6) 6 cm im 1/1-Rippenmuster (1 M re, 1 M li im Wechsel) in Rd str. Zu Rundnadel Nr. 3,5 (4) 3,5 (4) 3,5 (3,5) 4 wechseln und ab jetzt glatt rechts str. Am Rd-Anf und nach 66 (66) 75 (75) 84 (90) 90 M jeweils einen MM setzen (= Vorder- und Rückenteil). Weiterstr, bis der Rumpf 19 (24) 26 (28) 32 (33) 34 cm misst. Zu Nadel Nr. 4 (4,5) 4 (4,5) 4 (4) 4,5 wechseln und gemäß Zählmuster A (S. 138) str. Der Rumpf ist danach 22 (27) 29 (31) 35 (36) 37 cm lang. Je 8 (8) 9 (9) 12 (14) 14 M für die Armlöcher auf einem Hilfsfaden oder Maschenhalter stilllegen (die M beiderseits des MMs).

ÄRMEL

34 (36) 38 (38) 40 (42) 42 M in der Basisfarbe mit Nadelspiel Nr. 3 anschlagen und 4 (4) 5 (5) 6 (6) 6 cm im 1/1-Rippenmuster (1 M re, 1 M li im Wechsel) in Rd str. Zu Nadel Nr. 3,5 (4) 3,5 (4) 3,5 (3,5) 4 wechseln und ab jetzt glatt rechts str. In der 1. Rd gleichmäßig verteilt auf 42 (42) 44 (46) 48 (50) 50 M zun. Die mittlere M unter dem Ärmel markieren und alle 1,5 (2) 2 (2) 2 (2) 2 cm beidseitig des MMs 1 M zun, bis 54 (54) 60 (60) 66 (72) 72 M vorhanden sind. In der Basisfarbe weiterstr, bis der Ärmel 16 (22) 26 (28) 32 (35) 39 cm misst. Zu Nadel Nr. 4 (4,5) 4 (4,5) 4 (4) 4,5 wechseln und gemäß Zählmuster A str. Der Ärmel ist danach 19 (25) 29 (31) 35 (38) 42 cm lang. 8 (8) 9 (9) 12 (13) 13 M unter dem Ärmel auf einem Hilfsfaden oder Maschenhalter stilllegen (die M beiderseits des MMs).

Den zweiten Ärmel genauso str.

PASSE

Die Ärmel-M auf die Rundnadel mit den Rumpf-M str: 1. Ärmel, Vorderteil, 2. Ärmel, Rückenteil = 208 (208) 234 (234) 252 (270) 270 M. Der erste Übergang (linke Schulter hinten) bildet den Rd-Anf/das Rd-Ende. Gemäß Zählmuster B (B) C (C) C (C) C für die Passe str, dabei das Muster in der vorderen Mitte zentrieren, sodass Säule 4 in Zählmuster A auf Säule 9 (9) 10 (10) 10 (10) 10 in Zählmuster B (B) C (C) C (C) C in der vorderen Mitte des Pullovers trifft.

Hinweis: Das Muster geht an den Übergängen zwischen Ärmel/Rumpf und Ärmel/Passe nicht auf. Zur kürzeren Rundnadel wechseln, wenn weniger M auf der Nadel sind. Zu Nadel Nr. 3 wechseln wie im Zählmuster angegeben. Mit dem Halsbündchen fortfahren.

HALSBÜNDCHEN

Es liegen 80 (80) 84 (86) 88 (88) 90 M auf Nadel Nr. 3. 6 (6) 6 (6) 7 (7) 7 cm im 1/1-Rippenmuster (1 M re, 1 M li im Wechsel) in Rd str und wie folgt elastisch abk: 2 M str. Beide M zurück auf die linke Nadel heben und durch den hinteren Maschenbogen (= rechts verschränkt) zus-str. [1 M str, die M zurück auf die linke Nadel heben, mit der M links daneben durch den hinteren Maschenbogen (= rechts verschränkt) zus-str] stets wdh, bis noch 1 M übrig ist. Den Faden abschneiden und durch diese M ziehen. Das Bündchen nach innen falten und locker annähen.

FERTIGSTELLEN

Alle Fäden vernähen und die Öffnung unter den Ärmeln zus-str oder -nähen. Den Pullover ausspülen, in Form ziehen und liegend trocknen lassen.

ZÄHLMUSTER A

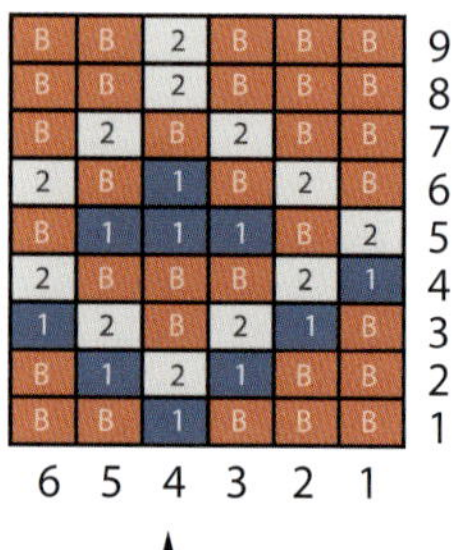

Vordere Mitte des Pullovers

ZÄHLMUSTER B Größe 1 Jahr (2 Jahre)

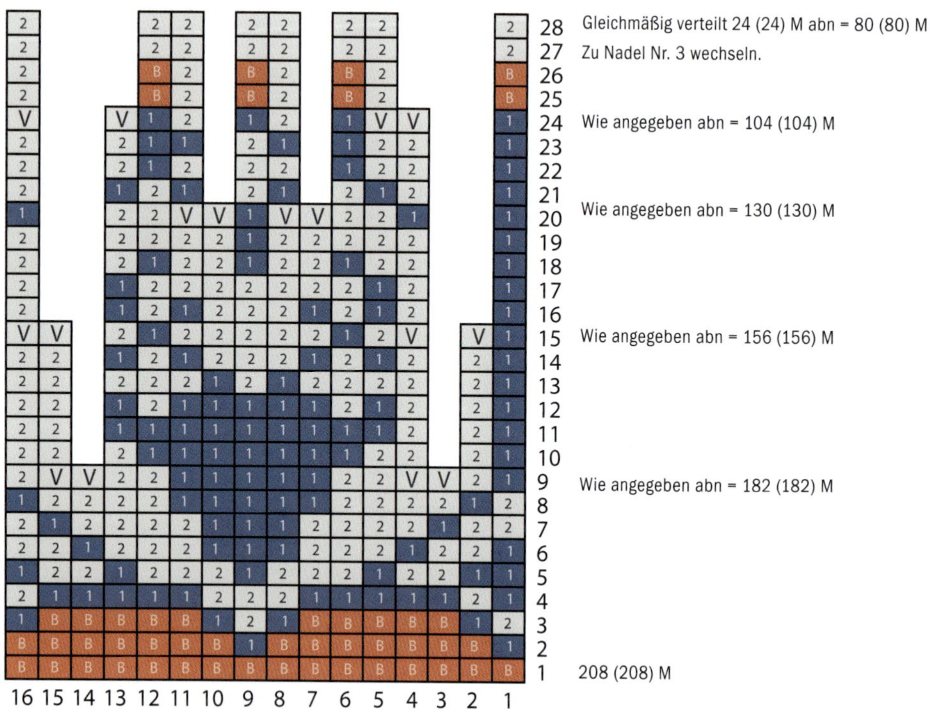

Vordere Mitte des Pullovers

ZÄHLMUSTER C Größe 4 (6) 8 (10) 12 Jahre

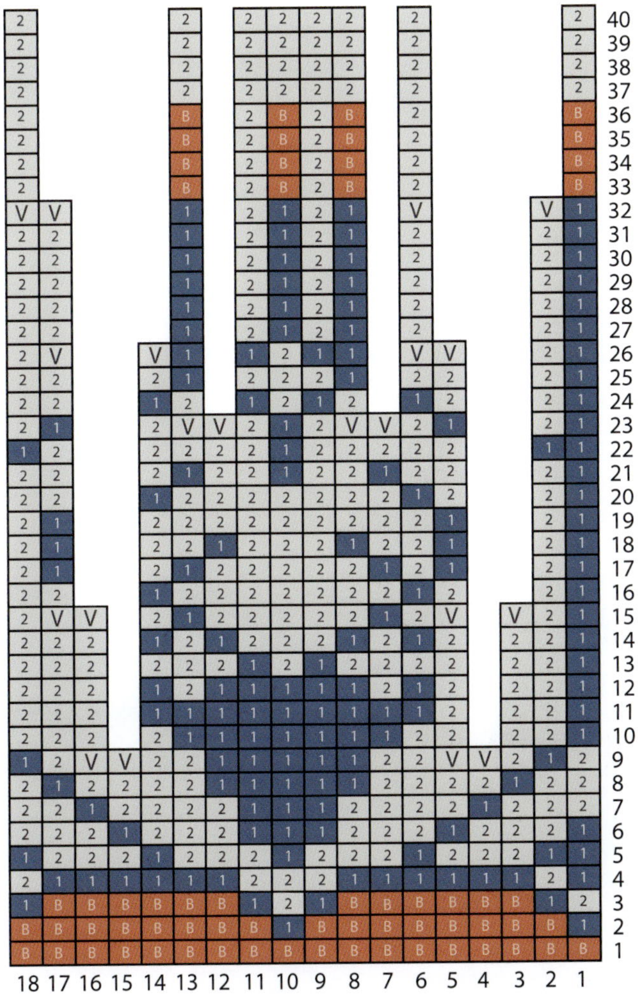

39 Gleichmäßig verteilt 20 (18) (24) 32 (30) M abn = 84 (86) (88) 88 (90) M
38 Für Gr. 4 (6) 8 überspringen.
37 Zu Nadel Nr. 3 wechseln.
36 Für Gr. 4 (6) 8 überspringen.
32 Wie angegeben abn = 104 (104) 112 (120) 120 M
31 Für Gr. 4 (6) 8 überspringen.
26 Wie angegeben abn = 130 (130) 140 (150) 150 M
23 Wie angegeben abn = 156 (156) 168 (180) 180 M
18 Für Gr. 4 (6) überspringen.
15 Wie angegeben abn = 182 (182) 196 (210) 210 M
9 Wie angegeben abn = 208 (208) 224 (240) 240 M
1 234 (234) 252 (270) 270 M

V 1 M
V V Diese 2 M re zus-str.

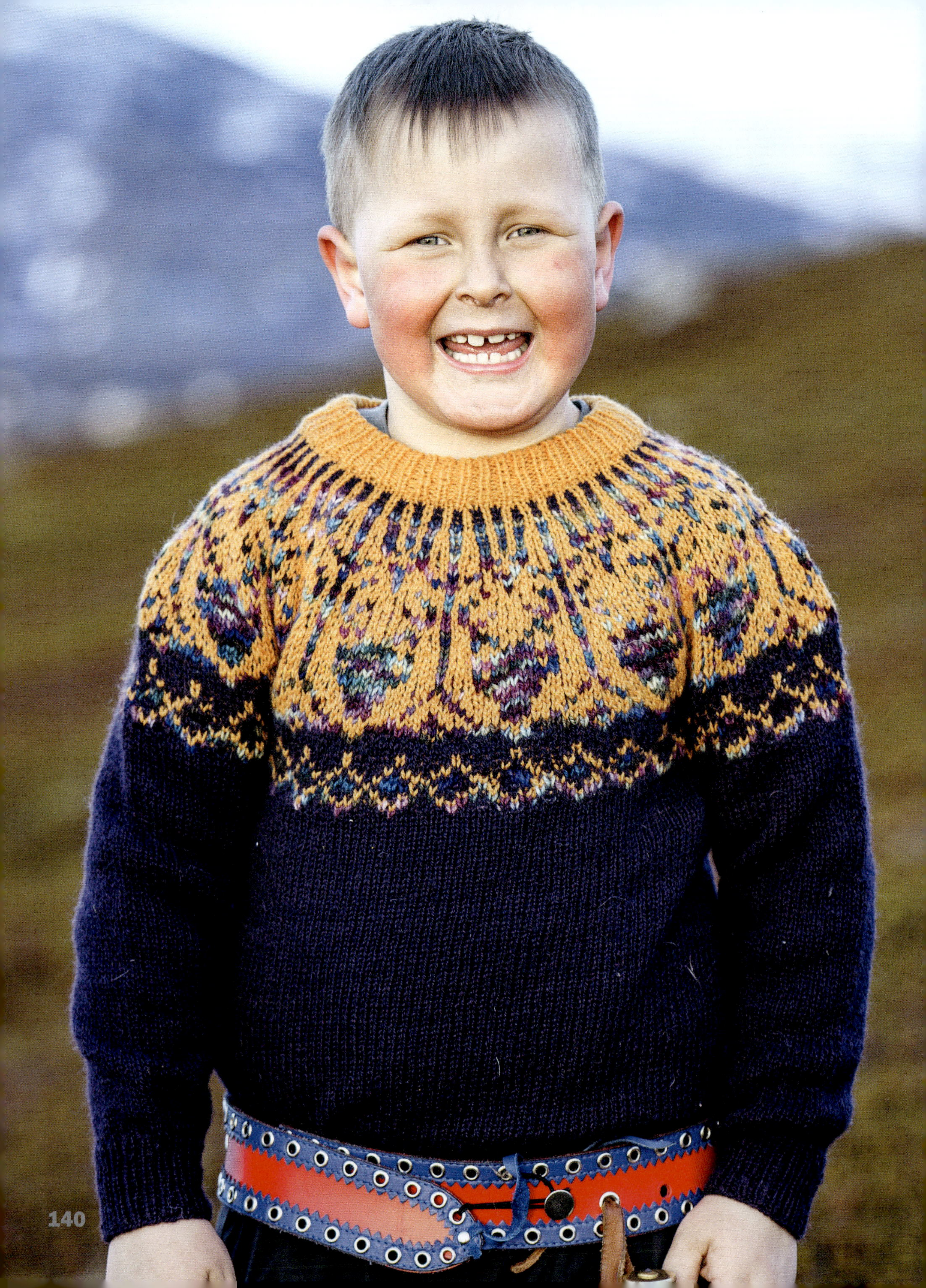

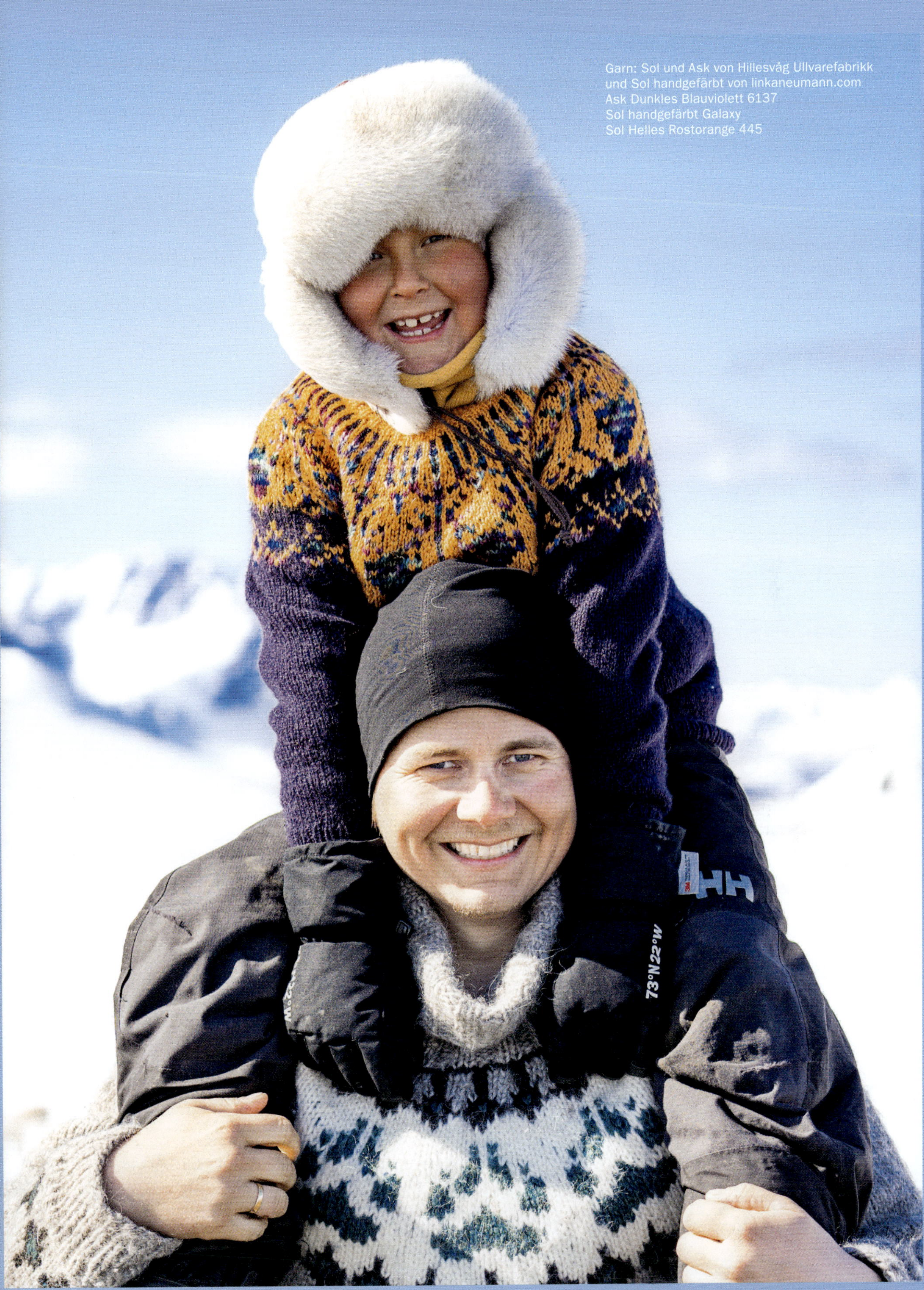

Garn: Sol und Ask von Hillesvåg Ullvarefabrikk
und Sol handgefärbt von linkaneumann.com
Ask Dunkles Blauviolett 6137
Sol handgefärbt Galaxy
Sol Helles Rostorange 445

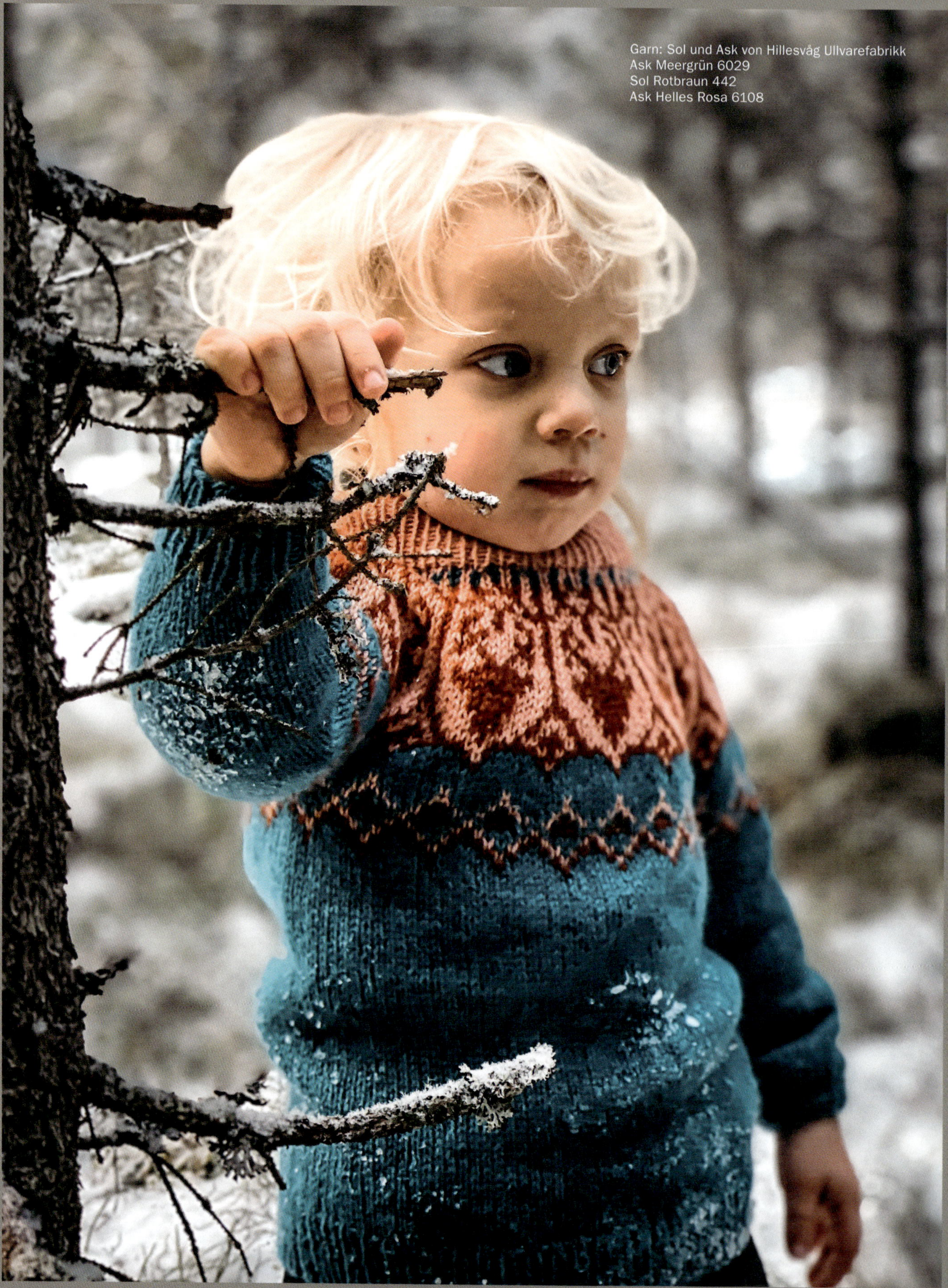

Garn: Sol und Ask von Hillesvåg Ullvarefabrikk
Ask Meergrün 6029
Sol Rotbraun 442
Ask Helles Rosa 6108

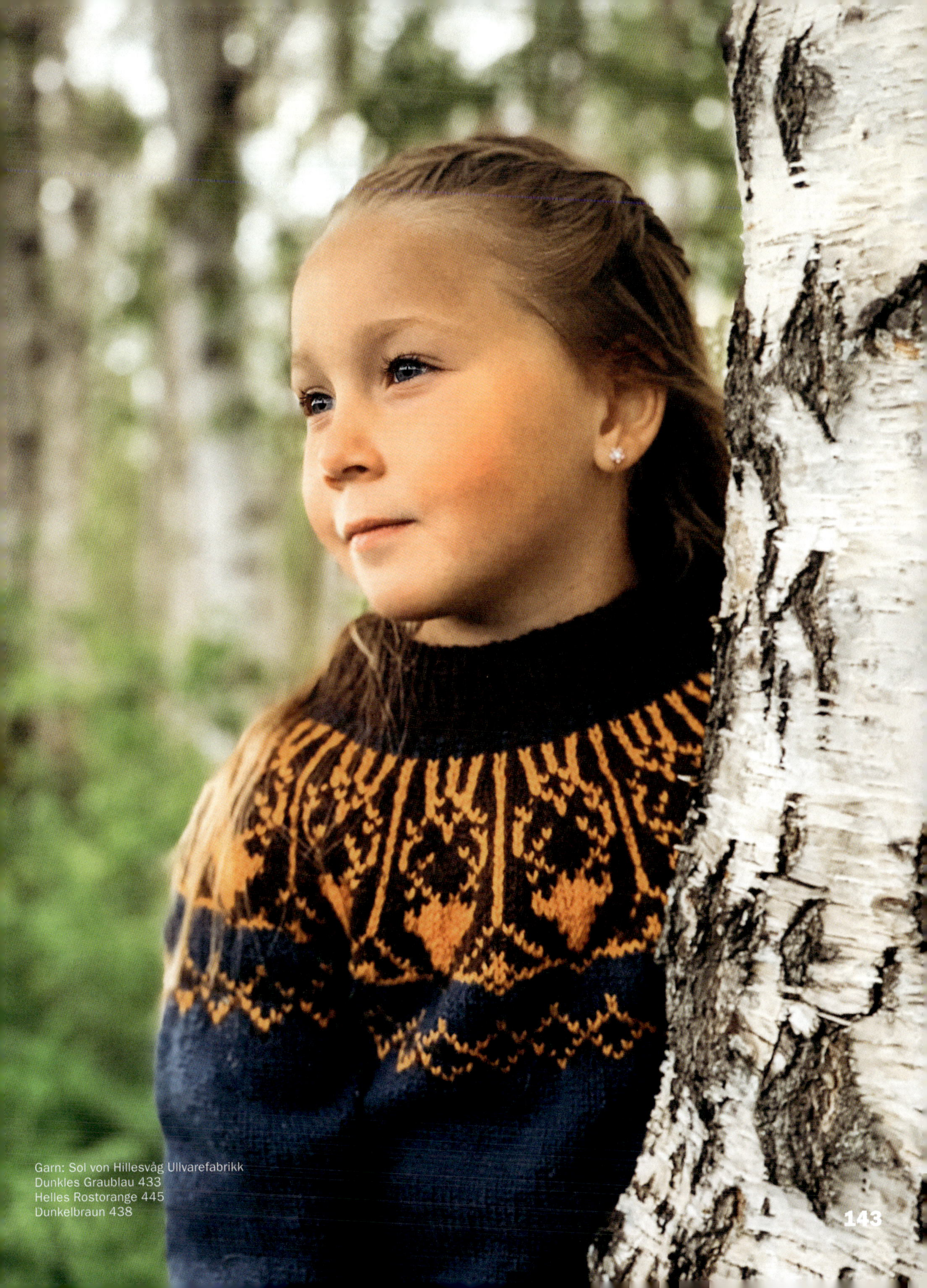

Garn: Sol von Hillesvåg Ullvarefabrikk
Dunkles Graublau 433
Helles Rostorange 445
Dunkelbraun 438

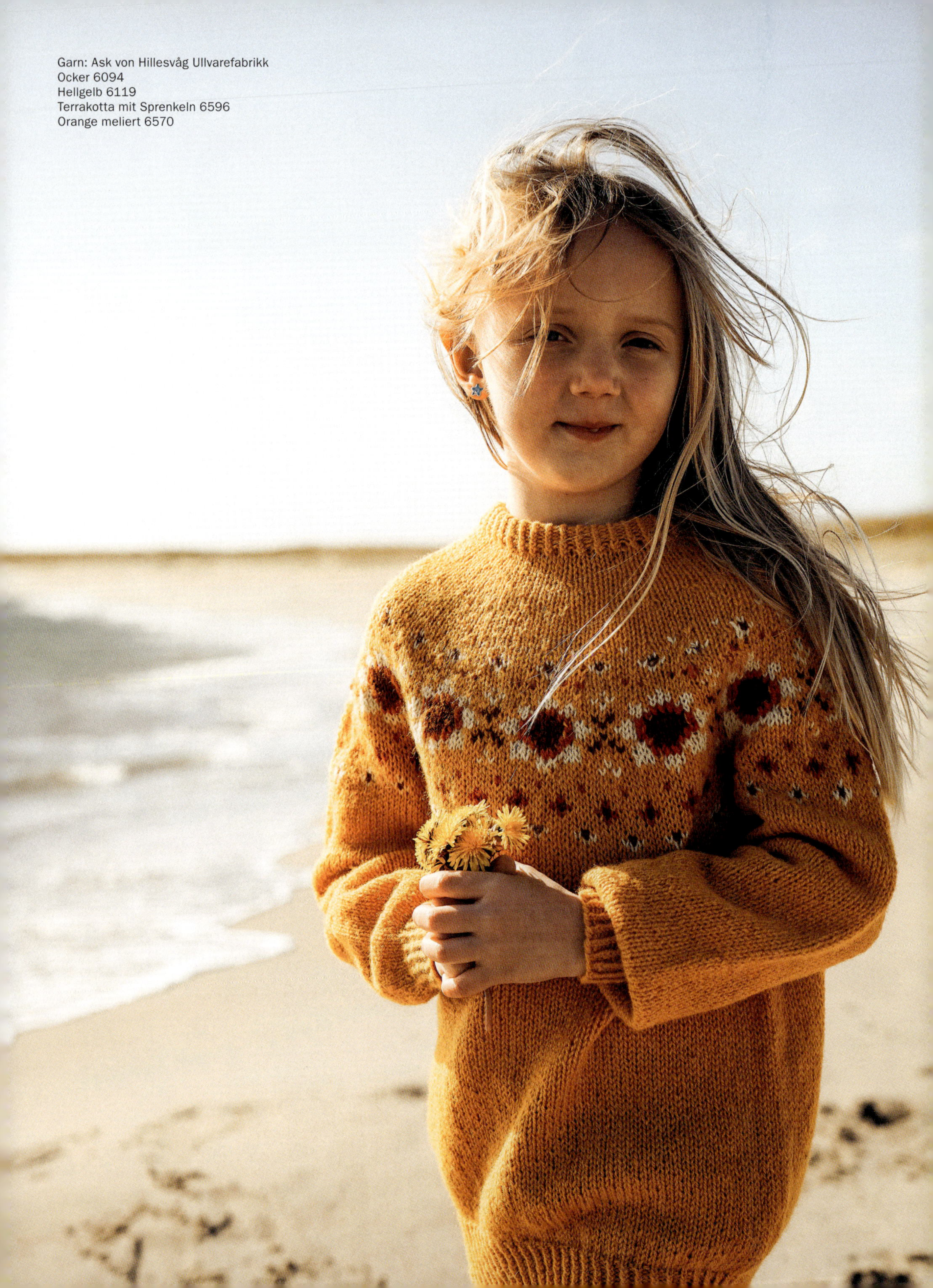

Garn: Ask von Hillesvåg Ullvarefabrikk
Ocker 6094
Hellgelb 6119
Terrakotta mit Sprenkeln 6596
Orange meliert 6570

Pokhara
Pullover

Das Design für Pokhara ist eine einfachere Version des Erwachsenenpullovers Katmandu und wurde an Kinderproportionen angepasst. Das erste Mal habe ich das Design auf einer kleinen Weste für Ranja verwendet. Sie brauchte ein warmes Kleidungsstück für die Übergangszeit. Das Motiv gefiel mir so gut, dass ich es noch öfter verwenden wollte. Die Farben bestimmen, welche Blume es sein soll. Pokhara ist übrigens der Name der zweitgrößten Stadt Nepals.

Wenn der Pullover fertig gestrickt ist, wird der Kranz um die Blütenmitte im Maschenstich aufgestickt.

POKHARA Pullover

Größen
1 (2) 4 (6) 8 (10) 12 Jahre

Maschenprobe
Die Größe wird durch die Maschenprobe/Nadelstärke bestimmt.
10 cm einfarbig glatt rechts mit Nadel Nr. 3,5 (4) 3,5 (4) 3,5 (3,5) 4 = 22 (21) 22 (21) 22 (22) 21 M
10 cm mehrfarbig mit Nadel Nr. 4 (4,5) 4 (4,5) 4 (4) 4,5 = 22 (21) 22 (21) 22 (22) 21 M

Garn
Ask von Hillesvåg Ullvarefabrikk. Garnalternativen auf Seite 9.

Garnmenge

B Basisfarbe: 150 (200) 200 (200) 250 (250) 250 g

1 Musterfarbe 1: 50 g

2 Musterfarbe 2: 50 g

3 Musterfarbe 3: 50 g

Stricknadeln
Nadelspiel Nr. 3 und Nr. 3,5 (4) 3,5 (4) 3,5 (3,5) 4 und Nr. 4 (4,5) 4 (4,5) 4 (4) 4,5
Rundnadel 50 cm oder 60 cm lang, Nr. 3 und Nr. 3,5 (4) 3,5 (4) 3,5 (3,5) 4 und Nr. 4 (4,5) 4 (4,5) 4 (4) 4,5
Rundnadel 40 cm lang, Nr. 3,5 (4) 3,5 (4) 3,5 (3,5) 4

Pullovermaße
Ärmellänge: 19 (25) 29 (31) 35 (38) 42 cm
Brustumfang: 60 (65) 68 (71) 76 (81) 87 cm
Rumpflänge: 22 (27) 29 (31) 35 (36) 37 cm
Gesamtlänge: 33 (38) 42 (45) 50 (52) 54 cm

RUMPF

132 (138) 150 (150) 168 (180) 180 M in der Basisfarbe mit Rundnadel Nr. 3 anschlagen und 4 (4) 5 (5) 6 (6) 6 cm im 1/1-Rippenmuster (1 M re, 1 M li im Wechsel) in Rd str. Zu Rundnadel Nr. 3,5 (4) 3,5 (4) 3,5 (3,5) 4 wechseln und ab jetzt glatt rechts str. Am Rd-Anf und nach 66 (69) 75 (75) 84 (90) 90 M jeweils einen MM setzen (= Vorder- und Rückenteil). Weiterstr, bis der Rumpf 19 (24) 26 (28) 32 (33) 34 cm misst. Zu Nadel Nr. 4 (4,5) 4 (4,5) 4 (4) 4,5 wechseln und gemäß Zählmuster A (S. 148) str. Der Rumpf ist danach 22 (27) 29 (31) 35 (36) 37 cm lang. Je 8 (10) 9 (9) 12 (13) 13 M für die Armlöcher auf einem Hilfsfaden oder Maschenhalter stilllegen (die M beiderseits des MMs).

ÄRMEL

34 (36) 38 (38) 40 (42) 42 M in der Basisfarbe mit Nadelspiel Nr. 3 anschlagen und 4 (4) 5 (5) 6 (6) 6 cm im 1/1-Rippenmuster (1 M re, 1 M li im Wechsel) in Rd str. Zu Nadel Nr. 3,5 (4) 3,5 (4) 3,5 (3,5) 4 wechseln und ab jetzt glatt rechts str. In der 1. Rd gleichmäßig verteilt auf 42 (42) 46 (46) 48 (50) 50 M zun. Die mittlere M unter dem Ärmel markieren und alle 1,5 (2) 2 (2) 2 (2) 2 cm beidseitig des MMs 1 M zun, bis 54 (54) 60 (60) 66 (72) 72 M vorhanden sind. In der Basisfarbe weiterstr, bis der Ärmel 16 (22) 26 (28) 32 (35) 39 cm misst. Zu Nadel Nr. 4 (4,5) 4 (4,5) 4 (4) 4,5 wechseln und gemäß Zählmuster A str. Der Ärmel ist danach 19 (25) 29 (31) 35 (38) 42 cm lang. 8 (9) 9 (9) 12 (14) 14 M unter dem Ärmel auf einem Hilfsfaden oder Maschenhalter stilllegen (die M beiderseits des MMs).

Den zweiten Ärmel genauso str.

PASSE

Die Ärmel-M auf die Rundnadel mit den Rumpf-M str: 1. Ärmel, Vorderteil, 2. Ärmel, Rückenteil = 208 (208) 234 (234) 252 (270) 270 M. Der erste Übergang (linke Schulter hinten) bildet den Rd-Anf/das Rd-Ende. Gemäß Zählmuster B (B) C (C) C (C) die Passe str, dabei das Muster in der vorderen Mitte zentrieren. Hinweis: Das Muster geht an den Übergängen zwischen Ärmel/Rumpf und Ärmel/Passe nicht auf. Zur kürzeren Rundnadel wechseln, wenn weniger M auf der Nadel sind. Zu Nadel Nr. 3 wechseln wie im Zählmuster angegeben.

HALSBÜNDCHEN

Es liegen 82 (82) 84 (86) 90 (90) 92 M auf Nadel Nr. 3. Im 1/1-Rippenmuster (1 M re, 1 M li im Wechsel) 6 (6) 6 (6) 7 (7) 7 cm in Rd str und wie folgt elastisch abk: 2 M str. Beide M zurück auf die linke Nadel heben und durch den hinteren Maschenbogen (= rechts verschränkt) zus-str. [1 M str, die M zurück auf die linke Nadel heben, mit der M links daneben durch den hinteren Maschenbogen (= rechts verschränkt) zus-str] stets wdh, bis noch 1 M übrig ist. Den Faden abschneiden und durch diese M ziehen. Das Bündchen nach innen falten und locker annähen.

FERTIGSTELLEN

Alle Fäden vernähen und die Öffnung unter den Ärmeln zus-str oder -nähen. Den Pullover ausspülen, in Form ziehen und liegend trocknen lassen.

Den Pullover zum Schluss in der Musterfarbe 3 (im Zählmuster markiert mit »M«) im Maschenstich (siehe S. 13) besticken. Anleitungsvideos gibt es auf YouTube unter dem Stichwort Maschenstich/ duplicate stitch.

ZÄHLMUSTER A

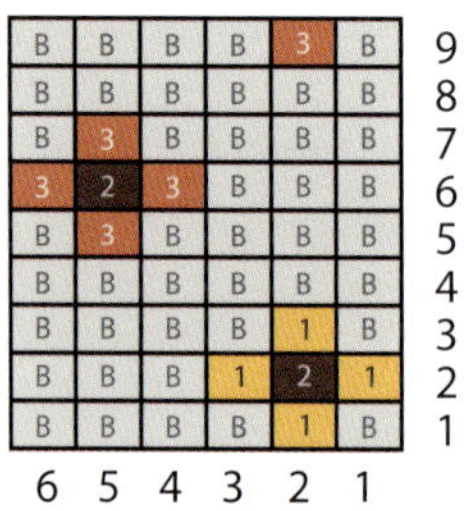

Vordere Mitte des Pullovers

ZÄHLMUSTER B Größe 1 Jahr (2 Jahre)

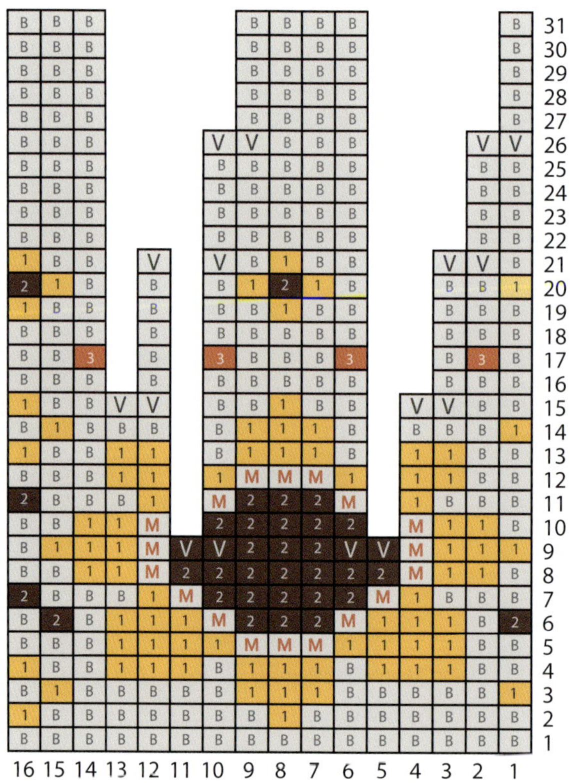

Reihe 31: Gleichmäßig verteilt 22 (22) M abn = 82 (82

Reihe 30: Zu Nadel Nr. 3 wechseln.

Reihe 26: Wie angegeben abn = 104 (104) M

Reihe 22: Zu Nadel Nr. 3,5 (4) wechseln.

Reihe 21: Wie angegeben abn = 130 (130) M

Reihe 15: Wie angegeben abn = 156 (156) M

Reihe 9: Wie angegeben abn = 182 (182) M

Reihe 1: 208 (208) M

Vordere Mitte des Pullovers

V — 1 M

V V — Diese 2 M re zus-str.

M — Im Maschenstich in der Musterfarbe 3 aufsticken

ZÄHLMUSTER C Größe 4 (6) 8 (10) 12 Jahre

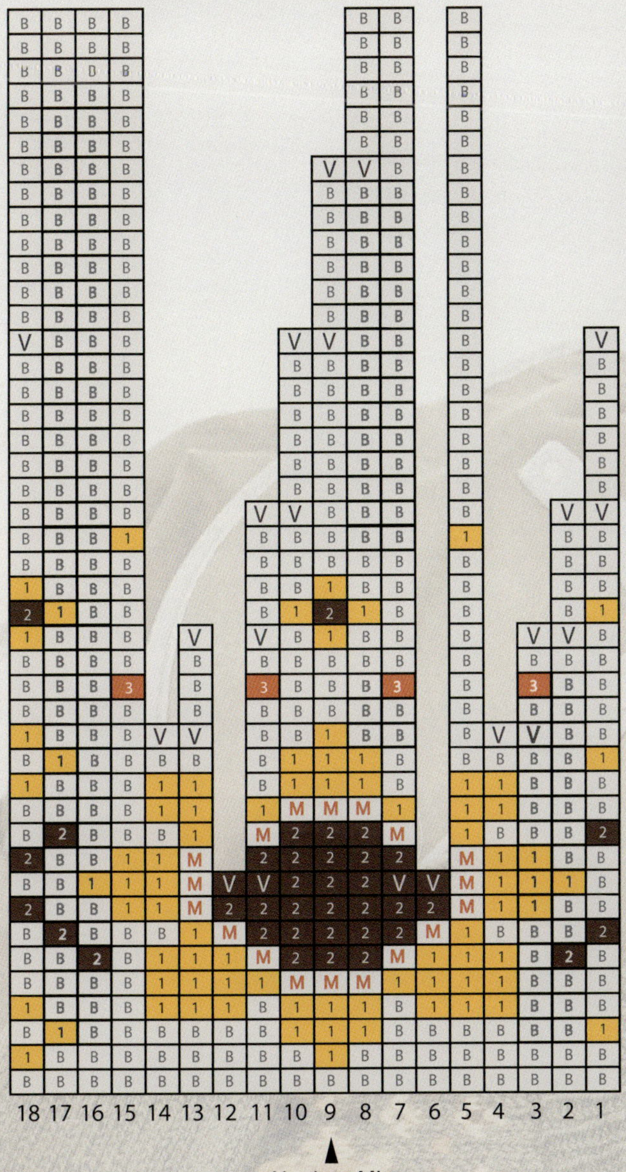

44 Für Gr. 8 (10) 12 beenden. Die M-Zahl auf 90 (90) 92 M anpassen.

42 Für Gr. 8 (10) 12 zu Nadel Nr. 3 wechseln.

41 Für Gr. 8 überspringen.

38 Nur für Gr. 8 (10) 12: Wie angegeben abn = 98 (105) 105 M

37 Für Gr. 4 (6) beenden. Die M-Zahl auf 84 (86) M anpassen.

36 Für Gr. 4 (6) zu Nadel Nr. 3 wechseln.

35 Für Gr. 8 überspringen.

31 Wie angegeben abn = 104 (104) 112 (120) 120 M

25 Zu Nadel Nr. 3,5 (4) 3,5 (3,5) 4 wechseln.

24 Wie angegeben abn = 130 (130) 140 (150) 150 M

19 Wie angegeben abn = 156 (156) 168 (850) 180 M

15 Wie angegeben abn = 182 (182) 196 (210) 210 M

9 Wie angegeben abn = 208 (208) 224 (240) 240 M

1 234 (234) 252 (270) 270 M

Vordere Mitte des Pullovers

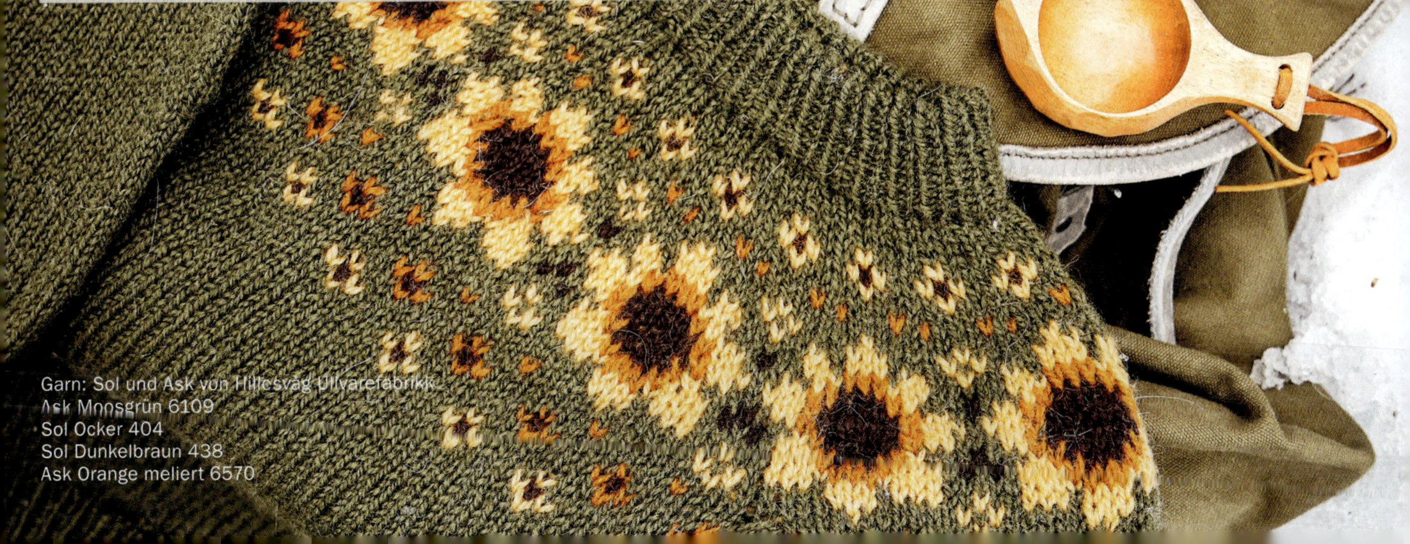

Garn: Sol und Ask von Hillesvåg Ullvarefabrikk
Ask Moosgrün 6109
Sol Ocker 404
Sol Dunkelbraun 438
Ask Orange meliert 6570

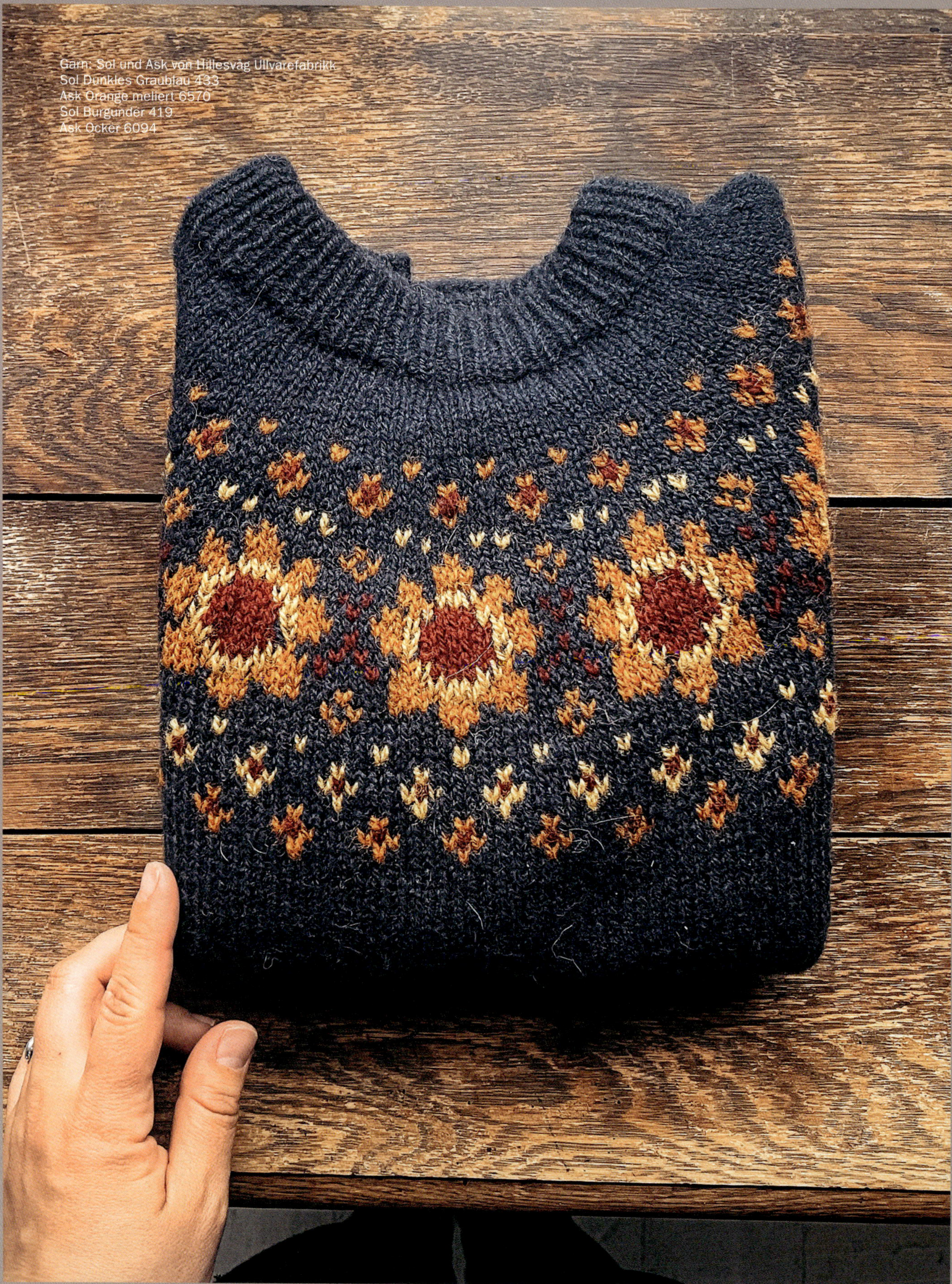

Garn: Sol und Ask von Hillesvåg Ullvarefabrikk
Sol Dunkles Graublau 433
Ask Orange meliert 6570
Sol Burgunder 419
Ask Ocker 6094

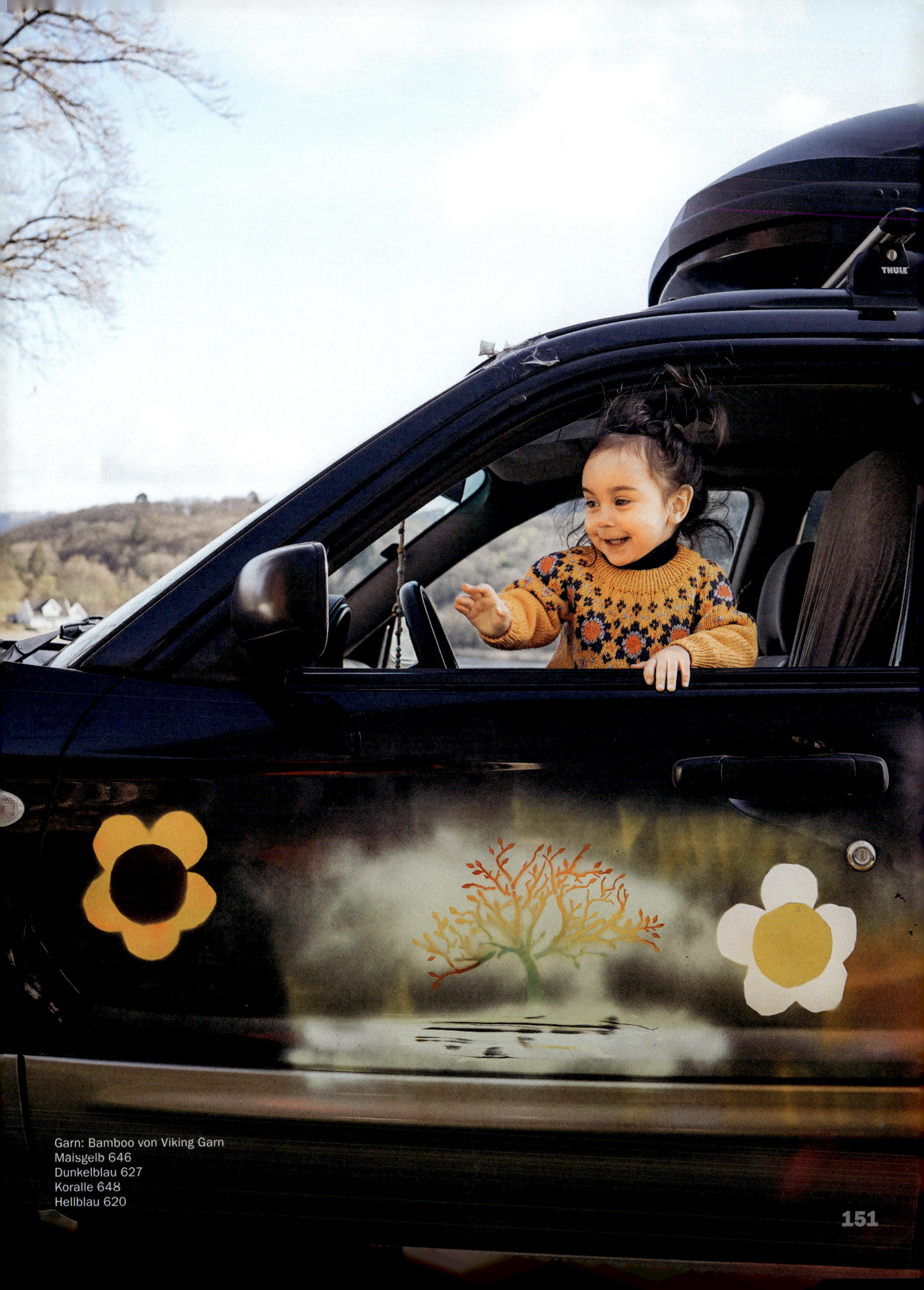

Garn: Bamboo von Viking Garn
Maisgelb 646
Dunkelblau 627
Koralle 648
Hellblau 620

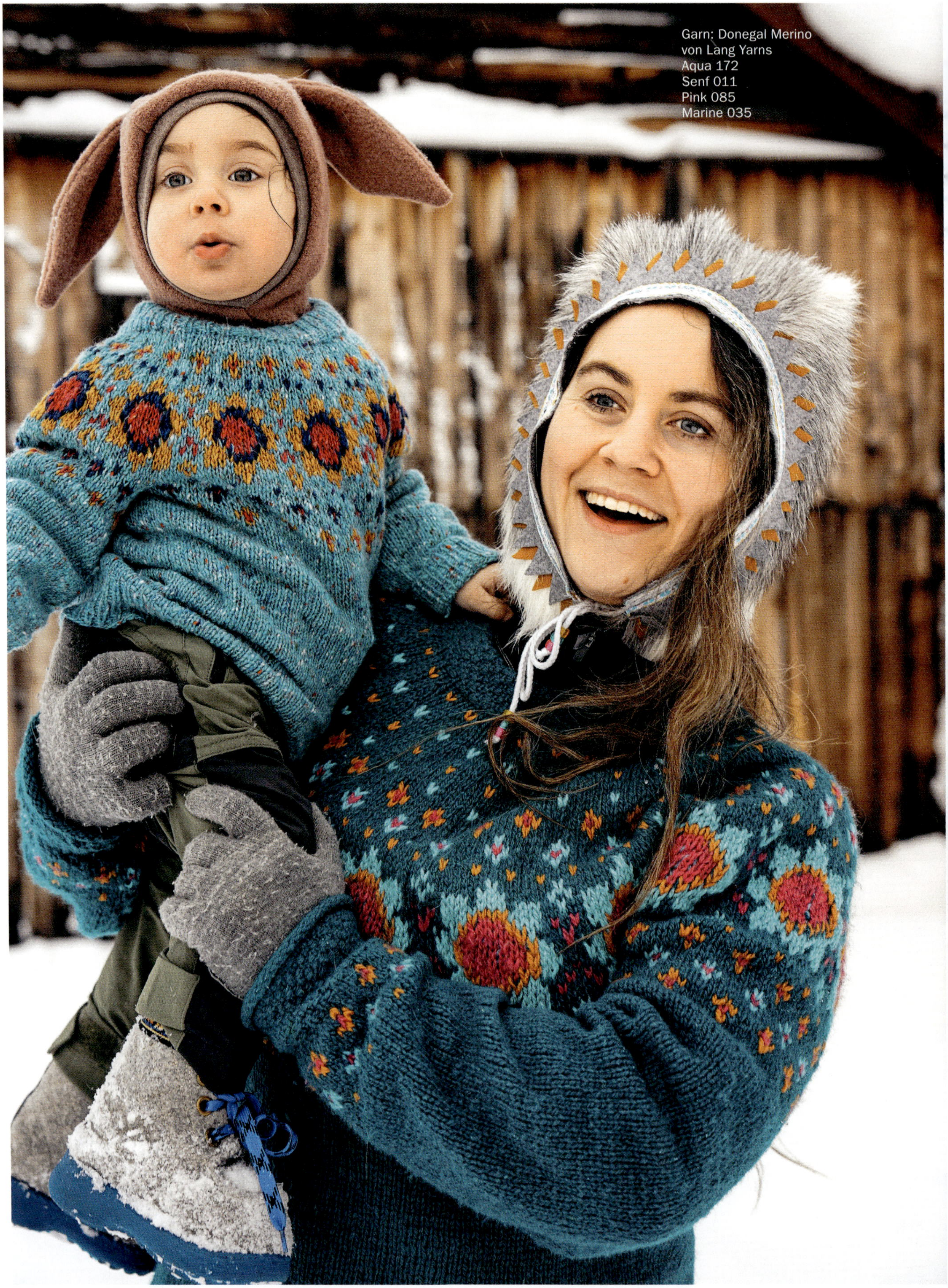

Garn: Donegal Merino
von Lang Yarns
Aqua 172
Senf 011
Pink 085
Marine 035

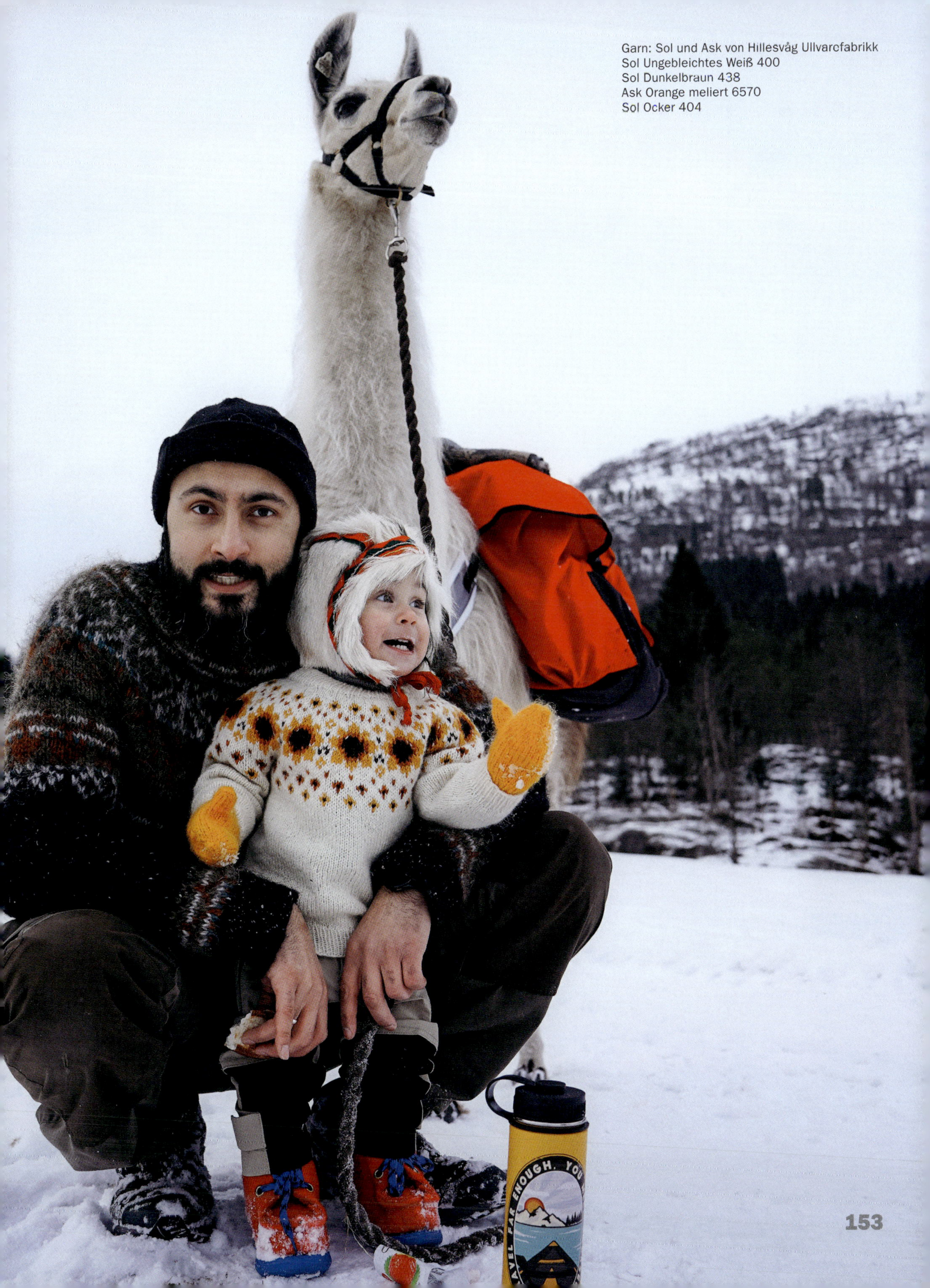

Garn: Sol und Ask von Hillesvåg Ullvarefabrikk
Sol Ungebleichtes Weiß 400
Sol Dunkelbraun 438
Ask Orange meliert 6570
Sol Ocker 404

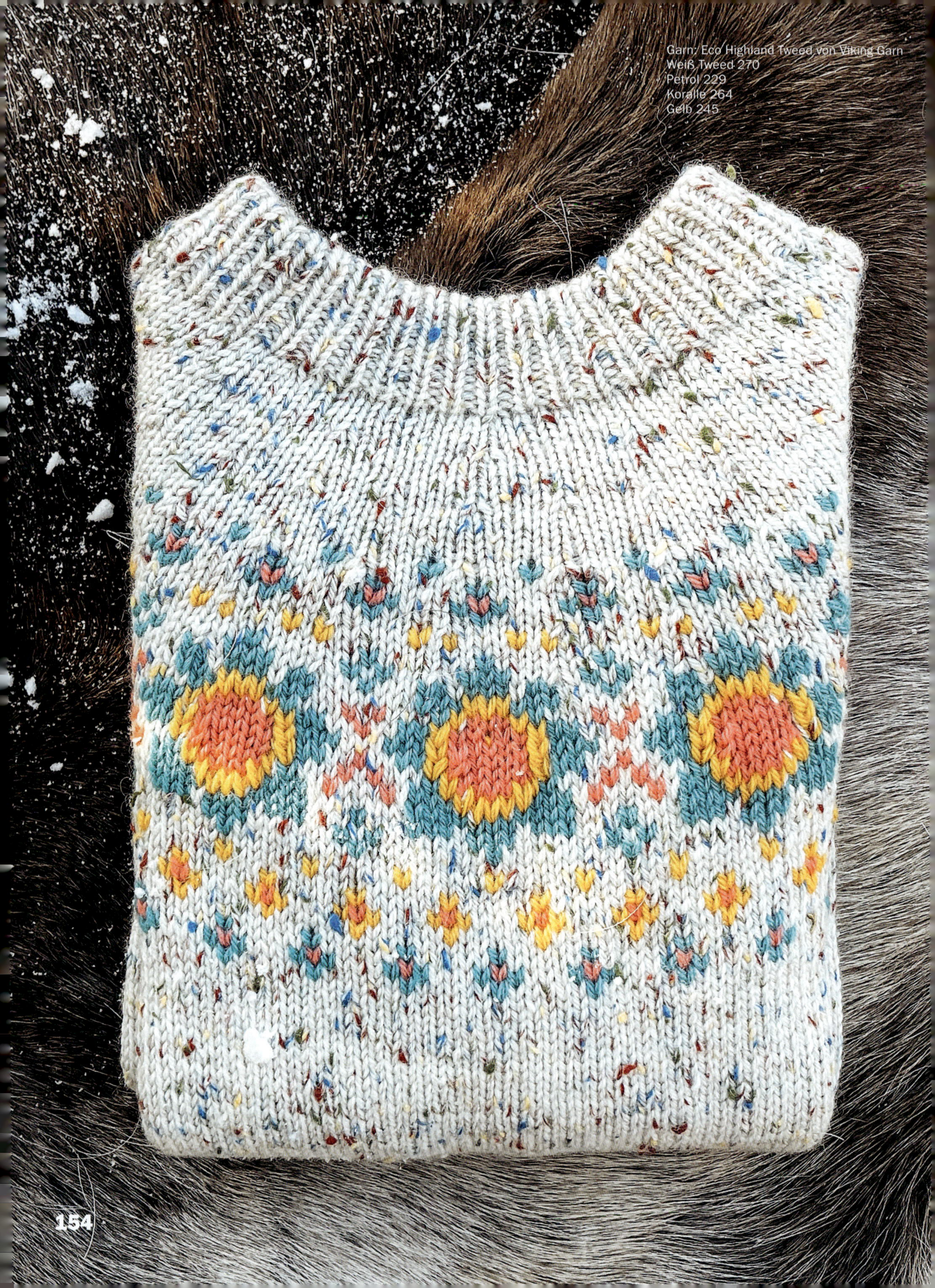

Garn: Eco Highland Tweed von Viking Garn
Weiß Tweed 270
Petrol 229
Koralle 264
Gelb 245

Garn: Ask von Hillesvåg Ullvarefabrikk
Hellblau 6081
Ungebleichtes Weiß 6077
Ocker 6094
Orange meliert 6570

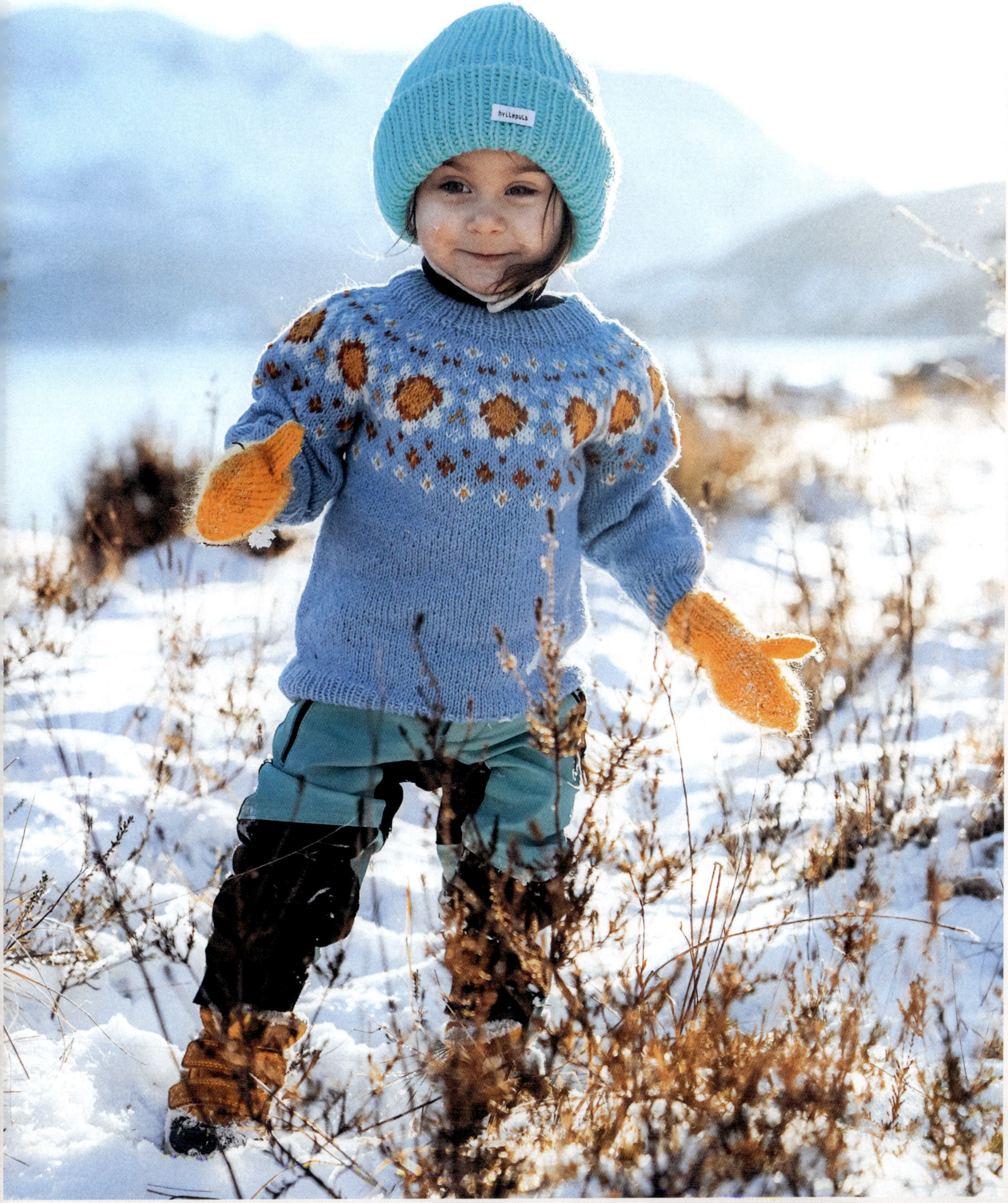

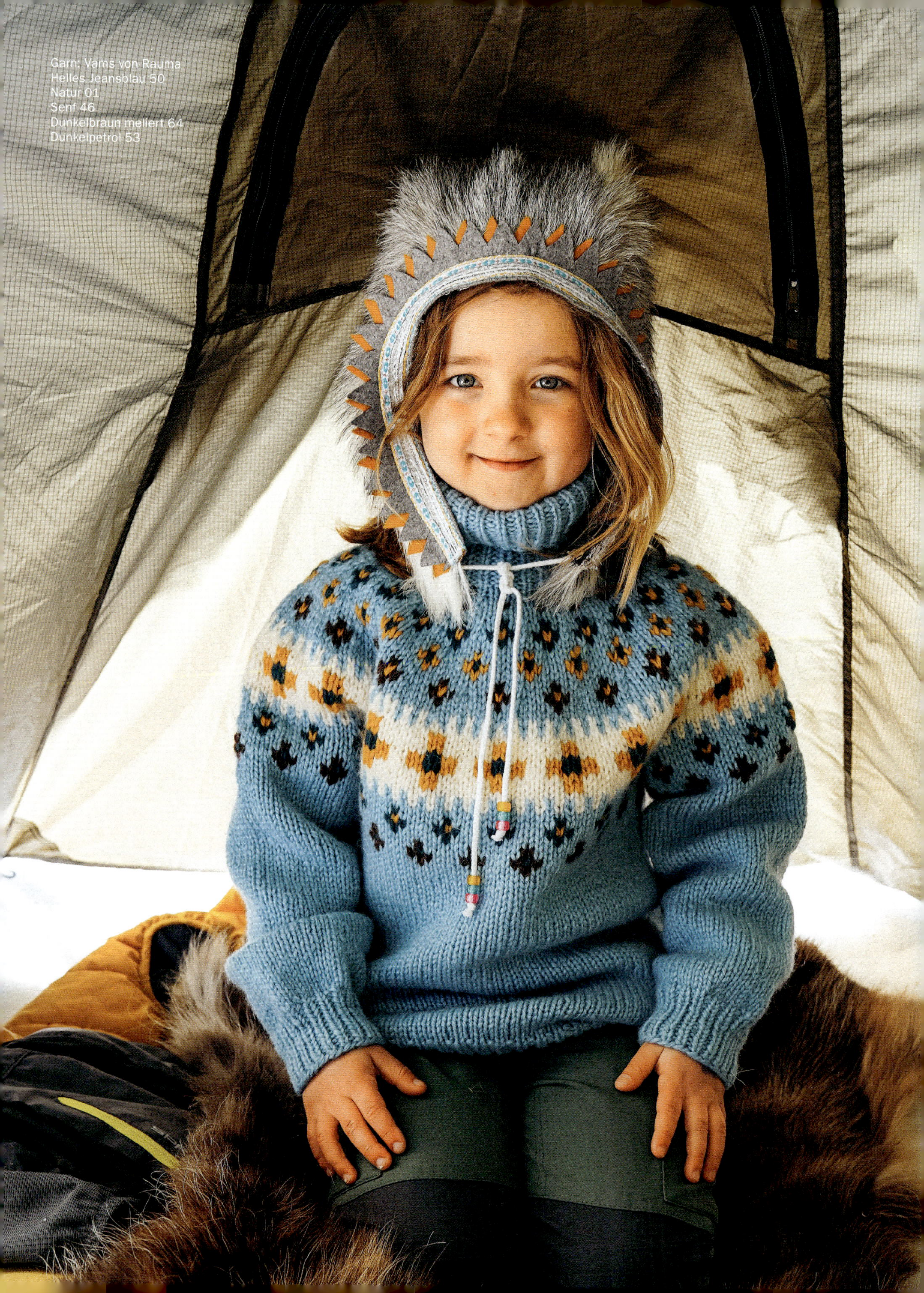

Garn: Vams von Rauma
Helles Jeansblau 50
Natur 01
Senf 46
Dunkelbraun meliert 64
Dunkelpetrol 53

Primula
Pullover und Jacke

Dieser Pullover und diese Jacke sind eine dicke, etwas einfachere Variante des Modells Pokhara. Bei der Jacke mit Fransen kannst du wählen, ob du sie in Runden oder lieber in Reihen stricken möchtest, um das Abnähen und Aufschneiden der Steekmaschen zu vermeiden. Primula kann als Pullover oder Jacke und je nach Verwendung in verschiedenen Garnqualitäten gestrickt werden, zum Beispiel in Vams oder Puno, beide von Rauma.

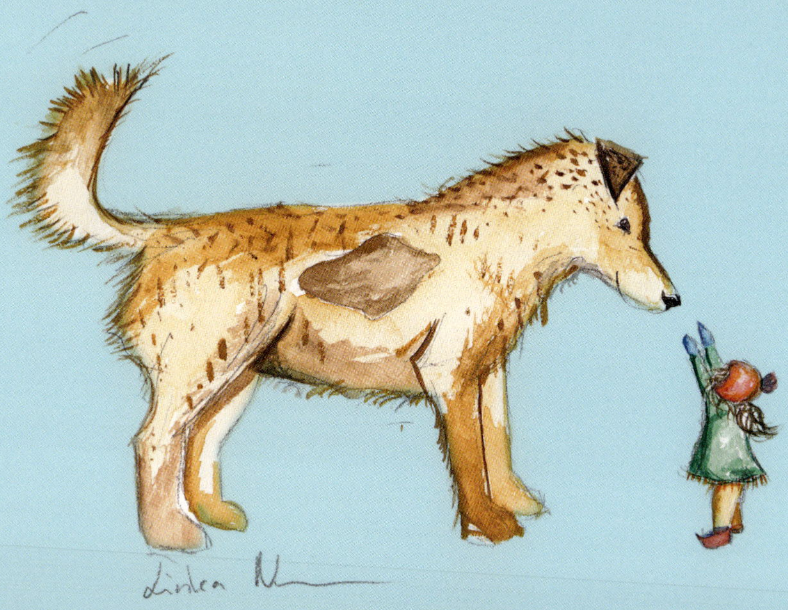

PRIMULA Pullover und Jacke

Größen
1 (2) 4 (6) 8 (10) Jahre

Maschenprobe
Die Größe wird durch die Maschenprobe/Nadelstärke bestimmt.
10 cm einfarbig glatt rechts mit Nadel Nr. 5,5 (6) 5,5 (6) 5,5 (6) = 15 (14) 15 (14) 15 (14) M
10 cm mehrfarbig mit Nadel Nr. 6 (6,5) 6 (6,5) 6 (6,5) = 15 (14) 15 (14) 15 (14) M

Garn
Vams von Rauma Garn. Garnalternativen auf Seite 10.

Garnmenge (Pullover/Jacke)

B Basisfarbe: 150 (200) 250 (300) 350 (350) g / 200 (250) 300 (350) 400 (400) g
1 Musterfarbe 1: 50 g
2 Musterfarbe 2: 50 g
3 Musterfarbe 3: 50 g
4 Musterfarbe 4: 50 g

Stricknadeln
Nadelspiel Nr. 4,5 und Nr. 5,5 (6) 5,5 (6) 5,5 (6) und Nr. 6 (6,5) 6 (6,5) 6 (6,5)
Rundnadel 50 cm oder 60 cm lang (je nach Größe), Nr. 5,5 (6) 5,5 (6) 5,5 (6) und Nr. 6 (6,5) 6 (6,5) 6 (6,5)
Rundnadel 40 cm lang, Nr. 4,5 und Nr. 5,5 (6) 5,5 (6) 5,5 (6)
Für die Jacke: Häkelnadel zum Einknüpfen der Fransen

Knöpfe für die Jacke
5 (5) 6 (6) 7 (7) Knöpfe mit 20–22 mm Durchmesser
Bei der Jacke auf S. 166 habe ich Knöpfe aus Rentiergeweih verwendet.

Maße (Pullover/Jacke)
Ärmellänge: 19 (25) 29 (31) 35 (38) cm
Brustumfang Pullover: 64 (68) 72 (77) 80 (86) cm
Brustumfang Jacke: 67 (71) 75 (82) 83 (89) cm
Rumpflänge Pullover: 22 (27) 28 (32) 35 (38) cm
Rumpflänge Jacke (ohne Fransen): 20 (25) 26 (30) 33 (36) cm

Falls du die Primula-Jacke in Reihen strickst, brauchst du keinen Steek, kein Abnähen und Aufschneiden. Außerdem entfällt das Aufnehmen von Maschen für die Belege. Folge der unten stehenden Anleitung, füge jedoch keine Steekmaschen hinzu.

RUMPF (Pullover)

96 (96) 108 (108) 120 (120) M in der Basisfarbe mit Rundnadel Nr. 4,5 anschlagen und 4 (4) 5 (5) 5 (5) cm im 1/1-Rippenmuster (1 M re, 1 M li im Wechsel) in Rd str. Zu Rundnadel Nr. 5,5 (6) 5,5 (6) 5,5 (6) wechseln und glatt rechts str, bis der Rumpf 17 (22) 23 (27) 30 (33) cm misst. Zu Nadel Nr. 6 (6,5) 6 (6,5) 6 (6,5) wechseln. Am Rd-Anf und nach 48 (48) 54 (54) 60 (60) M jeweils einen MM setzen (= Vorder- und Rückenteil). Gemäß Zählmuster A (S. 161) arbeiten. Der Rumpf ist danach 22 (27) 28 (32) 35 (38) cm lang. Je 11 (11) 13 (13) 12 (12) M für die Armlöcher auf einem Hilfsfaden oder Maschenhalter stilllegen (die M beiderseits des MMs). Beiseitelegen und die Ärmel str.

RUMPF (Jacke)

96 (96) 108 (108) 120 (120) M in der Basisfarbe mit Nadel Nr. 4,5 anschlagen und 4 (4) 5 (5) 5 (5) cm versetzte Rippen (Strickschrift S. 161) in R arbeiten. 5 neue M als Steek-M anschlagen (im Folgenden nicht in der M-Zahl enthalten). Die Steek-M werden immer links gestrickt und bilden den Rd-Anf. Ab jetzt mit Nadel Nr. 5,5 (6) 5,5 (6) 5,5 (6) in Rd glatt rechts str, bis der Rumpf 15 (20) 21 (25) 28 (31) cm misst. Zu Nadel Nr. 6 (6,5) 6 (6,5) 6 (6,5) wechseln und gemäß Zählmuster A str. (Hinweis: Das Muster geht am Übergang zwischen Rumpf und Ärmel nicht auf.) Der Rumpf ist danach 20 (25) 26 (30) 33 (36) cm lang. Beiseitelegen und die Ärmel str.

ÄRMEL (Pullover und Jacke)

26 (28) 30 (32) 34 (34) M in der Basisfarbe mit Nadelspiel Nr. 4,5 anschlagen und 4 (4) 5 (5) 5 (5) cm im 1/1-Rippenmuster (1 M re, 1 M li im Wechsel) in Rd str. Zu Nadel Nr. 5,5 (6) 5,5 (6) 5,5 (6) wechseln und ab jetzt glatt rechts str. In der 1. Rd gleichmäßig verteilt auf 32 (32) 36 (36) 40 (40) M zun. Die mittlere M unter dem Ärmel (= Rd-Anf) markieren und alle 2 (2,5) 2,5 (2,5) 2,5 (2,5) cm beidseitig des MMs 1 M zun, bis 42 (42) 48 (48) 52 (52) M vorhanden sind. Wenn der Ärmel 14 (20) 24 (26) 30 (33) cm misst, zu Nadel Nr. 6 (6,5) 6 (6,5) 6 (6,5) wechseln und gemäß Zählmuster A str. Der Ärmel ist danach 19 (25) 29 (31) 35 (38) cm lang. 11 (11) 13 (13) 12 (12) M unter dem Ärmel auf einem Hilfsfaden oder Maschenhalter stilllegen (die M beiderseits des MMs).

Den zweiten Ärmel genauso str.

PASSE (Pullover)

Die Ärmel-M auf die Rundnadel mit den Rumpf-M str: 1. Ärmel, Vorderteil, 2. Ärmel, Rückenteil = 136 (136) 152 (152) 176 (176) M. Der erste Übergang (linke Schulter hinten) bildet den Rd-Anf/das Rd-Ende. Gemäß Zählmuster B (B) C (C) C (C) die Passe str, dabei das Muster in der vorderen Mitte zentrieren und wie angegeben abn. (Hinweis: Das Muster geht an den Übergängen zwischen Ärmel/Rumpf und Ärmel/Passe nicht auf.) Zu Nadel Nr. 4,5 wechseln wie im Zählmuster angegeben. Mit dem Halsbündchen fortfahren.

Hohes Halsbündchen (Rollkragen) Pullover: Mit Nadel Nr. 4,5 und der Basisfarbe 12 (14) 16 (16) 18 (18) cm im 1/1-Rippenmuster (1 M re, 1 M li im Wechsel) in Rd str. Mustergemäß abk, dazu Nadel Nr. 6 verwenden, damit die Abkettkante nicht zu eng wird.

Kurzes Halsbündchen Pullover: Mit Nadel Nr. 4,5 und der Basisfarbe 6 (6) 7 (7) 7 (7) cm im 1/1-Rippenmuster (1 M re, 1 M li im Wechsel) in Rd str. Mustergemäß abk, dazu Nadel Nr. 6 verwenden, damit die Abkettkante nicht zu eng wird. Das Bündchen nach innen falten und locker annähen.

PASSE (Jacke)

Die Ärmel-M wie folgt auf die Nadel mit den Rumpf-M str: 18 (18) 20 (20) 24 (24) M str. 11 (11) 13 (13) 12 (12) M auf einem Hilfsfaden oder Maschenhalter stilllegen, die Ärmel-M auf die Nadel mit den Rumpf-M str. 38 (38) 42 (42) 48 (48) M str. 11 (11) 13 (13) 12 (12) M stilllegen und die M des 2. Ärmels auf dieselbe Nadel str. 18 (18) 20 (20) 24 (24) M str = 136 (136) 152 (152) 176 (176) M + Steek-M. Gemäß Zählmuster B (B) C (C) C (C) die Passe str, dabei wie im Zählmuster angegeben abn und zu Nadel Nr. 4,5 wechseln wie ebenfalls dort angegeben. Wenn das Zählmuster fertig gestrickt ist, die Steek-M abk und mit dem Halsbündchen fortfahren.

Halsbündchen Jacke: Mit Nadel Nr. 4,5 und der Basisfarbe 6 (6) 7 (7) 8 (8) cm versetzte Rippen (s. Strickschrift) in R str. Mustergemäß abk, dazu Nadel Nr. 6 verwenden, damit die Abkettkante nicht zu eng wird. Das Bündchen nach innen falten und locker annähen.

KNOPFLEISTE

Mit der Nähmaschine beidseitig der Steek-M steppen und das Gestrick zwischen den Nähten aufschneiden. Ich steppe zwei- oder dreimal darüber, sodass die Naht sicher hält und nichts aufgeht.

Rechte Knopfleiste: Mit Nadel Nr. 4,5 und der Basisfarbe M entlang der rechten Vorderteilkante M auffassen: [3× 1 M pro Rd/R aufnehmen, 1 Rd/R überspringen] stets wdh. Einen Faden durch diese M fädeln, damit hier später leichter M für die Belege herausgestrickt werden können. 3 cm versetzte Rippen (s. Strickschrift) str. Mustergemäß abk, dazu Nadel Nr. 6 verwenden, damit die Abkettkante nicht zu eng wird.

Linke Knopfleiste: Wie bei der rechten Knopfleiste M auffassen und 1,5 cm versetzte Rippen str. Gleichmäßig verteilt 5 (5) 6 (6) 7 (7) Knopflöcher einarbeiten. Anleitung Knopfloch: 2 M zus-str, 1 Umschlag. Alternativ 1 M abk und in der nächsten R wieder 1 M neu anschlagen.

Das unterste Knopfloch ca. 1,5 cm vom unteren Rand entfernt und das oberste ca. 1,5 cm vom oberen Rand positionieren, die übrigen Knopflöcher gleichmäßig verteilt dazwischen.

Weitere 1,5 cm versetzte Rippen str und mustergemäß mit Nadel Nr. 6 abk.

Belege: Mit Nadel Nr. 4,5 durch die mit dem Faden markierten M stechen und 2 cm glatt rechts in R str. Dann die Belege über die Schnittkanten legen und annähen.

FRANSEN

Für die Fransen Fäden in der Basisfarbe oder in einer anderen gewünschten Farbe auf 12 (12) 14 (14) 16 (16) cm zuschneiden. Wie auf Seite 12 beschrieben in den Saum knüpfen.

FERTIGSTELLEN

Alle Fäden vernähen und die Öffnung unter den Ärmeln zus-str oder -nähen. Den Pullover ausspülen, in Form ziehen und liegend trocknen lassen.

STRICKSCHRIFT

Versetzte Rippen

	2	1
4		X
3		X
2	X	
1	X	

☐ Rechte M

☒ Linke M

ZÄHLMUSTER A

	6	5	4	3	2	1
11	1	B	1	B	1	B
10	1	B	1	B	1	B
9	B	B	B	B	B	B
8	B	B	4	B	B	B
7	B	4	2	4	B	B
6	B	B	4	B	B	B
5	B	B	B	B	B	B
4	B	B	B	B	B	3
3	3	B	B	B	3	4
2	B	B	B	B	B	3
1	B	B	B	B	B	B

▲ Spalte 4: Vordere Mitte des Pullovers

▲ Spalte 1: Hier beginnen für die Jacke.

Garn: Puno von Rauma
Beige mit Goldmetallic 30314
Helltürkis 4818
Honig 537
Orange meliert 743
Dunkelpetrol 22647

ZÄHLMUSTER B Größe 1 Jahr (2 Jahre)

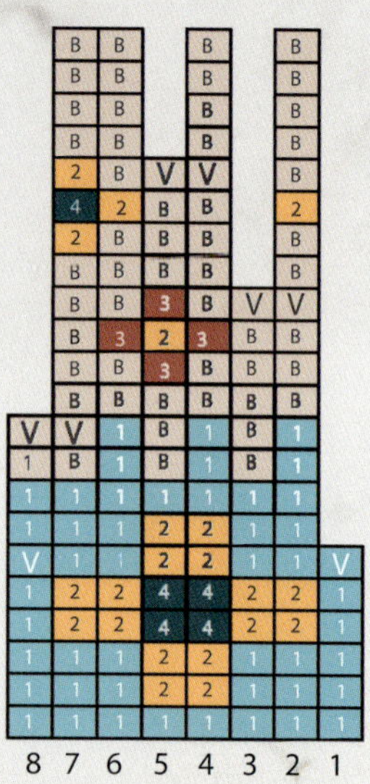

22
21 Gleichmäßig verteilt abn = 58 (60) M Pullover / 56 (58) M Jacke
20
19 Zu Nadel Nr. 4,5 wechseln.
18 Wie angegeben abn = 68 (68) M
17
16
15
14 Wie angegeben abn = 85 (85) M
13
12
11
10 Wie angegeben abn = 102 (102) M
9
8
7
6 Wie angegeben abn = 119 (119) M
5
4
3
2
1 136 (136) M

8 7 6 5 4 3 2 1

Vordere Mitte des Pullovers — Hier beginnen für die Jacke.

ZÄHLMUSTER C Größe 4 (6) 8 (10) Jahre

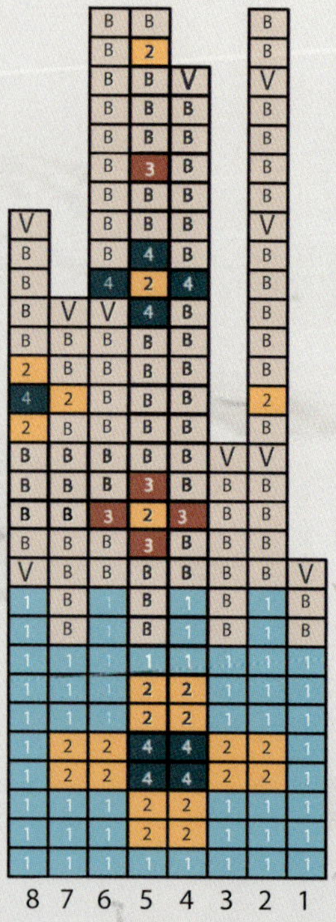

30 Für Gr. 8 (10) beenden. Gleichmäßig verteilt abn = 68 (70) M Pullover / 64 (66) M Jacke
29 Für Gr. 8 (10) zu Nadel Nr. 4,5 wechseln.
28 Wie angegeben abn = 66 (66) M
27
26 Für Gr. 4 (6) beenden. Gleichmäßig verteilt abn = 64 (66) M Pullover / 60 (62) M Jacke
25 Für Gr. 4 (6) zu Nadel Nr. 4,5 wechseln.
24
23 Wie angegeben abn = 76 (76) 88 (88) M
22
21
20 Wie angegeben abn = 95 (95) 110 (110) M
19
18
17
16
15 Wie angegeben abn = 114 (114) 132 (132) M
14
13
12
11 Wie angegeben abn = 133 (133) 154 (154) M
10
9
8
7
6
5
4
3
2
1 152 (152) 176 (176) M

8 7 6 5 4 3 2 1

Vordere Mitte des Pullovers — Hier beginnen für die Jacke.

V = 1 M

V V = Diese 2 M re zus-str.

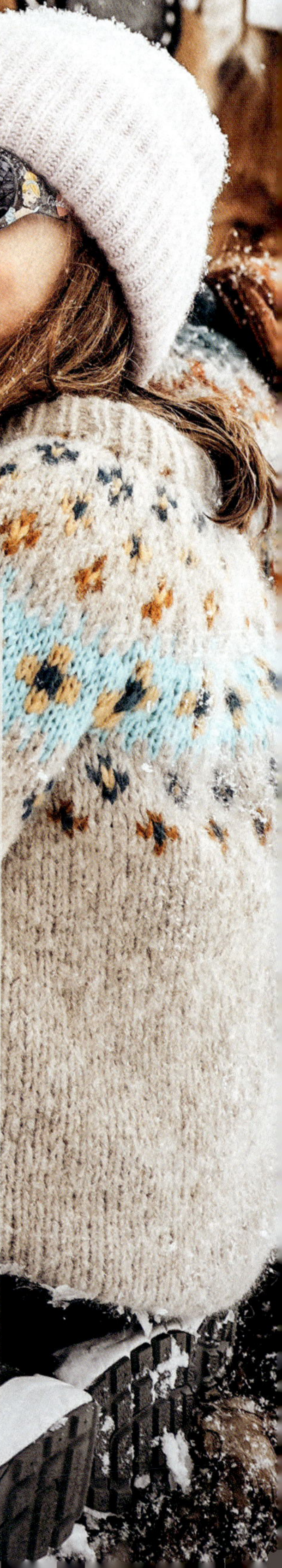

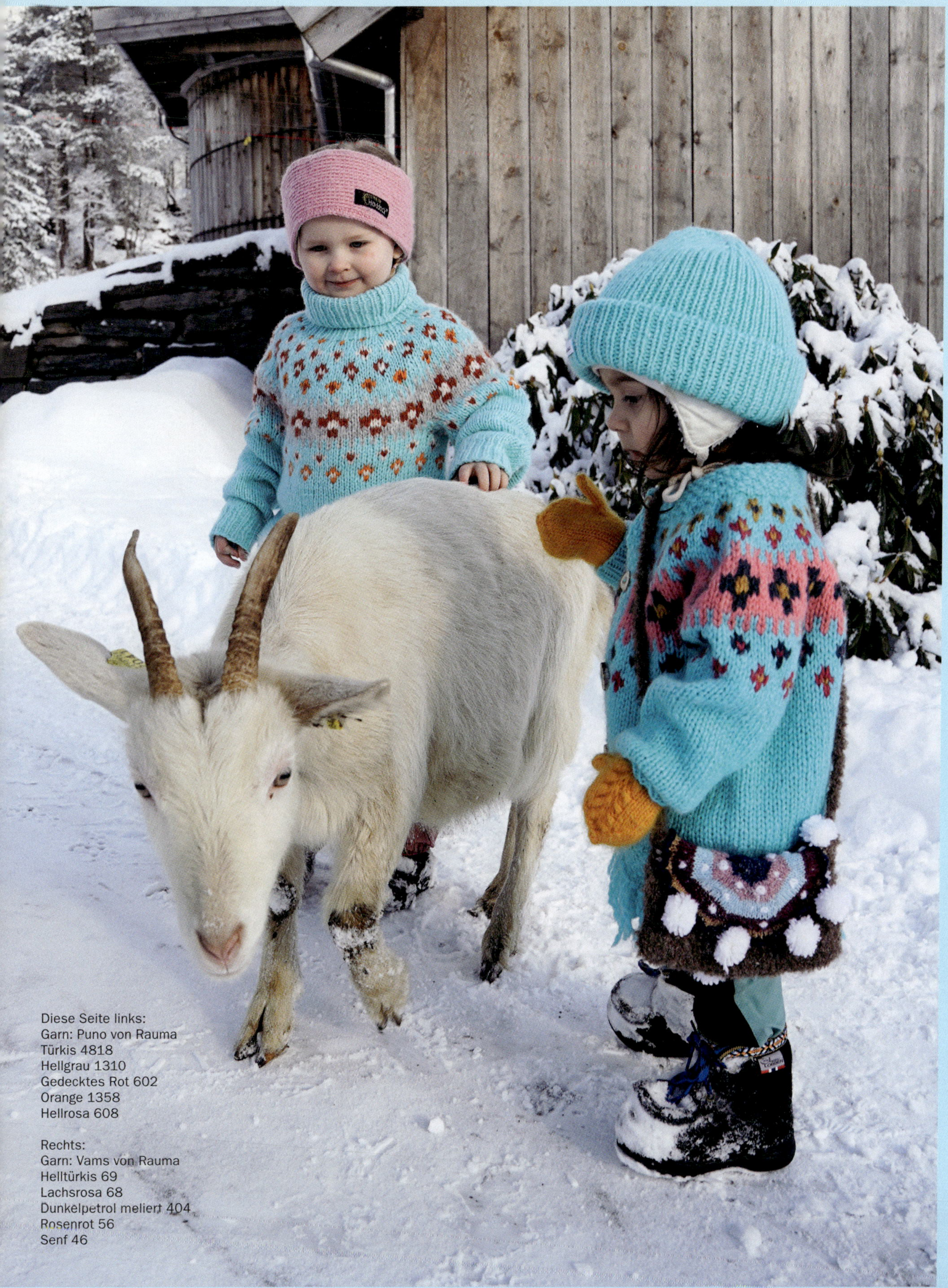

Diese Seite links:
Garn: Puno von Rauma
Türkis 4818
Hellgrau 1310
Gedecktes Rot 602
Orange 1358
Hellrosa 608

Rechts:
Garn: Vams von Rauma
Helltürkis 69
Lachsrosa 68
Dunkelpetrol meliert 404
Rosenrot 56
Senf 46

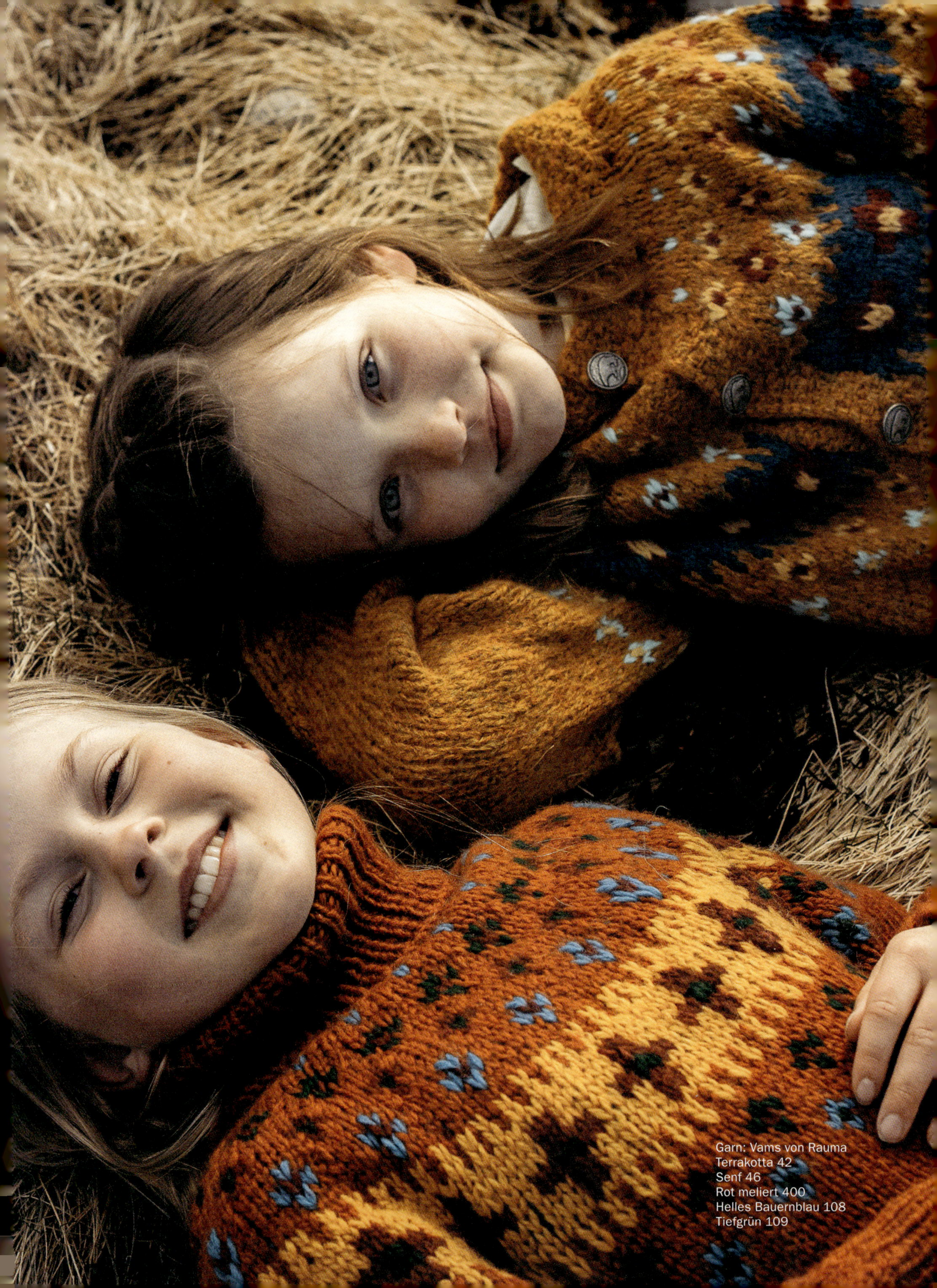

Garn: Vams von Rauma
Terrakotta 42
Senf 46
Rot meliert 400
Helles Bauernblau 108
Tiefgrün 109

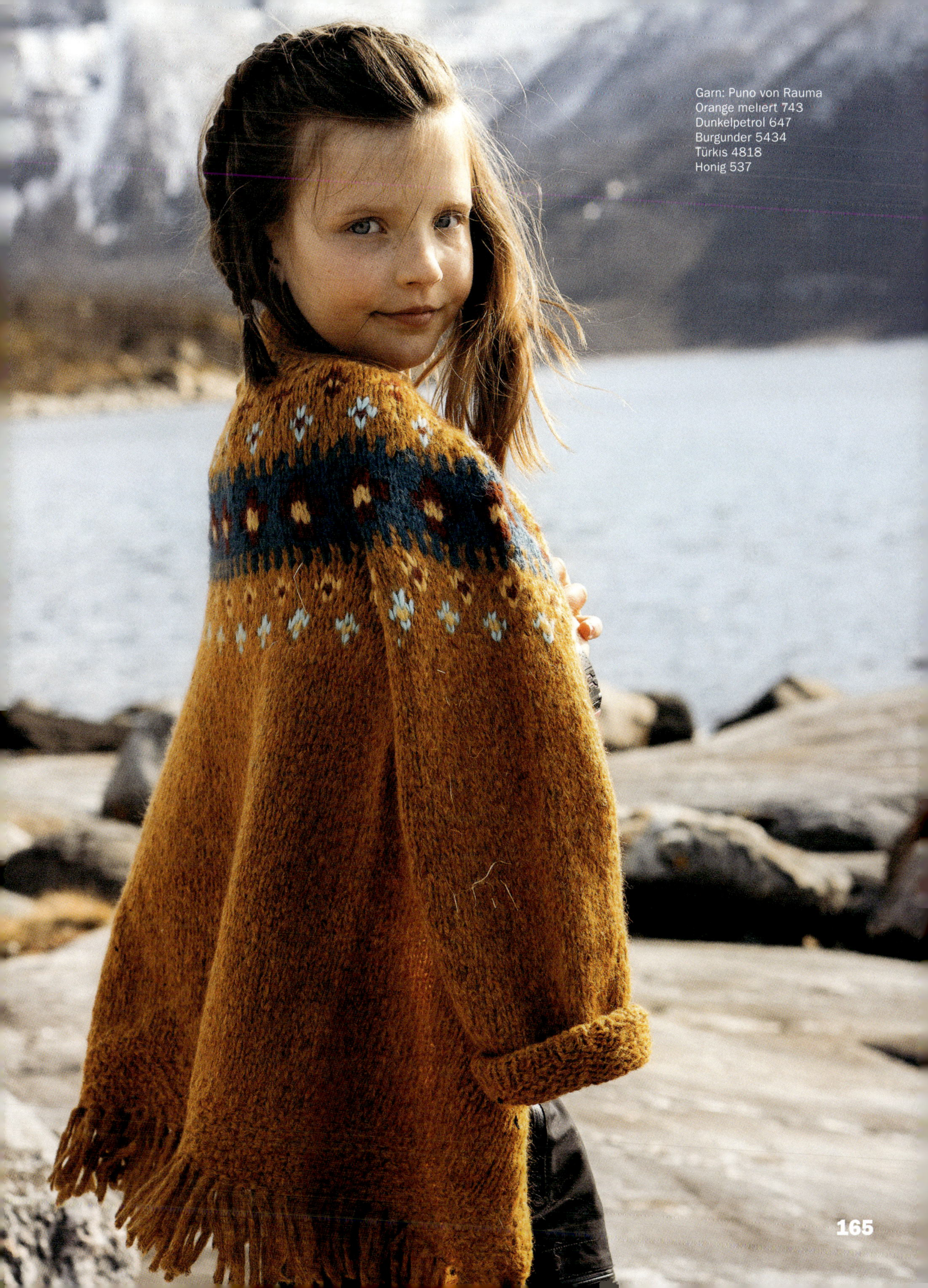

Garn: Puno von Rauma
Orange meliert 743
Dunkelpetrol 647
Burgunder 5434
Türkis 4818
Honig 537

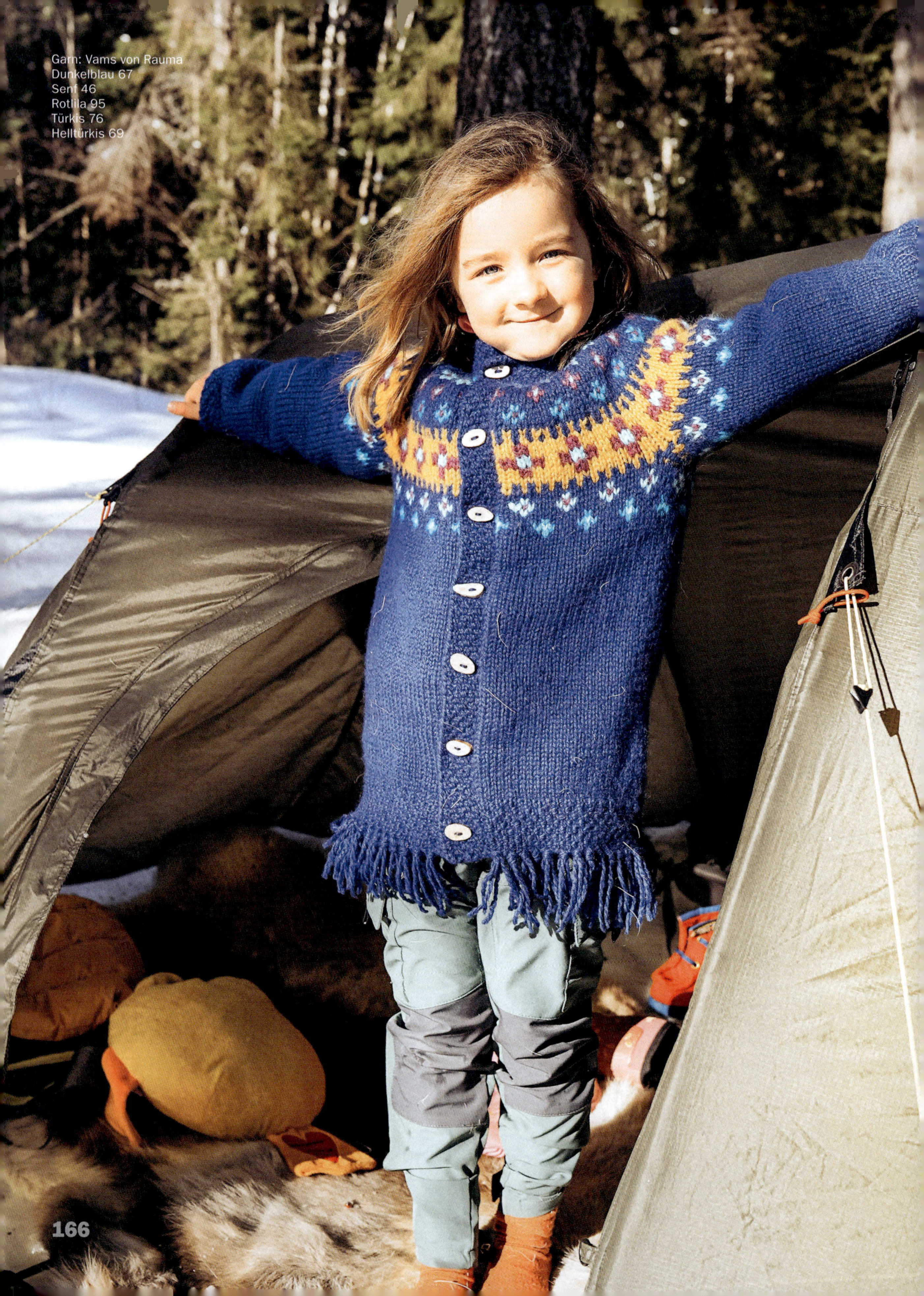

Garn: Vams von Rauma
Dunkelblau 67
Senf 46
Rotlila 95
Türkis 76
Helltürkis 69

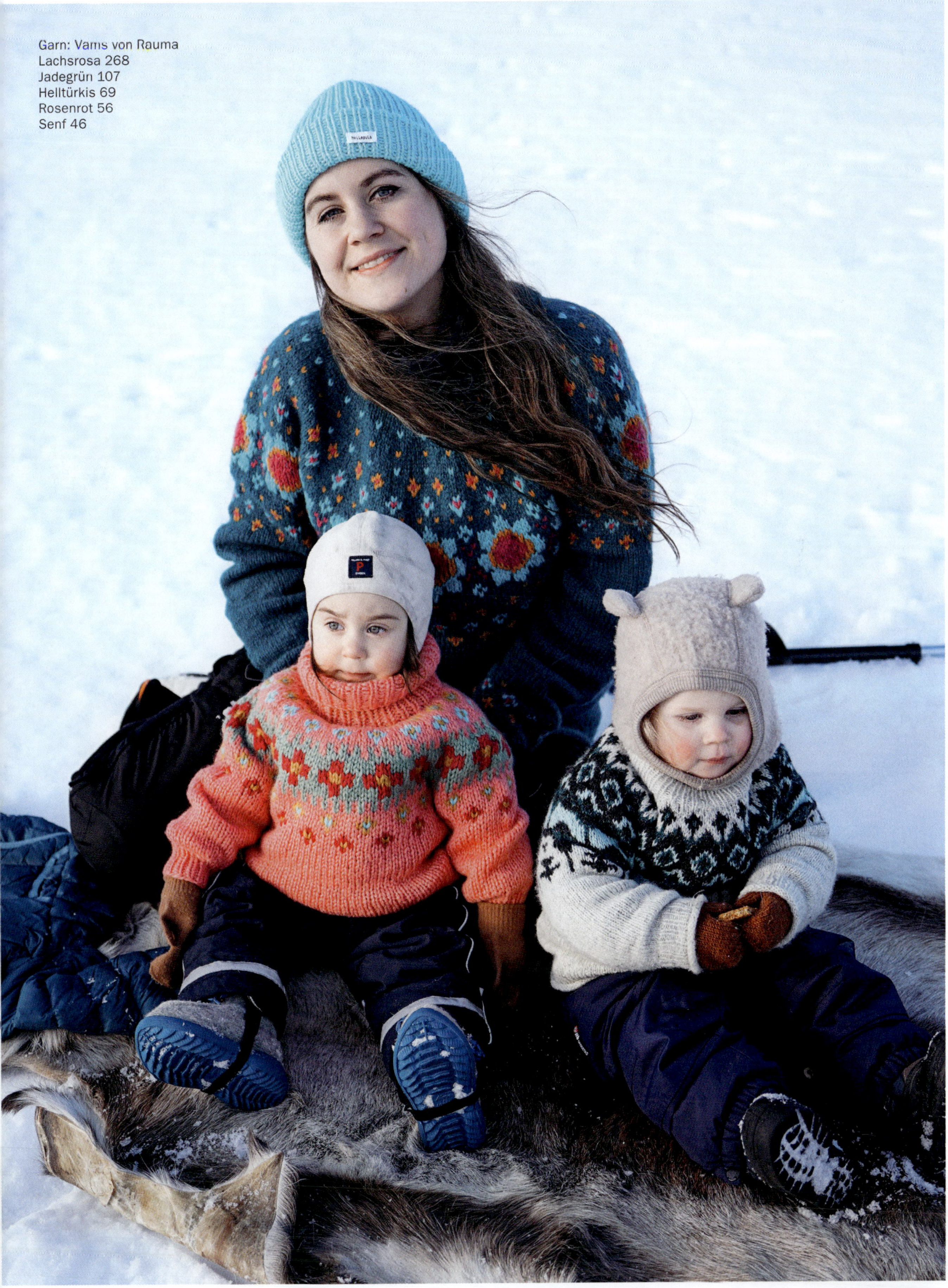
Garn: Varns von Rauma
Lachsrosa 268
Jadegrün 107
Helltürkis 69
Rosenrot 56
Senf 46

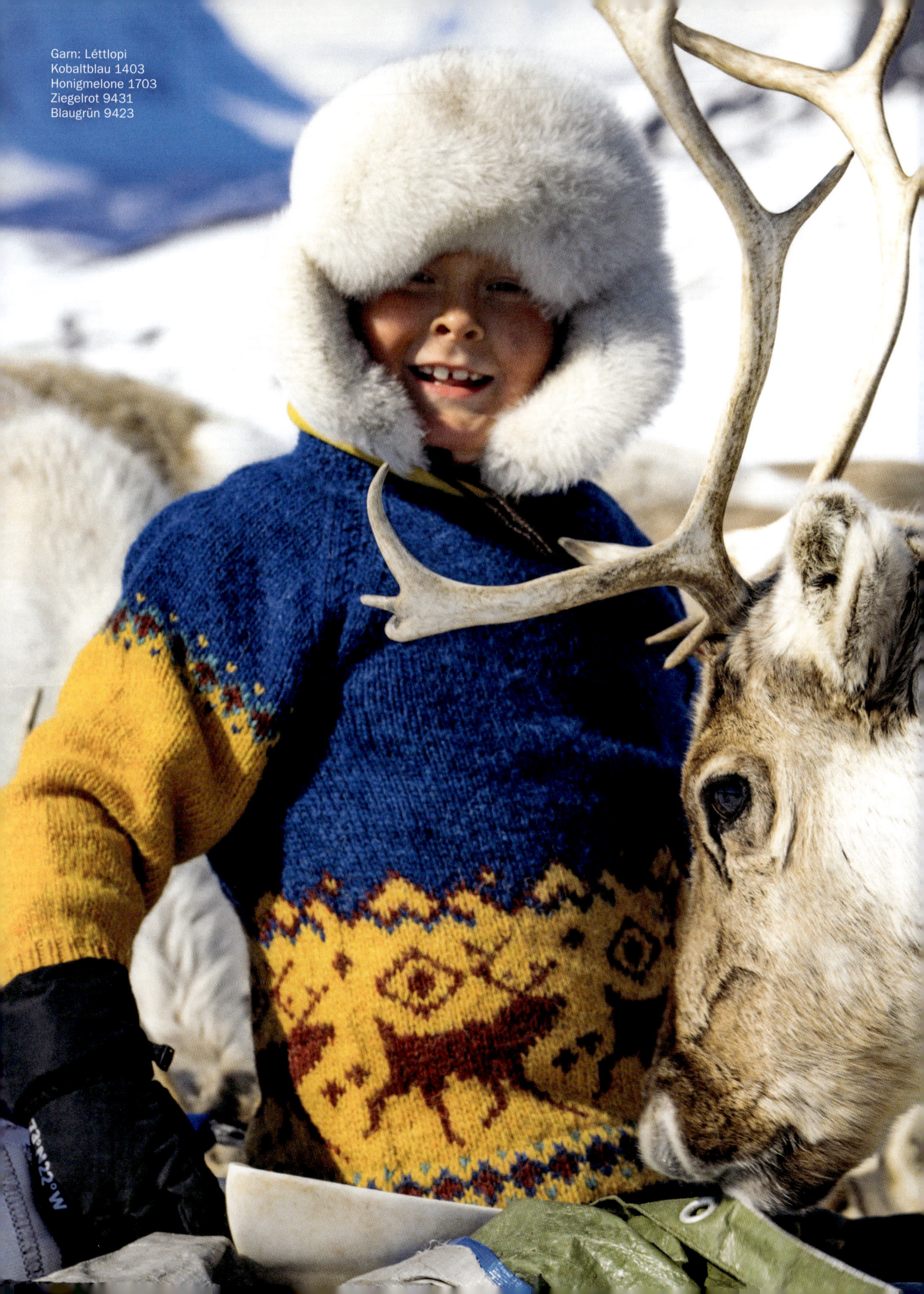

Garn: Léttlopi
Kobaltblau 1403
Honigmelone 1703
Ziegelrot 9431
Blaugrün 9423

Boazo
Pullover

Die Fotos in der Finnmark wurden von Stine Cecilie Mikalsen gemacht, als sie ihre Freundin Ira M. Bæhr und deren Ehemann Johan Ánte besuchte. Sie leben mit ihren Kindern und ihrer Rentierherde in Kautokeino. Zusammen mit den Kindern Sara Cathrine, 10 Jahre alt, und Nils Mikkel, 6 Jahre alt, bildeten sie ein super Team. Die Bilder sind einfach toll. Ich bat Ira, diesem Pullover einen Namen zu geben, und sie schlug Boazo vor, was auf Samisch Rentier bedeutet.

Der Pullover Boazo kann je nach Verwendungszweck aus verschiedenen Garnqualitäten gestrickt werden. Für einen Outdoorpullover, der auch etwas stürmischem Wetter standhalten soll, empfehle ich Léttlopi. Als weicheres und dennoch robustes Garn nimmst du lieber Luna und/oder Vidde von Hillesvåg Ullvarefabrikk. Eine noch weichere Alternative für Kinder mit empfindlicher Haut ist Viking Wool von Viking Garn.

Vielen Dank an Stine, Ira, Johan Ánte, Sara Cathrine und Nils Mikkel.

Stine Cecilie Mikalsen (@stineogmalamutene) / Ira M. Bæhr (@ira.upnorth)

BOAZO Pullover

Größen
1 (2) 4 (6) 8 (10) Jahre

Maschenprobe
Die Größe wird durch die Maschenprobe/Nadelstärke bestimmt.
10 cm einfarbig glatt rechts mit Nadel Nr. 4 (4,5) 5 (4) 4,5 (5) = 19 (18) 17 (19) 18 (17) M
10 cm mehrfarbig mit Nadel Nr. 4,5 (5) 5,5 (4,5) 5 (5,5) = 19 (18) 17 (19) 18 (17) M

Garn
Léttlopi. Garnalternativen auf Seite 10.

Garnmenge

- B Basisfarbe: 100 (100) 150 (150) 150 (150) g
- 1 Musterfarbe 1: 100 (150) 150 (200) 200 (200) g
- 2 Musterfarbe 2: 50 (50) 50 (100) 100 (100) g
- 3 Musterfarbe 3: 50 g

Stricknadeln
Nadelspiel Nr. 3,5 und Nr. 4 (4,5) 5 (4) 4,5 (5) und Nr. 4,5 (5) 5,5 (4,5) 5 (5,5)
Rundnadel 50 cm, 60 cm oder 80 cm lang (je nach Größe), Nr. 3,5 (4) 4 (3,5) 4 (4) und Nr. 4 (4,5) 5 (4) 4,5 (5) und Nr. 4,5 (5) 5,5 (4,5) 5 (5,5)
Rundnadel 40 cm lang, Nr. 3,5 (für den Rollkragen)

Pullovermaße
Ärmellänge: 19 (25) 29 (31) 35 (38) cm
Saumweite: 66 (70) 80 (86) 91 (96) cm
Brustumfang: 60 (63) 67 (74) 80 (85) cm
Rumpflänge: 24 (28) 32 (33) 37 (40) cm

RUMPF (Pullover)

125 (125) 136 (164) 164 (164) M in Musterfarbe 1 mit Rundnadel Nr. 3,5 (4) 4 (3,5) 4 (4) anschlagen und 5 cm glatt rechts in Rd str. Zu Rundnadel Nr. 4,5 (5) 5,5 (4,5) 5 (5,5) wechseln und 1 Rd linke M für die Umbruchkante str. Gemäß Zählmuster A (S. 173) arbeiten und wie dort angegeben für die gewünschte Größe beginnen.

Ich empfehle, beim Arbeiten nach Zählmuster ein Blatt Papier über die noch ungestrickten Rd zu legen und es im Verlauf des Strickens nach und nach hochzuschieben.

Die Nadelstärke wechseln wie im Zählmuster angegeben.

Wenn Zählmuster A fertig gestrickt ist, liegen 114 (114) 114 (142) 142 (142) M auf Nadel Nr. 4 (4,5) 5 (4) 4,5 (5). Am Rd-Anf und nach 57 (57) 57 (71) 71 (71) M einen MM setzen (= Vorder- und Rückenteil). In der Basisfarbe weiterstr, bis der Rumpf 24 (28) 32 (33) 37 (40) cm misst. Je 8 (8) 8 (13) 13 (13) M für die Armlöcher auf einem Hilfsfaden oder Maschenhalter stilllegen (die M beiderseits des MMs).

Das doppelte Bündchen entlang der Umbruchkante nach innen legen und annähen.

ÄRMEL

32 (34) 36 (38) 40 (42) M in Musterfarbe 1 mit Nadelspiel Nr. 3,5 anschlagen und 4 (4) 5 (5) 6 (6) cm im 1/1-Rippenmuster (1 M re, 1 M li im Wechsel) in Rd str. Zu Nadel Nr. 4 (4,5) 5 (4) 4,5 (5) wechseln und ab jetzt glatt rechts str. In der 1. Rd gleichmäßig verteilt auf 42 (42) 42 (48) 48 (48) M zun. Die mittlere M unter dem Ärmel markieren und alle 1,5 (2) 2 (2) 2 (2) cm beidseitig des MMs 1 M zun, bis 52 (52) 52 (64) 64 (64) M vorhanden sind. Wenn der Ärmel 16 (22) 26 (28) 32 (35) cm misst, zu Nadel Nr. 4,5 (5) 5,5 (4,5) 5 (5,5) wechseln und gemäß Zählmuster B str. Der Ärmel ist danach 19 (25) 29 (31) 35 (38) cm lang. 8 (8) 8 (13) 13 (13) M unter dem Ärmel auf einem Hilfsfaden oder Maschenhalter stilllegen (die M beiderseits des MMs).

Den zweiten Ärmel genauso str.

PASSE (Raglanabnahmen)

Die Ärmel-M auf die Rundnadel mit den Rumpf-M str: 1. Ärmel, Vorderteil, 2. Ärmel, Rückenteil = 186 (186) 186 (218) 218 (218) M. Vor Beginn der Raglan-Abn noch 0 (4) 4 (6) 6 (6) Rd str. Der erste Übergang (linke Schulter hinten) bildet den Rd-Anf/das Rd-Ende. 8 MM setzen: 2 MM an jedem Übergang. Dazwischen liegen 5 M, die gemäß Zählmuster C (S. 174) gestrickt werden. Die Abn in jeder 2. Rd wdh, bis noch 74 (74) 74 (82) 82 (82) M übrig sind.

HOHES HALSBÜNDCHEN (Rollkragen)

Zu Nadel Nr. 3,5 wechseln und gleichmäßig verteilt auf 68 (72) 72 (76) 80 (80) M abn. Im 2/2-Rippenmuster (2 M re, 2 M li im Wechsel) in Rd str, bis der Rollkragen 12 (14) 16 (16) 18 (18) cm misst. Mustergemäß abk, dazu Nadel Nr. 5,5 verwenden, damit die Abkettkante nicht zu eng wird.

HALSAUSSCHNITT MIT SCHLITZ

Wenn die Passe 2 (2) 3 (3) 4 (5) cm misst, gemäß Zählmuster D für den Halsausschnitt arbeiten und 1 M in der vorderen Mitte wie dort angegeben abk.

Bis zum Rd-Anf str, der sich hinten an der linken Schulter befindet. Die M von der linken auf die rechte Nadel heben bis zu der abgeketteten M = neuer Rd-Anf. Ab jetzt wird in R gestrickt und immer in Hin-R abgenommen. Denke daran, dass in Rück-R rechte M in der Strickschrift links gestrickt werden müssen und linke M rechts.

Die Raglan-Abn in jeder 2. Rd wdh, bis noch 65 (65) 65 (73) 73 (73) M übrig sind.

Zu Nadel Nr. 3,5 wechseln und 5 cm im Perlmuster (s. Strickschrift unten) str. Die M locker abketten, das Bündchen nach innen falten und annähen. Die beiden kleinen Öffnungen vorne zunähen.

Für den Halsausschnitt dieses Modells waren ursprünglich Kordeln zum Zubinden vorgesehen. Unter Berücksichtigung des EU-Sicherheitsstandards für Kinderbekleidung wurde jedoch entschieden, diese wegzulassen.

Nach Belieben stattdessen am Halsausschnitt einen hübschen Knopf annähen und an der gegenüberliegenden Seite eine passende Schlaufe aus Luftmaschen häkeln.

FERTIGSTELLEN

Alle Fäden vernähen und die Öffnung unter den Ärmeln zus-str oder -nähen. Den Pullover ausspülen, in Form ziehen und liegend trocknen lassen.

STRICKSCHRIFT

Perlmuster

	X	2
X		1
2	1	

☐ Rechte M

☒ Linke M

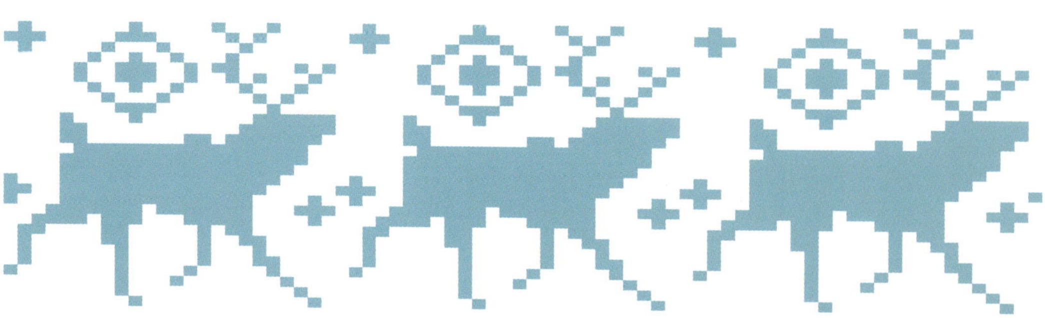

ZÄHLMUSTER A

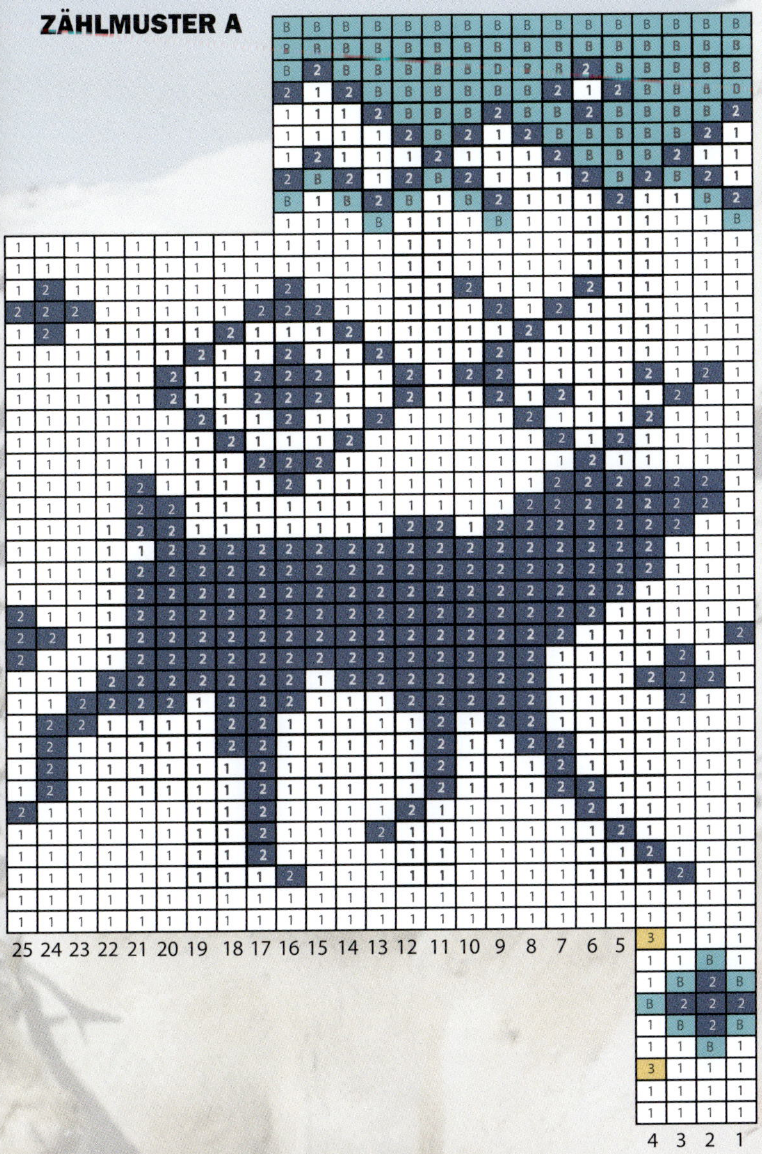

51 Zu Nadel Nr. 4 (4,5) 5 (4) 4,5 (5) wechseln.

50 Die M-Zahl anpassen auf 114 (114) 114 (142) 142 (142) M.

41 Gleichmäßig verteilt abn = 112 (112) 112 (144) 144 (144) M

11 Für Gr. 4 (6) 8 (10) gleichmäßig verteilt abn = 125 (150) 150 (150) M

10 Für Gr. 1 (2) hier beginnen = 125 M

1 Für Gr. 4 (6) 8 (10) hier beginnen = 136 (164) 164 (164) M

ZÄHLMUSTER B

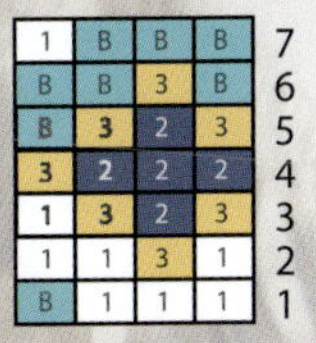

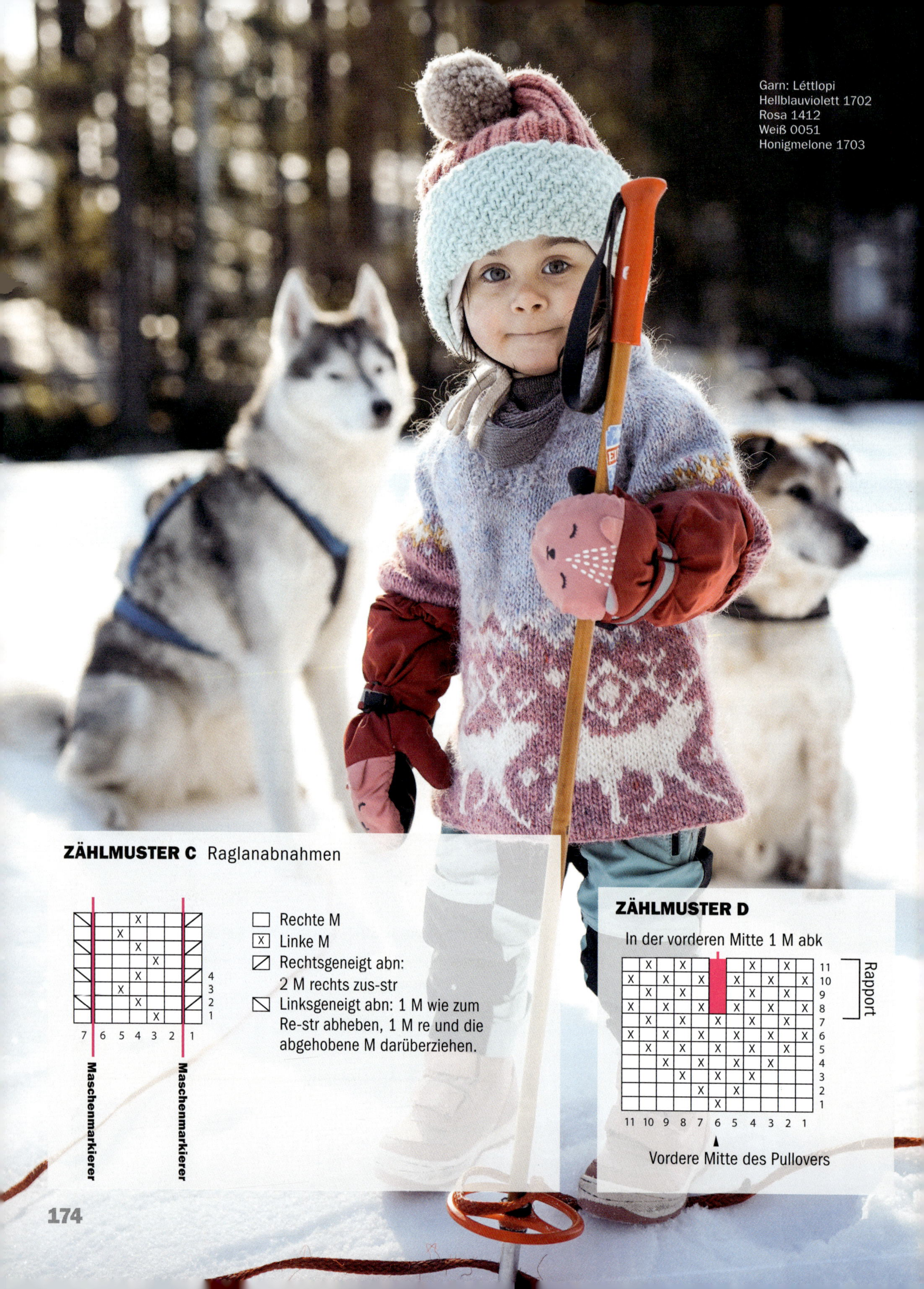

Garn: Léttlopi
Hellblauviolett 1702
Rosa 1412
Weiß 0051
Honigmelone 1703

ZÄHLMUSTER C Raglanabnahmen

Reihe	7	6	5	4	3	2	1
	⟍			X			⟋
			X				
	⟍			X			⟋
					X		
4	⟍			X			⟋
3			X				
2	⟍			X			⟋
1					X		

Maschenmarkierer (zwischen 7 und 6) – Maschenmarkierer (zwischen 2 und 1)

- ☐ Rechte M
- ☒ Linke M
- ⟋ Rechtsgeneigt abn: 2 M rechts zus-str
- ⟍ Linksgeneigt abn: 1 M wie zum Re-str abheben, 1 M re und die abgehobene M darüberziehen.

ZÄHLMUSTER D

In der vorderen Mitte 1 M abk

Reihe	11	10	9	8	7	6	5	4	3	2	1
11		X		X		■		X		X	
10	X		X		X	■	X		X		X
9		X		X		■		X		X	
8	X		X		X	■	X		X		X
7		X		X		X		X		X	
6	X		X		X		X		X		X
5		X		X		X		X		X	
4			X		X		X		X		
3				X		X		X			
2					X		X				
1						X					

Rapport (Reihen 8–11)

▲ (Masche 6) Vordere Mitte des Pullovers

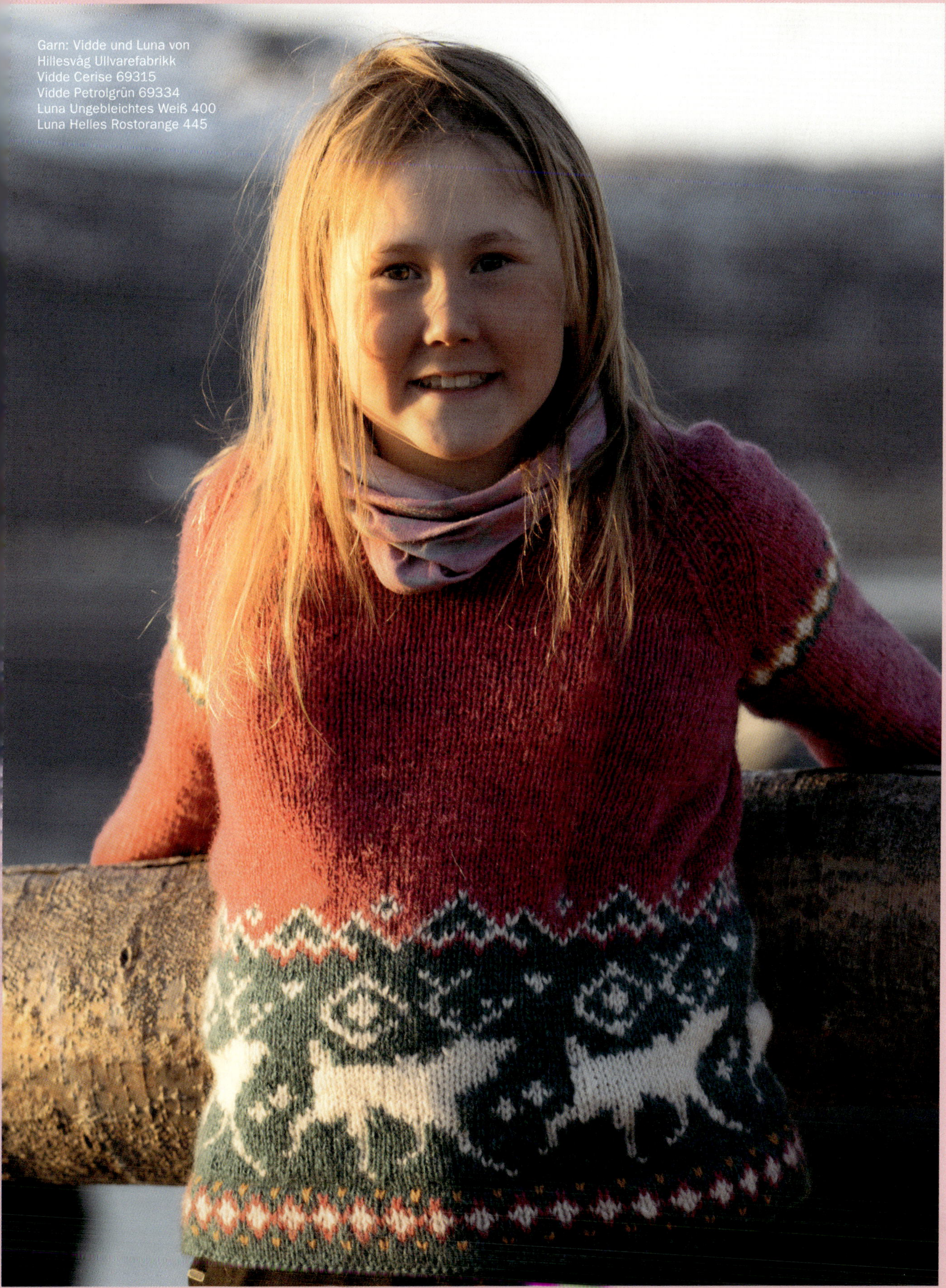

Garn: Vidde und Luna von
Hillesvåg Ullvarefabrikk
Vidde Cerise 69315
Vidde Petrolgrün 69334
Luna Ungebleichtes Weiß 400
Luna Helles Rostorange 445

Garn: Viking Wool von Viking Garn
Perlgrau 512
Naturweiß 502
Türkis 529
Blau 524

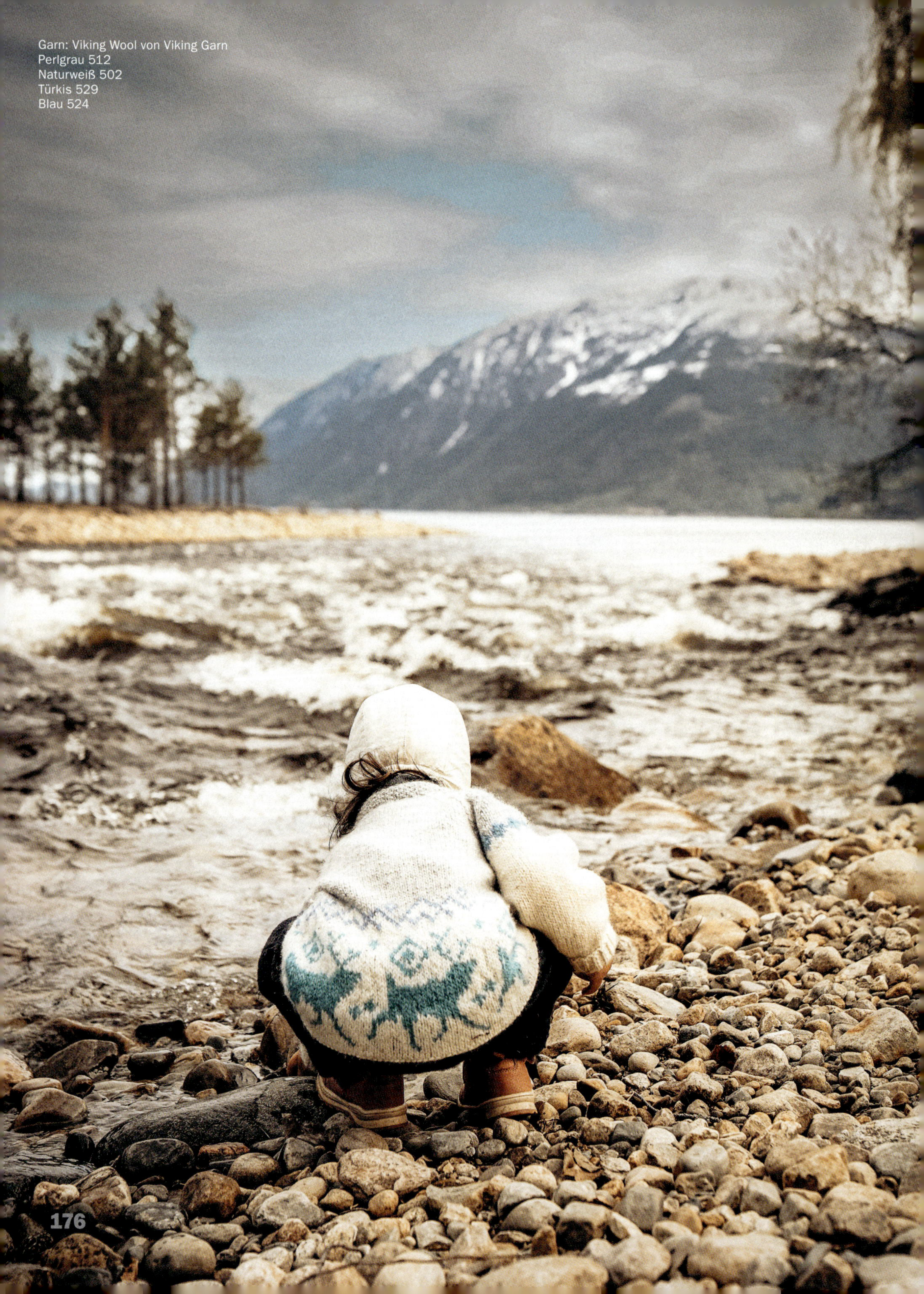

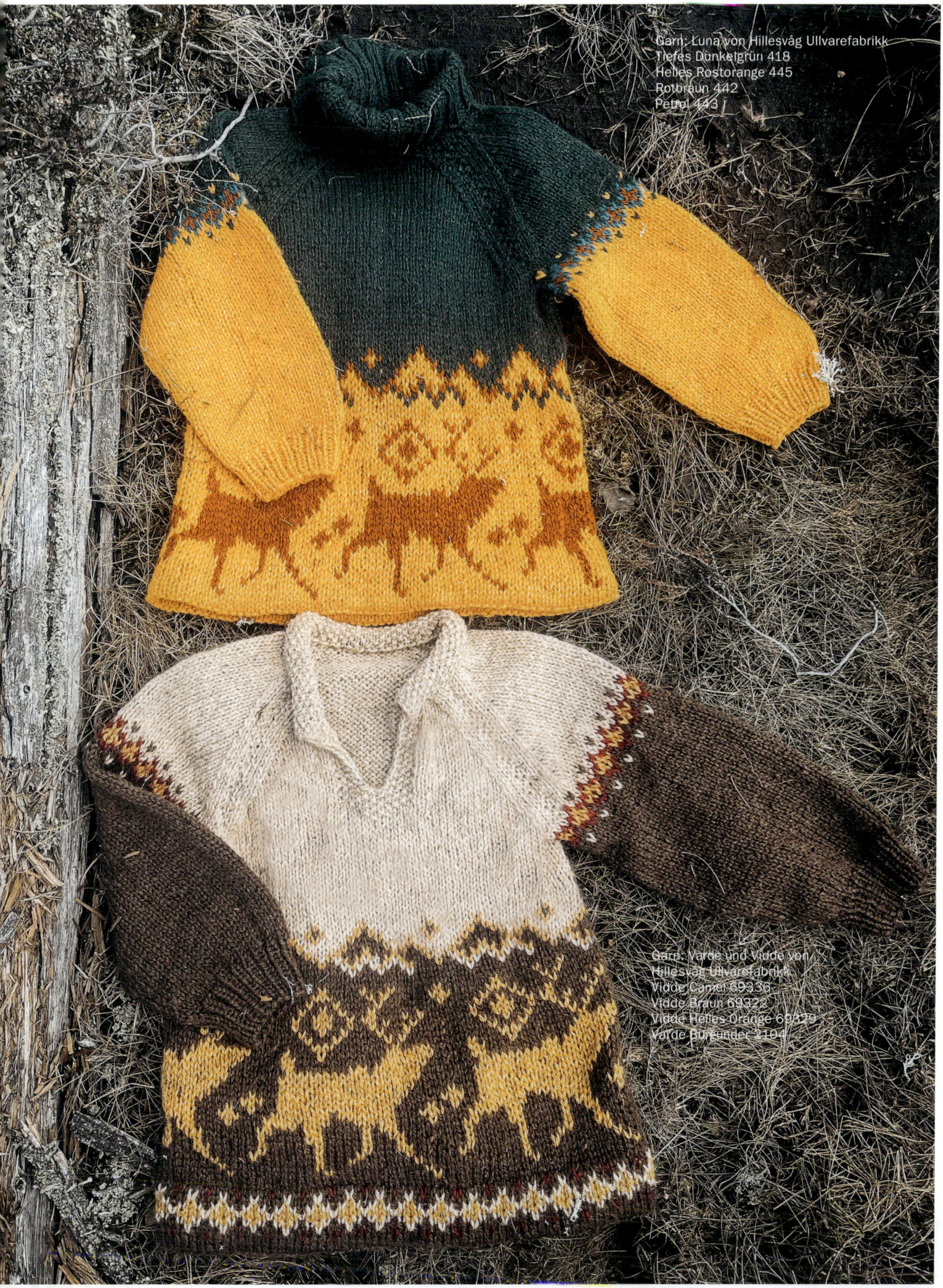

Garn: Luna von Hillesvåg Ullvarefabrikk
Tiefes Dunkelgrün 418
Helles Rostorange 445
Rotbraun 442
Petrol 443

Garn: Varde und Vidde von
Hillesvåg Ullvarefabrikk
Vidde Camel 69336
Vidde Braun 69322
Vidde Helles Orange 69329
Varde Burgunder 2104

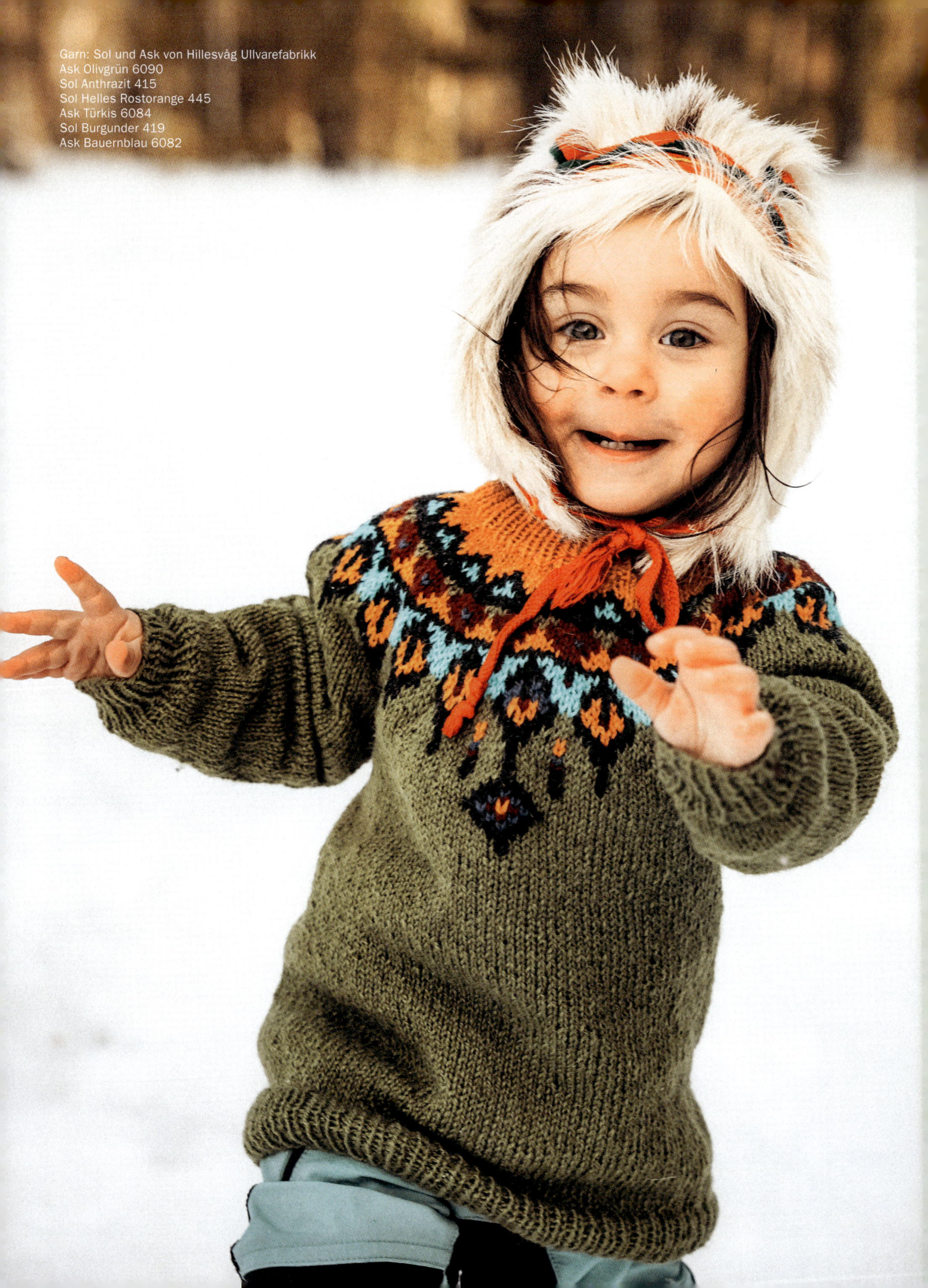

Garn: Sol und Ask von Hillesvåg Ullvarefabrikk
Ask Olivgrün 6090
Sol Anthrazit 415
Sol Helles Rostorange 445
Ask Türkis 6084
Sol Burgunder 419
Ask Bauernblau 6082

Kleiner Pfau
Pullover

Der kleine Pfau war einer der ersten Entwürfe für dieses Buch. Durch das Einzelmotiv auf der Vorderseite hebt es sich ein wenig von meinen bisherigen Designs ab. Der Pullover ist grundsätzlich einfach zu stricken. Was vielleicht schwierig erscheinen mag, ist das Sticken im Maschenstich, falls du es noch nie ausprobiert hast. Hat man das Prinzip erst einmal verstanden, macht es viel Spaß. Die Technik ist auch hervorragend geeignet, um kleine Farbfehler zu korrigieren oder einen besonders beanspruchten Bereich zu verstärken. Tutorials findest du auf YouTube unter dem Stichwort Maschenstich/duplicate stitch.

KLEINER PFAU Pullover

Größen
1 (2) 4 (6) 8 (10) 12 Jahre

Maschenprobe
10 cm einfarbig glatt rechts mit Nadel Nr. 3,5 = 22 M
10 cm mehrfarbig mit Nadel Nr. 4 = 22 M

Garn
Ask von Hillesvåg Ullvarefabrikk. Garnalternativen auf Seite 9.

Garnmenge

B Basisfarbe: 100 (150) 150 (200) 200 (200) 250 g

1 Musterfarbe 1: 50 g

2 Musterfarbe 2: 50 g

3 Musterfarbe 3: 50 g

4 Musterfarbe 4: 50 g

5 Musterfarbe 5: 50 g*

6 Musterfarbe 6: 50 g*

*Für Musterfarbe 5 und 6 brauchst du nur wenige Meter, verwende also gern Garnreste.

Stricknadeln
Nadelspiel Nr. 3 und Nr. 3,5
Rundnadel 50 cm oder 60 cm lang (je nach Größe), Nr. 3, 3,5 und Nr. 4
Rundnadel 40 cm lang, Nr. 3 und Nr. 4
Wollnadeln zum Sticken im Maschenstich

Pullovermaße
Ärmellänge: 19 (25) 29 (31) 35 (38) 42 cm
Brustumfang: 60 (65) 68 (71) 76 (81) 84 cm
Rumpflänge: 22 (27) 29 (31) 35 (36) 37 cm
Gesamtlänge: 33 (38) 42 (45) 50 (52) 54 cm

RUMPF

132 (142) 150 (158) 166 (178) 184 M in der Basisfarbe mit Rundnadel Nr. 3 anschlagen und 4 (4) 4 (5) 5 (6) 6 cm im 1/1-Rippenmuster (1 M re, 1 M li im Wechsel) in Rd str. Zu Rundnadel Nr. 3,5 wechseln und glatt rechts str, bis der Rumpf 22 (27) 29 (31) 35 (36) 37 cm misst. Am Rd-Anf und nach 66 (71) 75 (79) 83 (89) 92 M jeweils einen MM setzen (= Vorder- und Rückenteil). Je 9 (11) 10 (11) 9 (12) 13 M für die Armlöcher auf einem Hilfsfaden oder Maschenhalter stilllegen (die M beiderseits des MMs).

ÄRMEL

34 (36) 38 (38) 40 (42) 42 M in der Basisfarbe mit Nadelspiel Nr. 3 anschlagen und 4 (4) 4 (5) 5 (6) 6 cm im 1/1-Rippenmuster (1 M re, 1 M li im Wechsel) in Rd str. Zu Nadel Nr. 3,5 wechseln und ab jetzt glatt rechts str. In der 1. Rd gleichmäßig verteilt auf 42 (44) 46 (48) 48 (50) 50 M zun. Die mittlere M unter dem Ärmel markieren und alle 2 cm beidseitig des MMs 1 M zun, bis 52 (56) 60 (64) 66 (70) 74 M vorhanden sind. In der Basisfarbe weiterstr, bis der Ärmel 19 (25) 29 (31) 35 (38) 42 cm misst. 9 (11) 10 (12) 10 (12) 13 M unter dem Ärmel auf einem Hilfsfaden oder Maschenhalter stilllegen (die M beiderseits des MMs).

Den zweiten Ärmel genauso str.

PASSE

Die Ärmel-M auf die Rundnadel mit den Rumpf-M str: 1. Ärmel, Vorderteil, 2. Ärmel, Rückenteil = 200 (210) 230 (240) 260 (270) 280 M. Zu Nadel Nr. 4 wechseln. Der erste Übergang (linke Schulter hinten) bildet den Rd-Anf/das Rd-Ende. Gemäß Zählmuster A (A) A (A) B (B) B str. Das Muster so ausrichten, dass die einzelne Pfauenfeder in der vorderen Mitte liegt. Zur kürzeren Rundnadel Nr. 4 wechseln, wenn weniger M auf der Nadel sind. Zu Nadel Nr. 3 wechseln wie im Zählmuster angegeben. Mit dem Halsbündchen fortfahren.

HALSBÜNDCHEN

Es liegen 80 (80) 84 (86) 88 (88) 90 M auf Nadel Nr. 3. Im 1/1-Rippenmuster (1 M re, 1 M li im Wechsel) 5 (6) 6 (7) 7 (7) 7 cm in Rd str und wie folgt elastisch abk: 2 M str. Beide M zurück auf die linke Nadel heben und durch den hinteren Maschenbogen (= rechts verschränkt) zus-str. [1 M str, die M zurück auf die linke Nadel heben, mit der M links daneben durch den hinteren Maschenbogen (= rechts verschränkt) zus-str] stets wdh, bis noch 1 M übrig ist. Den Faden abschneiden und durch diese M ziehen. Das Bündchen nach innen falten und locker annähen.

FERTIGSTELLEN

Alle Fäden vernähen und die Öffnung unter den Ärmeln zus-str oder -nähen. Den Pullover ausspülen, in Form ziehen und liegend trocknen lassen.

Zum Schluss im Maschenstich besticken, im Zählmuster (S. 184) mit »M« markiert. Hilfe beim Maschenstich findest du auf Seite 13, oder suche nach Tutorials auf YouTube unter dem Stichwort: Maschenstich/duplicate stitch.

ZÄHLMUSTER A Größe 1 (2) 4 (6) Jahre

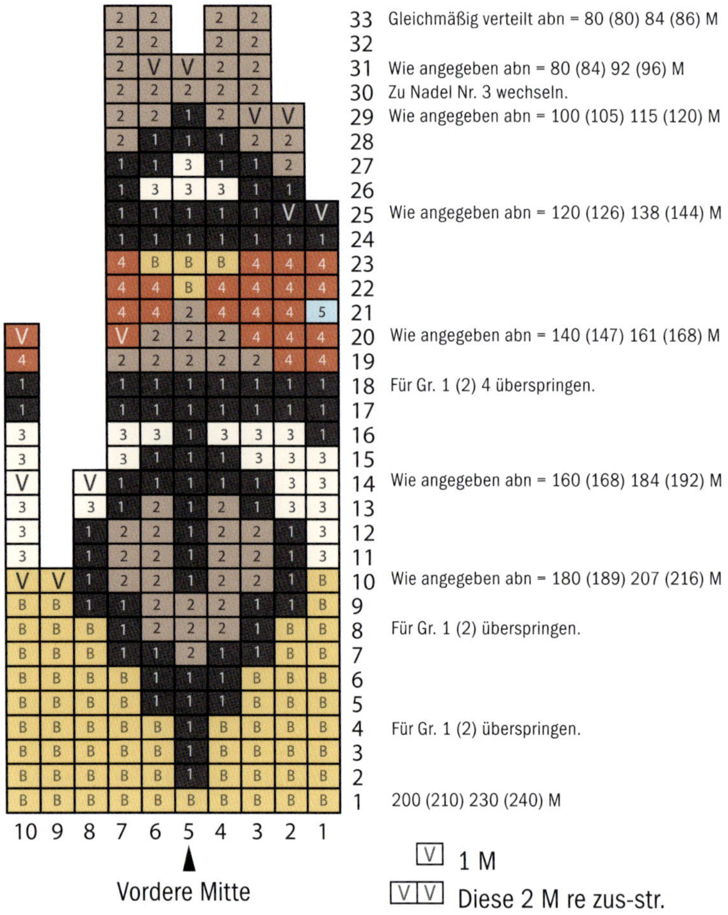

Garn: Donegal Merino von Lang Yarns
Braun 067
Sand 096
Aqua 172
Jade 173
Senf 011
Burgund 060

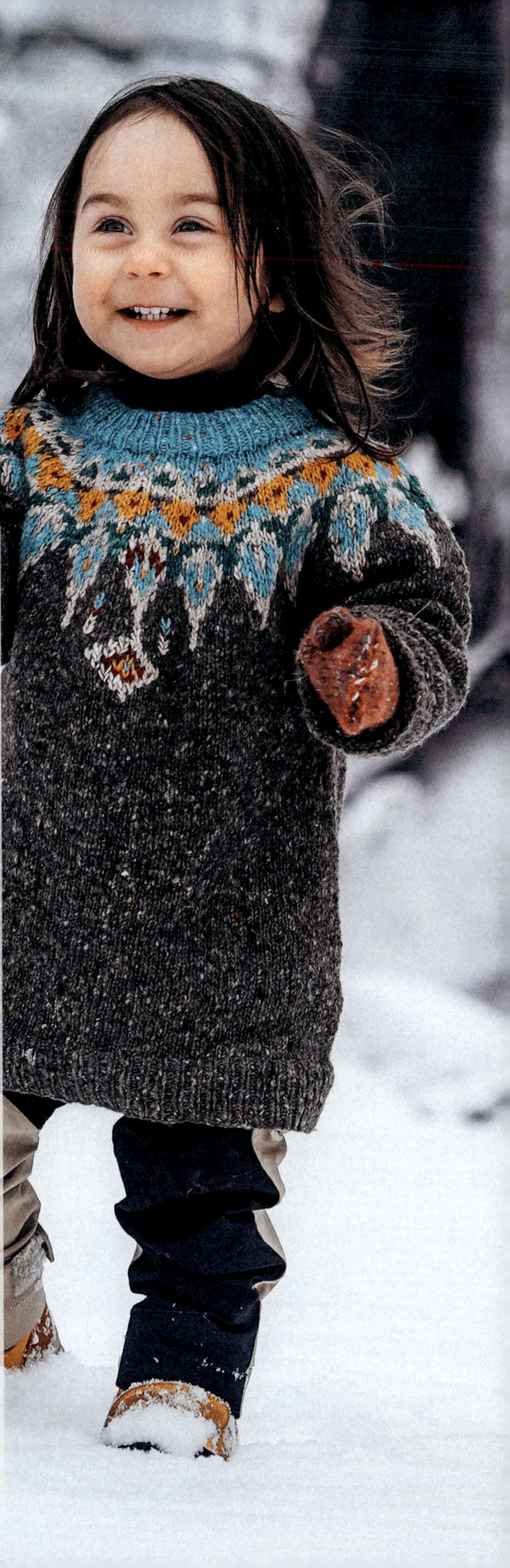

ZÄHLMUSTER B Größe 8 (10) 12 Jahre

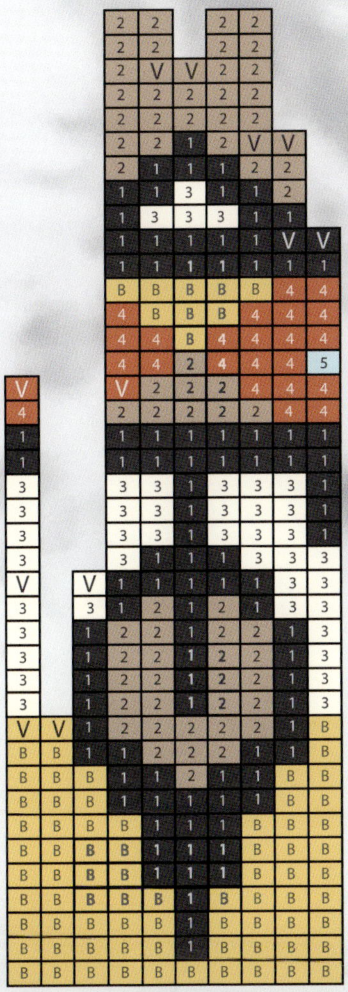

40 Gleichmäßig verteilt abn = (88) 88 (90) M
39
38 Wie angegeben abn = 104 (108) 112 M
37
36 Zu Nadel Nr. 3 wechseln.
35 Wie angegeben abn = 130 (135) 140 M
34
33
32
31 Wie angegeben abn = 156 (162) 168 M
30
29 Für Gr. 8 überspringen.
28
27
26
25 Wie angegeben abn = 182 (189) 196 M
24
23
22
21 Für Gr. 8 (10) überspringen.
20 Für Gr. 8 überspringen.
19
18
17 Wie angegeben abn = 208 (216) 224 M
16
15 Für Gr. 8 (10) überspringen.
14
13
12
11 Wie angegeben abn = 234 (243) 252 M
10
9
8
7
6
5
4
3
2
1 260 (270) 280 M

10 9 8 7 6 5 4 3 2 1

Vordere Mitte

V 1 M

V V Diese 2 M re zus-str.

ZÄHLMUSTER für Maschenstich Größe 1 (2) 4 (6) Jahre

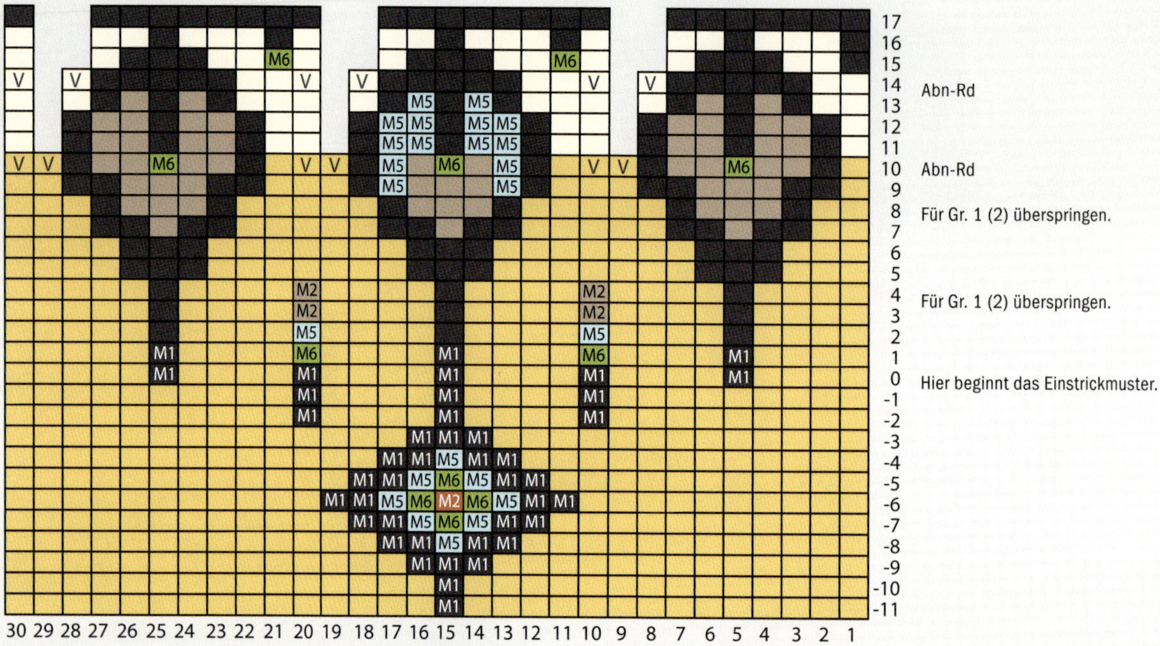

Vordere Mitte des Pullovers

ZÄHLMUSTER für Maschenstich Größe 8 (10) 12 Jahre

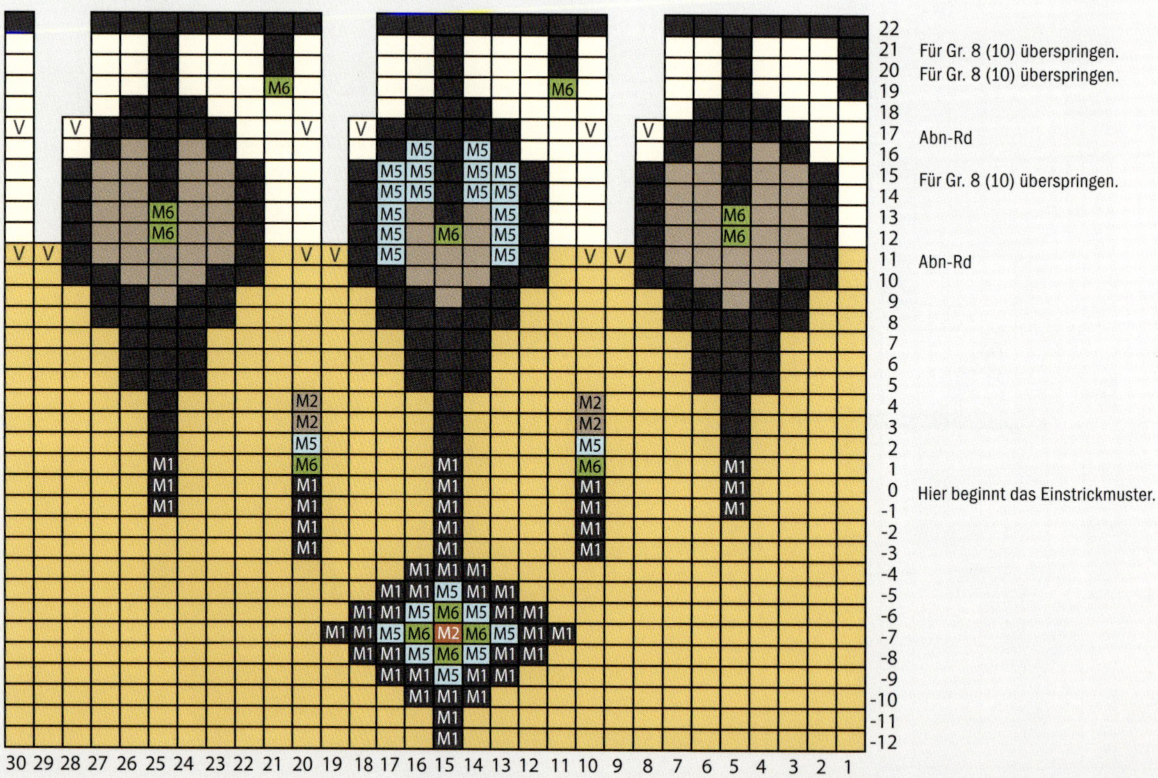

Vordere Mitte des Pullovers

Garn: Ask von Hillesvåg Ullvarefabrikk und
Sol handgefärbt von linkaneumann.com
Ask Türkis meliert 6584
Ask Dunkelbraun meliert 6103
Sol handgefärbt Phoenix
Ask Cognacbraun 6140
Ask Ocker 6094
Ask Dunkles Blaugrün 6085
Ask Dunkles Terrakotta 6003

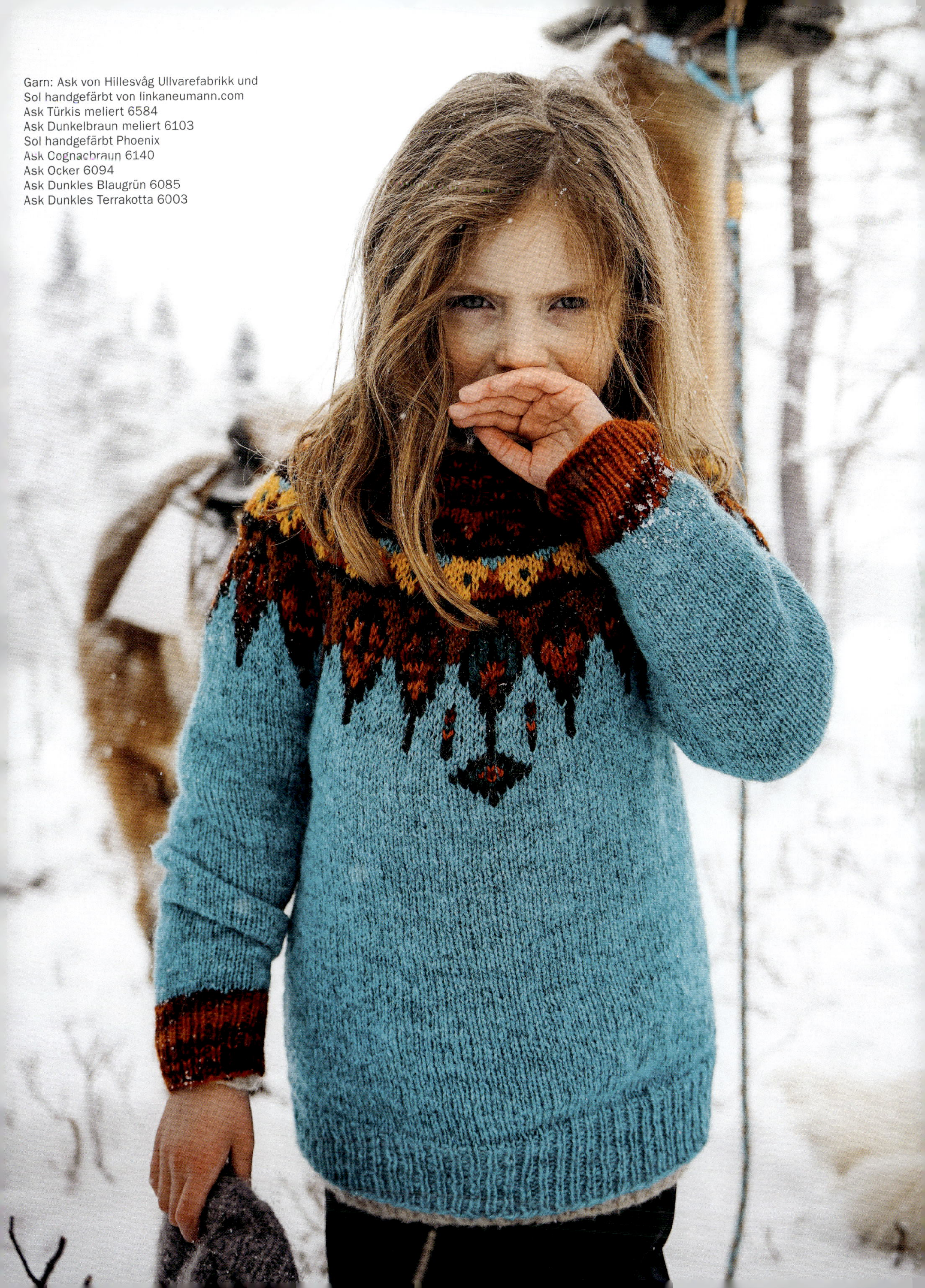

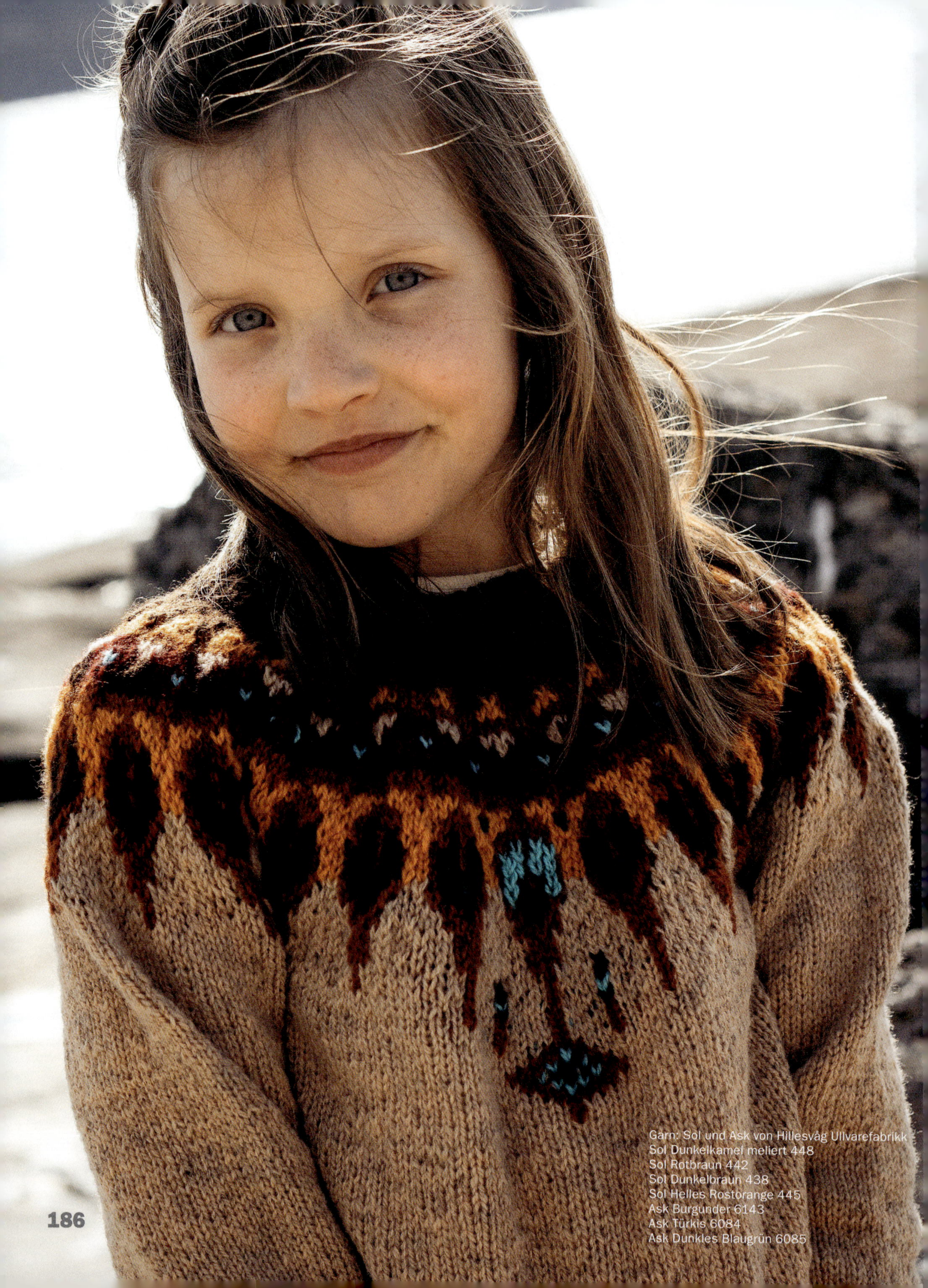

Garn: Sol und Ask von Hillesvåg Ullvarefabrikk
Sol Dunkelkamel meliert 448
Sol Rotbraun 442
Sol Dunkelbraun 438
Sol Helles Rostorange 445
Ask Burgunder 6143
Ask Türkis 6084
Ask Dunkles Blaugrün 6085

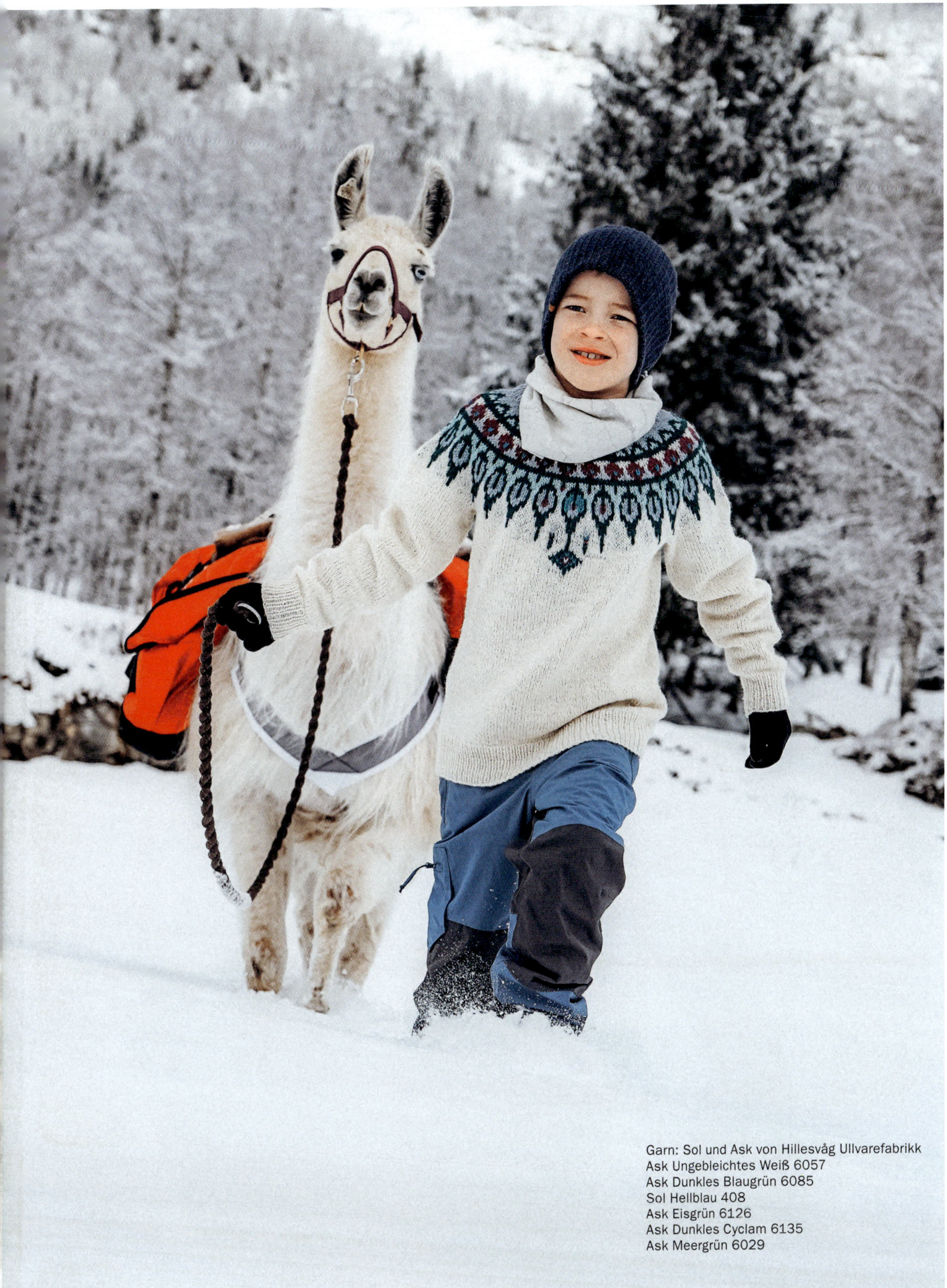

Garn: Sol und Ask von Hillesvåg Ullvarefabrikk
Ask Ungebleichtes Weiß 6057
Ask Dunkles Blaugrün 6085
Sol Hellblau 408
Ask Eisgrün 6126
Ask Dunkles Cyclam 6135
Ask Meergrün 6029

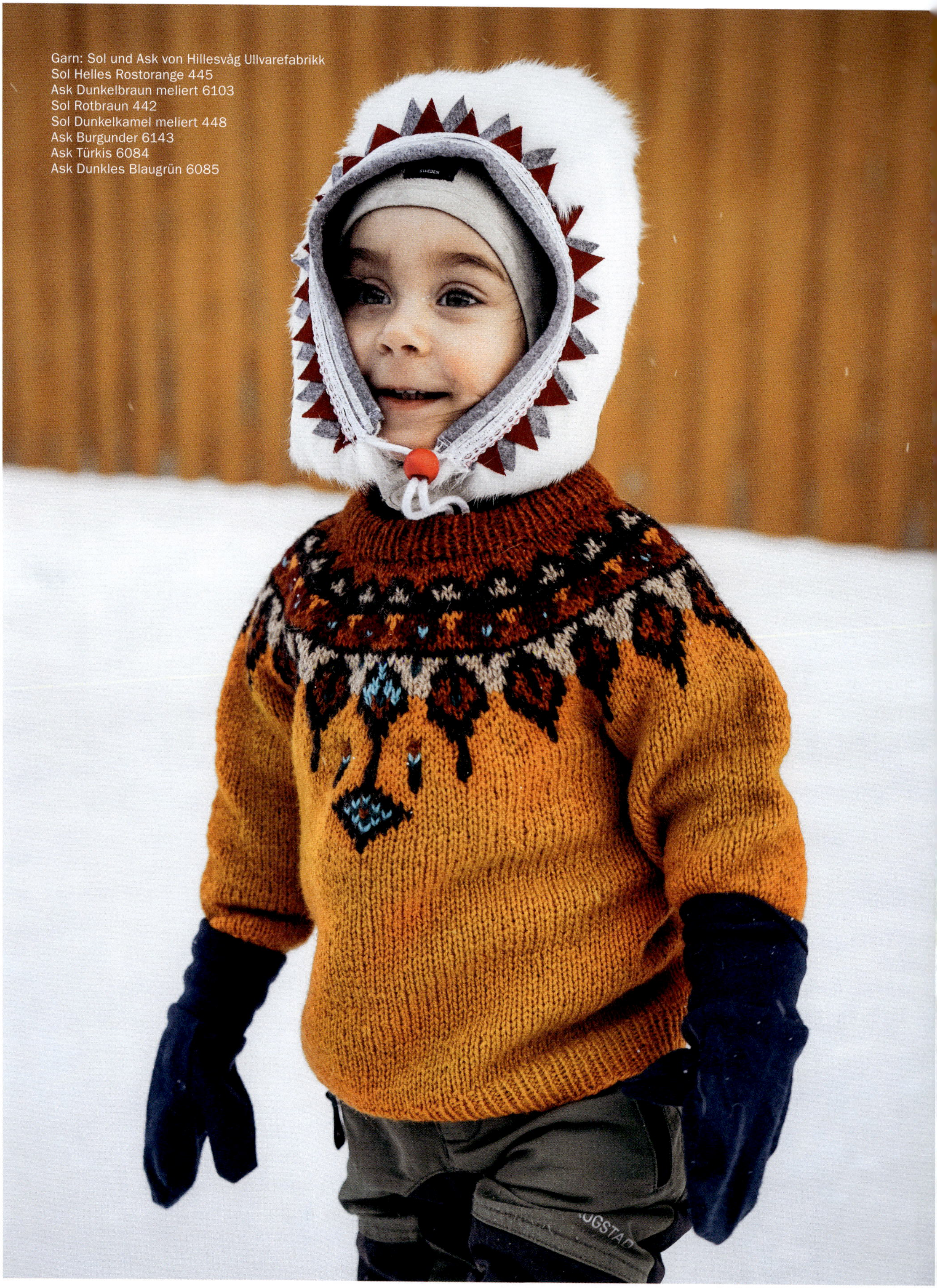

Garn: Sol und Ask von Hillesvåg Ullvarefabrikk
Sol Helles Rostorange 445
Ask Dunkelbraun meliert 6103
Sol Rotbraun 442
Sol Dunkelkamel meliert 448
Ask Burgunder 6143
Ask Türkis 6084
Ask Dunkles Blaugrün 6085

Garn: Sol und Ask von Hillesvåg Ullvarefabrikk
Ask Bauernblau 6082
Sol Ungebleichtes Weiß 400
Ask Orange meliert 6570
Ask Dunkles Blaugrün 6085
Sol Dunkelbraun 438
Ask Eisgrün 6126

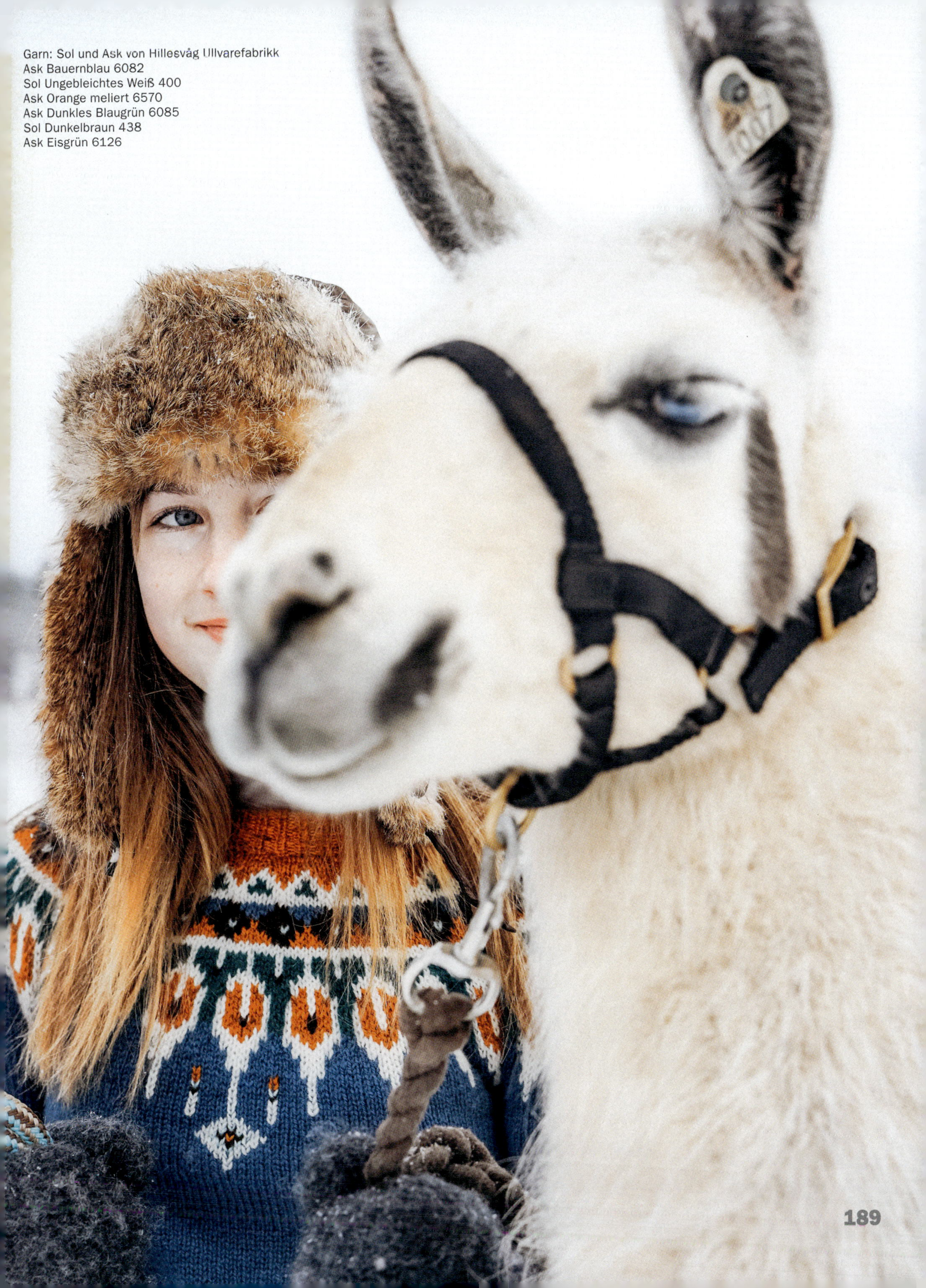

Dank

Ich habe so vielen Personen zu danken, dass ich gar nicht weiß, wo ich anfangen soll. Zuerst muss ich mich bei meinen Teststrickerinnen bedanken. Ihr wart einfach großartig! Dann will ich Sandra und Per Tore danken, dass wir ihre Lamas fotografieren durften. Wir hatten so viel Spaß, und es waren wirklich unvergessliche Momente. Ranja lernte, das Wort »Lama« zu sprechen, und es war auch für sie ein wunderbarer Ausflug.

Ein großes Dankeschön an Hillesvåg Ullvarefabrikk, Rauma Ullvarefabrikk, Lang Yarns und Viking Garn für ihr Garn. Sie ermöglichen es mir, viele Stücke in verschiedenen Farbkombinationen und Garnqualitäten zu stricken. Vielen Dank dafür! Ich möchte mich auch bei Marit Synnøve Johnsen bedanken, die handgefärbtes Garn nach meinen Wünschen hergestellt hat. Es hat viele Kleidungsstücke einzigartig gemacht.

Vielen Dank an Heidi, Inhaberin von @lilleogsnille, für die Hosen und Mützen fürs Fotoshooting. Wir lieben alles und haben es den ganzen Winter über getragen. Auch auf den Fotos sehen die Sachen einfach toll aus.

Vielen Dank an Therese von @hvilepulsstrikk. Wir lieben deine Mützen! Sie sind so cool, dass wir sie am liebsten gar nicht mehr absetzen würden. Vielen Dank auch an Underull für die Wollstiefel, die uns während der Fotoshootings schön warm gehalten haben.

Vielen Dank an alle Kinder, die im Buch abgebildet sind. Ich hoffe, ihr seid stolz, wenn ihr die Bilder seht. Model zu sein, ist harte Arbeit und macht nicht immer Spaß. Ihr habt die Pullover ganz toll präsentiert und die Kleidung perfekt zur Geltung gebracht. Vielen Dank an jede*n Einzelne*n von euch.

Charlotte Hansen, Ylva Støre Myhre und Stine Cecilie Mikalsen haben viele der Fotos im Buch gemacht. Stine reiste zu Ira M. und Johan Ánte Bæhr nach Kautokeino und machte zauberhafte Winterfotos auf der Vidda, dem Hochplateau. Wow!

Charlotte und Ylva waren außerdem Teststrickerinnen und haben unzählige Wochenenden mit Fotografieren verbracht. Ihr habt euch wirklich selbst übertroffen. Vielen Dank euch beiden sowie den Kindern, die immer wieder als Models mitgemacht haben.

Abschließend möchte ich mich bei meiner Lektorin Sirikit bedanken, die mit Begeisterung bei der Sache war und sehr nützliche Beiträge leistete. Und natürlich danke ich Kitty, die alles zusammengestellt hat und das Ganze tatsächlich wie ein Buch aussehen lässt.

Nochmals vielen Dank!

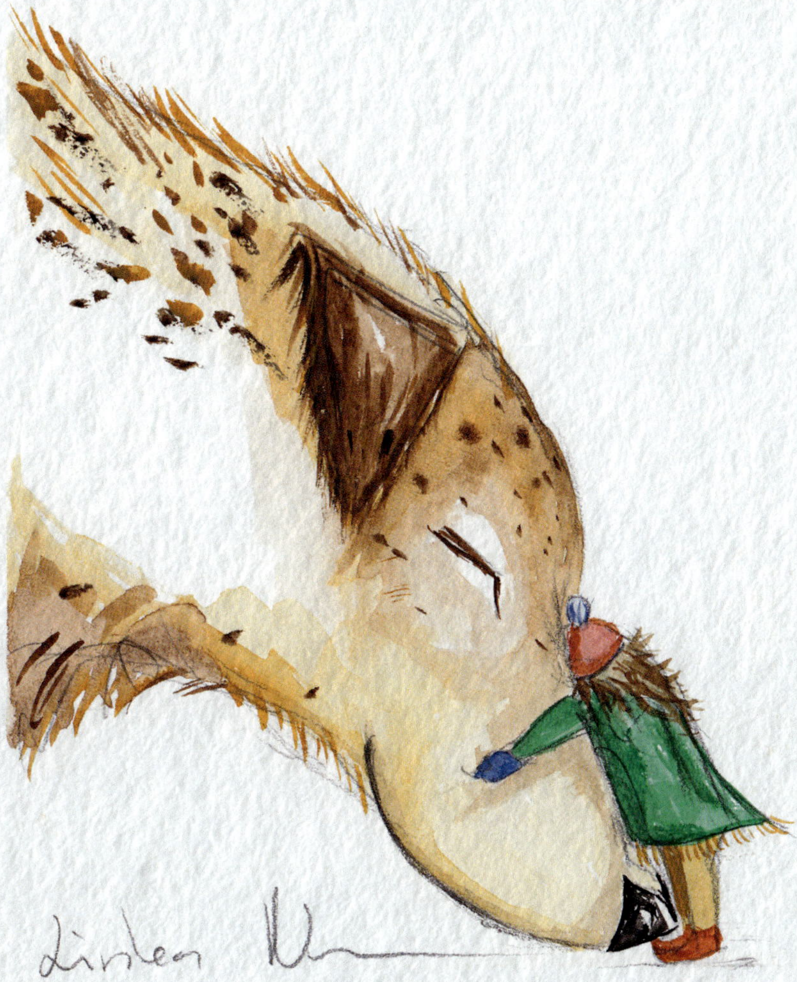

ISBN 978-3-517-10331-0

1. Auflage

Das Buch ist eine Übersetzung aus dem Norwegischen.
Originaltitel: *Villmarksgensere til barn. Varme gensere til små eventyrere.*

Bildnachweis:
Alle Fotos: © Linka Neumann, mit Ausnahme von: Marte Stensland Jørgensen S. 46 und 73;
Stine Cecilie Mikalsen S. 87, 88-89, 140, 141, 168, 173, 175 und hintere Umschlagklappe innen;
Charlotte Hansen S. 11, 14, 35, 40, 74, 122, 130, 132, 164, 165, 186;
Ylva Støre Myhre S. 76, 78, 97, 121, 134, 142, 143; Stine Mette Fjerdingstad und Halvdan Jarl S. 34;
Ingvild Asmervik S. 47 und 72; Millie Klæboe S. 65.
Musterdesign: © Linka Neumann
Aquarelle: © Linka Neumann
Layout und Umschlag der norwegischen Originalausgabe: Kitty Ensby

Projektleitung: Vanessa Silbermann
Übersetzung: Andrea Hauss-Honkanen
Redaktion und Lektorat: lesezeichen Verlagsdienste, Köln
Herstellung: Karin Herres
Satz: Satzwerk Huber, Germering
Umschlaggestaltung für die deutschsprachige Ausgabe: Eva M. Salzgeber
Druck und Bindung: TBB, a.s., Banská Bystrica
Printed in Slovakia

MIX
Papier | Fördert gute Waldnutzung
FSC® C022120

Penguin Random House Verlagsgruppe FSC® N001967

www.suedwest-verlag.de